Três casas: estratégias de projeto

**Marina
Milan
Acayaba**

**Três casas:
estratégias
de projeto**

Romano Guerra Editora   São Paulo, 2023

Sumário

6	**Prefácio** Saber de si, saber do outro **Marta Bogéa**
16	**Introdução**
30	**Casa Poli Pezo von Ellrichshausen**
106	**Casa Moriyama Ryue Nishizawa**
168	**Casa em Coruche Manuel Aires Mateus**
226	**Entrevistas**
246	**English version**
298	**Referências bibliográficas**

Marta Bogéa

Saber de si, saber do outro: projeto como pensamento crítico

Marina Acayaba desenvolveu a pesquisa de mestrado que resulta nesta publicação entre os anos de 2017 e 2019. Acompanhei na condição de orientadora seu pensamento em curso, que entretecia a sofisticada pesquisadora e a elegante e criteriosa arquiteta. O trabalho de pesquisa irradia os interesses de projeto – a começar pelo tema da casa, presente em grande parte da produção de seu escritório.

A conversa com Manuel Aires Mateus na série *Tão longe, tão perto* – evento do FAU Encontros[1] ocorrido em abril de 2020, com o mestrado aqui publicado já concluído, deixa pistas de que a pesquisa é uma espécie de retrato de um certo período que flagra um fluxo maior de acontecimentos no tempo.

A disposição para se pensar também através do fazer do outro, no encalço de suas razões, em Marina ocorreu desde muito cedo: recém-formada na Faculdade de Arquitetura e Urbanismo em 2006, começou sua vida profissional no escritório Aires Mateus em Lisboa, Portugal, seguindo no ano seguinte para um tempo de estágio no Sanaa em Tóquio, Japão. No retorno, em 2008, funda com Juan Pablo Rosenberg o escritório AR Arquitetos.[2]

A pesquisa decorre de seu "saber fazer" e do interesse em investigar as práticas que levam cada arquiteto, ou escritório, a desenvolver certos procedimentos que estruturam métodos próprios na fatura de seus projetos. No referido diálogo com Manuel Aires Mateus, a arquiteta descreve assim a questão central desta pesquisa: "Como, a partir da compreensão de uma metodologia de trabalho, cria-se um modo de pensar arquitetura".

A pesquisa foi iniciada por um reconhecimento amplo de casas projetadas entre 1900 e 2019. Espécie de reconhecimento pessoal dentre tantos possíveis projetos referenciais. Nessa navegação se deteve a um conjunto de aproximadamente oitenta casas, das quais destacou cerca de vinte. O fez através de um raciocínio sintético em que a varredura se expressa por uma linha cronológica e o destaque pela iconografia.

Movimento de um certo transbordamento em que apontava a partir de projetos históricos uma atenção pessoal, base de um demorar-se sobre as obras. Um certo momento merece registro: durante esse tempo de amplo reconhecimento de obras para análise, em um de nossos encontros de orientação, nossa troca foi dedicada a Frank Lloyd Wright, mais especificamente à casa de veraneio Charles Ross (1902).[3] O interesse com que a autora se atinha à orquestração do programa – intrigada ao procedimento, nos modos como os cômodos delimitados se abrem uns aos outros pelas "arestas" – aliado a uma atenta decifração de sua materialidade deram pistas da natureza da pesquisa por vir. Aqui surgia um dos traços nos quais, através da análise que buscava delinear, reconhecia certas origens.

A criteriosa escolha de três, dentre tantas desejáveis casas, exigiu decantação e cautela. Acabou por ser um retorno espiralado no tempo, e demarcou oportuna indissociabilidade entre pensamento e ação, entre teoria e prática, entre memória e inovação.

Três casas, duas gerações: "só e junto de você"[4]

Depois de uma certa varredura por casas modernas, Marina se permitiu voltar a certas origens e eleger, como objeto de análise, casas de arquitetos/escritórios com quem trabalhou no início de sua atuação: casa em Coruche, de Manuel Aires Mateus (2005-2007), e casa Moriyama, de Ryue Nishizawa (2002-2005). Somou a elas a casa Poli, projetada por Mauricio Pezo e Sofia von Ellrichsausen (2002-2005), obra de arquitetos de uma geração próxima à sua[5] – campo inédito para ela.

Ao revisitar duas dessas casas, de certo modo se revisitou, realizando um retorno em atenção ao procedimento de outra geração, mas ainda próxima de sua experiência e formação. Por outro lado, ao eleger a terceira casa, abriu espaço para novos dados.[6]

Os dados biográficos aqui não são irrelevantes. Marina atravessa o tempo de modo particularmente intrigante. As três casas objeto de estudo – obras produzidas em uma mesma época, mas projetadas por duas gerações diferentes – foram todas realizadas no curto arco de cinco anos, ocorrido entre projeto e construção dos anos 2002 a 2007. Duas delas por arquitetos formados ainda no século 20, e com quem ela muito jovem trabalhou, somadas à terceira realizada por uma dupla que, como ela, conclui sua formação e funda seu escritório já no século 21. Observá-las assim, justapostas essas obras, permite entrever os fios que as conectam, aquilo que radicalmente as distingue, e se surpreender em como de certa forma delineiam alguns traços em comum: a fragmentação que não resulta em dissolução, a disposição para certo ocultamento ao invés de pura visibilidade, a materialidade comum editada de modo pouco usual são alguns desses traços. A pesquisa permite perceber aspectos que, de um lado, derivam do ainda fértil solo moderno e, de outro, subvertem e recolocam a linguagem arquitetônica completamente em outras bases.

A esses dados interessa somar outros ainda mais biográficos, também de interesse pois constitutivos de certas balizas que atravessam essa narrativa: Marina cresceu na casa Milan projetada por Marcos Acayaba,[7] um significativo princípio que embala suas memórias de infância enredadas pela paisagem doméstica. A casa, muito relevante na historiografia moderna brasileira, talvez seja uma das mais próximas das Case Study Houses dentre a produção brasileira. Apontada na apresentação do trabalho e, de modo discreto, na tal linha cronológica, a casa é parte intrínseca de sua formação como arquiteta formada em São Paulo, na FAU USP, mas sobretudo presente em seus movimentos de descoberta e decifração do mundo por ter crescido nela, a configurar vivências que, como em todos nós a partir de nossos lugares de infância, irão embalar possibilidades que nos acompanharão ao longo da vida. Reconhecer que esse dado merecia ser externalizado foi uma das conquistas da pesquisa, assim como o foi reconhecer a relevância de sua participação no redesenho das casas para a segunda edição do ontológico livro *Residências em São Paulo 1947-1975* de Marlene Milan Acayaba[8] – por um lado gesto técnico, por outro gesto de afeto –, ao se permitir dedicar tempo e acompanhar o desejo e a curiosidade materna.

Esse reconhecimento é tão mais pertinente e possível nos modos de pensar contemporâneo, onde o afeto não mais se confunde com um não-saber nas ilusórias chaves da objetividade científica que estruturaram a pretensa racionalidade moderna. Foi, de certo modo, como trazer à tona a sua "Veneza", nos termos de Marco Polo na ficção de Calvino.[9]

A autora menciona o procedimento do corte e a exuberância estrutural como bases de um certo pensar na arquitetura paulista de formação na USP; e, certamente, foi a experiência cotidiana da volumetria inesperada de nuançados volumes aéreos que subvertem o prisma regular exterior na FAU de João Batista Vilanova Artigas que contribuiu para sua sabedoria, ao reconhecer a variedade dentro de um enunciado aparentemente sereno.

Tanto na casa de infância quanto na de sua formação como arquiteta, uma cobertura única – na FAU a grelha de luz, na casa de infância a abóboda em concreto – abriga uma infindável riqueza de espaços que se abrem dentro de espaços.

Daí a intrigante atenção ao casco comum, agora todo volume em disjunção pelas aberturas/ janelas, sólido, que protege na mesma medida em que enquadra a radical paisagem na casa Poli: "As janelas distribuem-se de forma irregular por todos os lados, e cada uma enquadra uma cena diferente: a imensidão do oceano, o embate entre a rocha e a água, as nuvens no céu e a relva verde que cobre o penhasco. A paisagem não é vista como um plano contínuo, mas como uma colagem de pequenos quadros que fragmentam e unificam, de maneira simultânea, a imagem do oceano".[10] Invólucro que guarda secretas e paulatinamente desveladas perspectivas em inesgotáveis travessias e profundidades.

Profundidade é tema que decorre também de certa "escavação" – aspecto apontado por ela no procedimento de Aires Mateus, visivelmente presente na casa em Coruche. Ou ainda um certo vazio etereamente constituído por veladuras brancas, muito peculiar na produção e nas análises dos projetos de Sanaa – na casa Moriyama resulta nos blocos sem uma coberta comum, traço inesperado de ênfase no espaço entre e no ar como matéria de composição arquitetônica.

"Seria preciso entender a metodologia de projeto por trás daquelas formas"[11] é o modo singelo com que Marina apresenta as razões que a levam a pesquisar na introdução desse trabalho.

Cada casa é criteriosamente apresentada a partir da ficha técnica associada ao memorial de projeto, voz dos autores sobre o que querem destacar; seguida da experiência no lugar denominado "plano-sequência", uma narrativa que antecede a análise do projeto culminada com o desvelamento das estratégias de projeto.

Resulta uma elaborada pesquisa em projeto, muito distinto de pesquisas historiográficas, e que só poderia ser realizada nesses termos por quem domina de fato o fazer. Extrai sentidos das questões ensejadas pelas estratégias e métodos com os quais se pode materialmente alcançar certo resultado poético.

A edição contempla textos de outros autores, historiadores, críticos, sobretudo na apresentação da produção dos escritórios, que permite reconhecer cada casa no contexto mais amplo da produção dos arquitetos estudados.

A oportunidade de ter estado lá antes (no caso da Moriyama) ou de lá estar durante a elaboração do mestrado se tornou imperativa no modo de se acercar dos objetos de estudo. Chile e Lisboa significaram presença durante a pesquisa. Japão usufrui da memória e do filme, de certa forma a casa onde de fato a autora pôde reconhecer um cotidiano (ainda que roteirizado) no lugar.

Marina Acayaba realiza ou simula experiência tangível que se reconhece nos textos dedicados a apresentar a sua visita em cada uma delas. Na casa Poli, "a primeira surpresa é a escala da construção: nas fotografias de Cristóbal Palma ela parece maior".[12] "A lembrança mais forte que ficou foi a sensação de informalidade do espaço, a escala singela da casa e a presença fundamental do jardim e do céu como pano de fundo",[13] é uma forte lembrança compartilhada no texto sobre a visita realizada dez anos antes do mestrado à casa Moriyama. "À procura da entrada, fui levada a contornar o perímetro da construção. No percurso, não há qualquer abertura, apenas o maciço alvo e a vegetação rasteira. Ao alcançar o lado Sudeste, uma incisão rompe a densa volumetria e deixa ver o pátio",[14] narra a entrada da casa em Coruche.

Estar lá por si e pelo outro permite adentrar a experiência intransponível por narrativas descritivas. Envolve saber estético irredutível à razão. Um entender antes por sentir do que por poder decifrar. Atenta ao imenso desafio de saber que tudo o que existe, existe com uma precisão absoluta; se acatarmos os termos de Clarice Lispector, permitiu-se buscar o "sentido secreto das coisas".[15]

A pesquisa demonstra a oportunidade de uma cadência na qual pensar arquitetura e fazer arquitetura fazem parte de movimentos indissociáveis. Em que o saber que busca usufrui do saber do outro. E nessa medida o interesse pela alteridade transborda o seu fazer – aspecto também valorado por seu sócio. A presença das duas pesquisas no site do escritório é um belo registro: a dupla sabe revelar seus interesses, que de certo modo revelam também um tanto de si.

Poder reconhecer o que nos forma é gesto de maturidade: fazer ecoar o outro em mim exige segurança de quem já prescinde do outro para existir. Marina foi longe nesse revisitar-se: o fez em relação a formação materna e paterna e a casa de infância do mesmo modo com que o fez em relação a seus mestres de formação arquitetônica, sem abrir mão de se ater à produção de geração mais próxima da sua.

O documento que nos apresenta resulta da laboriosa decantação de tantos e tão elaborados saberes que estavam em suspensão. Revela uma espécie de "Assum Branco" de José Miguel Wisnik se deixando atravessar por "Asa Branca" de Luiz Gonzaga, com liberdade para contribuir como autor que renova e movimenta certos legados.

O que em mim sente está pensando:[16]
um terreiro iluminado

"Aprendi com Manuel a fazer isso", afirma Marina. "É copiado", diz ele com um sorriso cúmplice; ela confirma: "é copiado, mas é diferente", e retorna-lhe o sorriso... Essa conversa faz parte do diálogo público mencionado no início dessa apresentação.

Em algum ponto da conversa a autora menciona: "Você se interessa por uma linguagem que está sendo falada em outro lugar do mundo por outra pessoa em outro tempo, interesse na linguagem das formas de fazer arquitetura que torna próximas coisas tão distantes".

Refere-se à influência de Manuel Aires Mateus em sua obra ao mesmo tempo em que evoca uma capela que veio a conhecer após a construção da casa Atlântica finalizada.[17]

Marina é perspicaz ao dobrar o tempo desfazendo sua ilusória linearidade. E sobretudo demonstra saber que para projetar é preciso poder convocar saberes coletivos com os quais cada artífice, na singularidade de sua produção, irá movimentar e reiniciar a linguagem em que opera.

O diálogo com Aires Mateus sobre a casa da Fazenda Mata Dentro[18] traz aspectos relevantes desse encontro.

Marina apresenta os seguintes aspectos do projeto realizado com Juan Pablo Rosenberg: o reconhecimento dos tempos de cada construção; o uso dos mesmo materiais trabalhados de modo distinto, tal como o barro no pau-a-pique da casa original e em tijolos de olaria local na nova casa, "terra que muda de expressão, mas que é a mesma matéria"[19] nos seus termos; o fogo de chão que rememora os terreiros de café onde está presente o sol seco sem árvore e proteção, o fogo que vem da terra; o muro de pedra que configura o embasamento comum às duas casas, o pátio que une e separa com o fio d'água que o atravessa "e divide as duas histórias ou os dois momentos". Nas palavras da arquiteta: "arquiteturas com materiais parecidos, mas que são claramente de dois mundos".

Aires Mateus comenta, a partir de então, compreender a arquitetura como condições e possibilidades: "Muitas vezes o que é preciso é conseguir com um projeto de arquitetura convocar a ideia de que isso é verdade – a condição de existência não pode ser só uma condição de existência, tem que ser dito que essa condição existe. E se agarrar nessa ideia banal e nesse chão banal e dizer: isso é um lugar extraordinário! E nessa casa da Marina é muito evidente essa condição. Essa é a condição do artista, aquele que nomeia e é capaz de dizer sobre um determinado objeto: esse objeto é um objeto extraordinário!"

✳

Marina nos presenteia com esse livro, na condição singular de quem compartilha com o outro suas reflexões. O faz através de pesquisa sistemática que resultou na dissertação, e que revela sua análise da produção de outros arquitetos. Ler a pesquisa atenta à arquitetura de sua autoria revela uma natureza de solo comum, tal qual aquele barro da fazenda, que molda em diferentes feições a mesma matéria. Flagrá-la nessa cadência traz um sabor renovado. Razão pela qual ao apresentar a pesquisa não resisti convocar o olhar também para a produção da arquiteta.

Notas

1. *Tão longe, tão perto*. Conversa entre Manuel Aires Mateus e Marina Acayaba, mediação Marta Bogéa. FAU Encontros, abr. 2020 <https://bit.ly/30fN1mU>.

2. AR Arquitetos. Website oficial <www.ar-arquitetos.com.br>.

3. Ver: Charles Ross Summerhouse. In Frank Lloyd Wright Trust <https://bit.ly/3wyV8qs>.

4. Canção composta a partir de "Asa Branca", de Luiz Gonzaga e Humberto Teixeira, 1947. WISNIK, Zé Miguel. "Assum Branco". CD *Pérolas aos poucos*. Brasil, Maianga, 2003.

5. Marina Acayaba nasceu em 1980, fundou o escritório AR Arquitetos em 2008 com Juan Pablo Rosenberg (1976). Mauricio Pezo nasceu em 1973, Sofia von Ellrichshausen em 1976, fundaram Pezo von Ellrichshauser em 2002.

6. Kazuyo Sejima nasceu em 1956, Ryue Nishizawa em 1966, fundaram o Sanaa em 1995; Manuel Aires Mateus nasceu em 1963, fundou em 1988 o estúdio *Aires Mateus & Associados* com Francisco Aires Mateus (1964).

7. Ver: Residência Milan. In ACAYABA, Marcos. *Marcos Acayaba*. 2ª edição. São Paulo, Romano Guerra, 2021, p. 44-57.

8. Como houve a opção editorial por uma versão fac-similar, os desenhos acabaram não sendo usados no livro. Ver: ACAYABA, Marlene Milan. *Residências em São Paulo 1947-1975*. 2ª edição. Coleção RG facsimile, volume 1. São Paulo, Romano Guerra, 2011.

9. Em *Cidades invisíveis*, quando Kublai Khan pergunta se ele não irá mencionar Veneza, Marco Polo responde: "Todas as vezes que descrevo uma cidade digo algo a respeito de Veneza". CALVINO, Ítalo. *As cidades invisíveis*. Tradução de Diogo Mainardi. São Paulo, Companhia das Letras, 1990, p. 82.

10. ACAYABA, Marina. Plano-sequência da casa Poli, p. 62.

11. ACAYABA, Marina. Introdução, p. 20.

12. ACAYABA, Marina. Plano-sequência da casa Poli, p. 62.

13. ACAYABA, Marina. Plano-sequência da casa Moriyama, p. 129.

14. ACAYABA, Marina. Plano-sequência da casa em Couche, p. 197.

15. LISPECTOR, Clarice. A perfeição (1968). *A descoberta do mundo*. Rio de Janeiro, Rocco, 1999, p. 155.

16. PESSOA, Fernando. Ela canta, pobre ceifeira (1924). *Poesias*. 15ª edição. Lisboa, Ática, 1995, p. 108.

17. Casa Atlântica. AR Arquitetos. Website oficial <www.ar-arquitetos.com.br/projeto/casa-atlantica>.

18. Fazenda Mato Dentro. AR Arquitetos. Website oficial <www.ar-arquitetos.com.br/projeto/fazenda-mato-dentro>.

19. *Tão longe, tão perto*. Conversa entre Manuel Aires Mateus e Marina Acayaba, mediação Marta Bogéa (op. cit.). Essa citação e as seguintes.

Introdução

O design de uma casa representa sempre uma espécie de pesquisa. Intenso, pela familiaridade que temos com o programa. Único, pela especificidade e peculiaridade de cada situação. De fato, a casa é o programa com o qual estamos mais familiarizados. Começando por condicionantes bem definidas, materializando-se através de sua construção, cada casa define sua própria função e aparência. Portanto, a questão da materialidade torna-se crucial, pois define um limite, um campo de forças bem definido, uma nova centralidade.
MANUEL AIRES MATEUS, Foreword[1]

Quanto mais você pensa em casas, mais interessantes elas se tornam. No meu caso, mesmo quando estou pensando em uma cidade ou em um grande projeto público, penso que meu trabalho criativo ainda está centrado em torno da moradia ou da vida.
RYUE NISHIZAWA, Interview: Experience of Architectural Concepts[2]

Na arquitetura, o tema da casa como campo de experimentação define, por si só, um rico universo. O projeto para uma residência representa a ocasião para que o arquiteto ensaie novas hipóteses de implantação, estrutura, construção e espaço, e, ainda, interpretação de novos comportamentos familiares.

O significado de casa, para mim, está diretamente ligado à vivência de um espaço singular: a residência Milan, de Marcos Acayaba, onde nasci e cresci. Grande casca, o abrigo primordial; um espaço fluído, onde salas e quartos, interior e exterior misturam-se a todo tempo.[3] Em meu trabalho profissional, como arquiteta, sempre recorro a esta casa como a referência do saber arquitetônico – na escala, nas proporções ou nos detalhes que ela propõe.

Todos guardam as memórias da casa da infância e conhecem com propriedade o funcionamento de uma casa. A residência unifamiliar tem um programa simples e recorrente: uma sala, uma cozinha, os dormitórios, uma paisagem e uma família.

---

1. AIRES MATEUS, Manuel. Foreword, p. 9.

2. NISHIZAWA, Ryue. Interview: Experience of Architectural Cencepts, p. 70.

3. Sobre a casa do arquiteto Marcos Acayaba, ver: ACAYABA, Marcos. *Marcos Acayaba*, p. 44-57; ACAYABA, Marlene Milan. *Residências em São Paulo 1947-1975*, p. 385-394; XAVIER, Alberto; CORONA, Eduardo; LEMOS, Carlos. *Arquitetura moderna paulistana*, ficha 176.

Exatamente pela trivialidade do programa que envolve tão rico tema e pela escala e custo que a torna frequente encargo para o arquiteto, a residência tem sido, sobretudo no último século, um laboratório para o arquiteto. Com a casa testam-se as relações espaciais entre o exterior e o interior, entre o público e o privado, além de fluxos e métodos construtivos. Sob um olhar temporal, a casa sintetiza e revela o pensamento do arquiteto de uma determinada época.

O presente estudo teve início com uma seleção de casas que reunisse expressiva singularidade estética, características de materialidade, de programa e de uso que as tornam únicas dentro da história da arquitetura dos séculos 20 e 21.[4] Essas casas representam *turning points* no modo de projetar o espaço doméstico: projetos de vanguarda, marcados por condições culturais e técnicas singulares, que geram as precondições para evoluções no campo da arquitetura. Em sua maioria, elas ultrapassam o limite de seu tempo, ao deslocarem-se da esfera privada para o domínio público, criando novos e correntes léxicos no estudo da arquitetura. Boa parte dessas casas abriga hoje museus ou fundações, onde – mesmo com as mudanças de uso – ainda é possível evocar determinado modo de vida ao vivenciar suas arquiteturas.

A primeira seleção de obras pretendeu criar um amplo repertório sobre a habitação unifamiliar. Não houve a intenção de constituir um levantamento exaustivo sobre a casa no século 20, mas de elencar num sobrevoo elementos transformadores de cada obra, levantando os aspectos que por um lado as caracterizam e por outro, as diferenciam. Aprofundando e ampliando o levantamento desta coleção, foi sistematizada uma linha do tempo de aproximadamente cem casas; entre elas, foram identificadas aquelas que, em cada momento, por seu caráter experimental – seja pela distribuição do programa e suas inter-relações, pela expressiva singularidade espacial e formal, pelos métodos construtivos ou até pela experiência de espacialidade que propõem –, configuram pontos de inflexão ou de ruptura no pensamento do desenho da residência unifamiliar. Das cem casas selecionadas inicialmente, elegeu-se vinte para um estudo mais profundo, à procura de um elo condutor para a pesquisa.

A partir dessa análise, notou-se que a articulação do programa foi o aspecto fundamental para a transformação do desenho da casa no século 20. São vários os exemplos que validam este pensamento: como o *break the box*, quando Frank Lloyd Wright desenhou o espaço contínuo e fluído da casa Robie (1909-1910), em Chicago; ou quando Adolf Loos criou o esquema do Raumplan, na Villa Müller (1928-1930), em Praga; ou quando Le Corbusier introduziu a circulação por meio da rampa na Villa Savoye (1931), em Poissy, arredores de Paris; ou ainda quando Marcel Breuer inventou o esquema da planta binuclear, que separa o espaço privado do espaço social na casa Geller I (1945), em Long Island; ou quando se desenvolveu o programa Case Study Houses (1945-1966), em Los Angeles, transformando a vida doméstica ao desenhar uma casa pensada para uma mulher profissional; ou finalmente quando Mies van der Rohe desenhou o "espaço universal", em que a estrutura externa garantiu o vão livre interior da casa Farnsworth (1951), em Illinois.

Com o pós-modernismo, a discussão sobre a funcionalidade do espaço doméstico – "a máquina de morar" – perde importância, abrindo espaço para novos paradigmas e formas de pensar o desenho da casa. Os arquitetos passam a discutir sua simbologia, como fez Robert Venturi em sua casa arquetipal, a Vanna Venturi (1964), localizada na Filadélfia; Peter Eisenman, com a Casa VI, de 1975, em Connecticut, debate e processos de projeto; e, já na virada do século, Rem Koolhaas, através do conceito de colagem, ao ressignificar o movimento moderno e criar uma linguagem arquitetônica contemporânea com o projeto da Villa dall'Ava, em Paris, de 1991.

No começo do século 21, os projetos de casas questionam conceitos como intimidade, estrutura familiar e demarcação do espaço social e privado. O programa passa a ocupar um papel secundário até sua neutralização, rompendo o próprio caráter de domesticidade da casa. Os projetos evidenciam um campo abstrato nos quais se articulam elementos puramente arquitetônicos como a geometria, a forma, o espaço e a luz. Com a evolução da pesquisa, centrou-se o interesse nessa produção contemporânea e na maneira como a casa, enquanto campo de experimentação, permite compreender e sistematizar os processos, as estratégias de projeto e as evidências de novos paradigmas.

4. Nesta etapa da pesquisa foram estudados os seguintes autores presentes na bibliografia: William Curtis, Kenneth Frampton, Colin Davies, Josep Maria Montaner e Sigfried Giedion.

Três casas

A escolha deste estudo refere-se a um desejo de sistematizar um saber que permeia a produção de projetos no dia a dia de meu escritório,[5] e que veio da influência direta em minha formação dos escritórios estudados aqui. Nos últimos dez anos de prática profissional dediquei-me, em especial, aos projetos de habitação, de casas a edifícios residências. Questões como a materialidade, a luz e a atmosfera do espaço doméstico são temas recorrentes de investigação no cotidiano do escritório AR Arquitetos. Assim, entendi que a atividade acadêmica deveria voltar-se para o estudo e a sistematização desse conhecimento sobre a casa como campo de experimentação arquitetônica. Em linhas gerais, a partir deste estudo, pretendo pensar e investigar o projeto da casa; sobretudo decifrar sua materialidade e procurar compreender o modo como se torna o abrigo do indivíduo no seu tempo.

O desejo de transformar este estudo, acadêmico, em um livro, que tivesse seu acesso ampliado, é fruto desta trajetória em que foi também fundamental o contato direto que estabeleci com o livro *Residências em São Paulo* de Marlene Milan Acayaba – pesquisa sobre a vanguarda paulistana a partir do estudo da casa –, quando tive a oportunidade de redesenhar os projetos para digitalização na ocasião de sua reedição, em 2011.

É igualmente importante destacar a pesquisa feita em campo e a oportunidade de encontro com as obras e seus autores; seja pela disponibilização de material, seja pela experiência *in situ*, nas conversas ou convivências que se estabeleceram.

Em 2006, recém-formada na Faculdade de Arquitetura e Urbanismo da Universidade de São Paulo, fui a Portugal trabalhar no escritório de Manuel Aires Mateus. Ao chegar, senti uma enorme dificuldade para projetar de acordo com o pensamento do escritório, em que predominavam muros pesados e uma espacialidade descontínua e fragmentada. Compreendi que, para projetar daquele modo, seria preciso entender a metodologia de projeto por trás daquelas formas. O projeto baseava-se num conceito abstrato do desenho do vazio. Tratava-se de um método de escavação do volume

5. Marina Acayaba e Juan Pablo Rosenberg são titulares do escritório AR Arquitetos, sediado em São Paulo.

cheio – partindo de um sólido, um espaço totalmente ocupado e escuro –, do qual se subtraiam volumes, gerando vazios. Durante minha passagem pelo escritório, participei do desenvolvimento de três projetos, entre eles a casa em Coruche.

Em 2007, logo após a experiência em Portugal, decidi complementar minha formação no Japão, país cuja arquitetura assumia grande importância no cenário mundial, caminhando na contracorrente da arquitetura parametrizada, bastante prestigiada à época. Fui, então, trabalhar no Sanaa que, com os projetos do edifício de habitação em Gifu de 1998, do Museu do Século 21 em Kanazawa de 2004, e do New Museum em Nova York de 2007, definia um novo paradigma para a arquitetura, marcado pelo silêncio, pela transparência e pela leveza. Nesse escritório, conheci outra estratégia de projeto. Dessa vez, o processo baseava-se no desenho de plantas milimetricamente articuladas e na fabricação de grandes modelos que chegavam à escala 1:1 – durante essa experiência, o que mais chamava a minha atenção era o fato do corte não ser utilizado como ferramenta de concepção do projeto, o que na formação paulista é essencial. À época, o escritório desenvolvia dois projetos importantes: o Rolex Learning Center, em Lausanne, na Suíça, de 2010, e o Museu Louvre de Lens, na França, de 2012. Um dos projetos que alimentava as discussões no escritório era o da marquise do Parque Ibirapuera, em São Paulo, referência fundamental de implantação, espacialidade e desenho da estrutura. Entre as várias obras que visitei, a vivência da casa Moriyama, em Tóquio, foi marcante como experiência de casa urbana.

Ao lado de Portugal e Japão, a arquitetura chilena ocupa hoje posição de destaque na produção contemporânea. Nesse universo, os projetos do escritório Pezo von Ellrichshausen aparecem como um efetivo contraponto para este estudo, sobretudo pelo cárater abstrato e investigativo de sua arquitetura. A casa Poli, laureada com diversos prêmios, foi também selecionada como objeto para este estudo, já que é a síntese de uma série de projetos nos quais os arquitetos experimentaram o tema da casa vertical.

Em paralelo às considerações de ordem pessoal, a partir de um conjunto de quinze casas produzidas durante os dez primeiros anos do século 21, definiu-se o recorte de objetos de estudo similares: três casas, com área de aproximadamente 200 metros quadrados, projetadas entre 2005 e 2007, concebidas e construídas em continentes e realidades diferentes, e que apresentam resultados formais e espaciais tão singulares quanto radicais.

Esta seleção de casas busca não somente debater o projeto da casa contemporânea, mas também compreender metodologias que traduzem o processo criativo como construção de conhecimento, sistematizando suas estratégias e permitindo reconhecer como, a partir do estudo de uma obra, é possível compreender como se constitui o processo de cada projeto.

Com relação às leituras que contribuíram para a organização do presente trabalho, em primeiro lugar destaca-se o livro *A Genealogy of Modern Architecture*, de 2013, do arquiteto Kenneth Frampton. Trata-se do registro de um seminário integrado por Frampton na década de 1970, intitulado "Análise crítica comparativa da forma construída", cuja intenção era, através de análises teóricas, engendrar nos alunos a capacidade de articular a forma construída.[6] Para este fim, os alunos analisavam duplas de edifícios com programas e tamanhos semelhantes, próximos em data e concebidos a partir de pontos de vista culturais categoricamente diferentes, o que resultou numa genealogia de edifícios modernos que não se compromete com a linearidade histórica. O método dessa publicação baseia-se na análise gráfica de projetos, a partir de categorias como tipologia, contexto, programa, área construída, organização do programa, implantação, elevações e cortes.

Duas dissertações de mestrado foram igualmente utilizadas com referência: *A arquitetura de Álvaro Siza: três estudos de caso* (2002), de Luciano Margotto Soares,[7] uma análise sistemática de três obras do arquiteto português; e *A construção do território* (2016), de Juan Pablo Rosenberg,[8] estudo que propõe uma leitura sobre a poética arquitetônica nas obras dos arquitetos Luis Barragán, Álvaro Siza e Tadao Ando.

6. FRAMPTON, Kenneth. *A Genealogy of Modern Architecture: Comparative Critical Analysis of Built Form*.

7. MARGOTTO, Luciano. *A arquitetura de Álvaro Siza: três estudos*.

8. ROSENBERG, Juan Pablo. *A construção do território: abstração e natureza nas obras de Luis Barragán, Álvaro Siza e Tadao Ando*.

A boa-vida, livro de Iñaki Ábalos[9] publicado em 2003, que dedica cada um dos sete capítulos a visitas guiadas por moradas do século 20, analisadas como materializações do pensamento contemporâneo e centradas na figura do morador, foi referência relevante sobretudo no capítulo dedicado à casa Moriyama.

Por fim, o livro *Inquietação teórica e estratégia projetual*, do espanhol Rafael Moneo:[10] uma compilação de suas aulas na Harvard University, do início da década de 1990, centradas na produção de oito arquitetos contemporâneos, publicada em 2008. Essa aulas revelam os mecanismos, procedimentos, paradigmas e dispositivos formais recorrentes na arquitetura. Tratam-se de referências não literais, mas que serviram de amparo à construção do percurso que pretendeu-se aqui conduzir.

Experiência e aproximação como método

Este estudo valoriza a experiência como força motriz. Por experiência, compreende-se a peregrinação realizada às diversas obras de cada escritório estudado, as visitas detalhadas a cada uma das três casas – sobre as quais se aprofundará –, e as experiências de trabalhos e entrevistas que permitiram a aproximação aos arquitetos aqui investigados. Tais vivências dão tom ao texto: o registro de um olhar pessoal, através do qual foi possível testemunhar o caráter do espaço, que se tornou compreensível justamente por ocasião dessa experiência singular. Neste sentido vale relembrar o depoimento do arquiteto Rafael Moneo:

9. ÁBALOS, Iñaki. *A boa vida. Visita guiada às casas da modernidade.*
10. MONEO, Rafael. *Inquietação teórica e estratégia projetual na obra de oito arquitetos contemporâneos.*
11. MONEO, Rafael. *Siza fiel a Siza*, p. 25.

Faz já anos que me propus suspender o julgamento sobre qualquer obra de arquitetura que não tenha visitado. Isso porque, à margem de estar acostumado à leitura de plantas e da ajuda que supõem as imagens fotográficas dos edifícios, me ocorreu, em algumas ocasiões, ter que trocar de opinião a respeito de uma obra após a visita da mesma. Isto põe em manifesto, uma vez mais, que o julgamento sobre a arquitetura exige seu conhecimento, seu direto impacto sensorial sobre nós para poder de fato apreciá-la.[11]

Quanto ao método da pesquisa, destacam-se três frentes complementares. São elas: o estudo da produção de cada escritório, da casa selecionada e das estratégias de projeto adotadas.

O estudo da produção do escritório abre a discussão de cada capítulo. Nesse contexto, expõe-se a pesquisa bibliográfica reveladora do universo que circunscreve a produção dos arquitetos e de suas obras. Neste ponto, reúnem-se escritos, entrevistas e análises críticas como base para tal investigação. Procura-se contextualizar a obra em questão, dentro da produção desses escritórios, e, ainda, criar um elo entre os vários projetos que indique o desenvolvimento das ideias e dos partidos tomados na criação desse conjunto de trabalhos.

Por sua vez, a seção concentrada no estudo da casa, além de incluir a ficha técnica e o memorial justificativo apresentado pelos autores dos projetos, também é subdividida em outras duas frentes: o plano-sequência e a análise do projeto. Através da narrativa de um plano contínuo, o estudo inicia-se com o testemunho da experiência travada com cada projeto. Esse plano, ilustrado por fotografias, procura desvendar as espacialidades dessas construções. A partir desse registro, o intuito é recriar a atmosfera vivenciada – por isso, o tom pessoal. Na sequência, retorna-se aos desenhos e à bibliografia, revelados em pesquisa, para analisar e compreender as decisões projetuais e os recursos arquitetônicos que condicionam a potência espacial testemunhada em cada visita. A esta altura, os projetos – plantas, cortes e elevações – foram redesenhados e incluídos no estudo. Com isso, procurou-se estabelecer uma relação mais estreita com as decisões e os recursos que envolvem os projetos – como será percebido, quando necessário, também foram desenvolvidos diagramas e esquemas, que procuram ilustrar o raciocínio gerador da construção.

Finalmente, à luz da análise de cada projeto e integrados ao pensamento dos arquitetos, procura-se sistematizar a metodologia de trabalho de cada um desses profissionais, destacando as estratégias e os temas que permeiam suas produções.

Semelhanças e diferenças entre as casas

O trabalho está dividido em três capítulos, cada um deles dedicado a um escritório e à análise da obra selecionada. Aqui, procura-se debater as características que aproximam e distanciam essas metodologias de trabalho. Procurou-se compreender a relação intrínseca entre o pensamento, o processo de projeto e a forma construída.

Após finalizar o percurso – visitar as obras, analisar os desenhos e decifrar as estratégias de projeto de cada escritório – foi possível reconhecer, nas três casas estudadas, aquilo que as distingue – e as torna únicas – mas, sobretudo, alguns pontos de tangência que as aproximam, apontando para um léxico contemporâneo comum. Inicialmente, vale salientar que, nos três casos, verifica-se uma abordagem heterodoxa na forma de conceber a ideia da *casa*, seja por estarem inseridos dentro de processos mais amplos de investigação projetual de cada escritório, seja pela forma experimental de tratar o espaço doméstico em suas relações programáticas triviais.

Um tema central que permeia os três projetos é a materialização do campo limítrofe entre o espaço interior e o exterior. Na casa Moriyama, o invólucro tradicional – que contornaria toda a casa – é suprimido, e o programa é disperso em vários e singulares volumes, dando a cada uso uma construção autônoma e independente. Nas casas Poli e Coruche, pelo contrário, o limite é definidor de geometrias compactas e unas, ganhando espessura a ponto de se tornarem habitáveis. Nos três casos, é justamente a relação complexa que se estabelece entre o interior e o exterior que potencializa a vivência do lugar, sugerindo diferentes abordagens para ideia de limite.

Na casa Poli, a fachada conforma em si mesma um *lugar*; nela, se localizam as circulações verticais e os elementos funcionais que articulam o projeto, possibilitando que o espaço central permaneça livre e neutro. Esse perímetro estabelece uma fronteira que separa as duas realidades – interior e exterior – conectadas por meio de aberturas que fragmentam e potencializam essa relação.

Já na casa em Coruche, a espessura da borda ganha outro sentido: eliminando o paralelismo entre as faces externa e interna da fachada, o limite deixa de ser um plano para tornar-se um campo que reage a um lado e a outro, podendo ou não ser ocupado, e cuja maior função é garantir a independência entre o espaço interior e a volumetria exterior. Resulta assim um limite espesso em que, retomando a tradição local, a construção se afirma através das noções de massa e gravidade, mas deixa de ser evidente para tornar-se ambígua. "Projetar de fora pra dentro, assim como de dentro pra fora, cria tensões necessárias que ajudam a fazer arquitetura. Como o interior é diferente do exterior, a parede (ou muro) – o ponto de mudança – torna-se um elemento arquitetônico".[12]

Na casa Moriyama, por sua vez, o limite se desfaz em múltiplas possibilidades, transformando-se numa sobreposição de camadas, transparências e reflexos que, através de uma atmosfera etérea – dotada de limites virtuais e turvos –, deixa de ser fronteira para se tornar conexão.

Outro aspecto que chama atenção é a natureza abstrata – ou mesmo platônica – desses projetos. Existe, nos três casos, uma alienação do aspecto construtivo e tectônico da arquitetura em busca de uma linguagem plástica e escultórica; são arquiteturas que estão menos preocupadas com a fabricação do artefato e mais atentas para a experiência gerada pelo espaço construído. Pode-se dizer que são projetos que partem de uma abstração formal moderna da geometria euclidiana, e que se valem das formas arquetípicas como o quadrado ou o círculo para, através desses símbolos conhecidos, tensionar a forma para torná-la complexa. Por exemplo, no trabalho do escritório Pezo von Ellrichshausen tal abstração formal aparece como instrumento e resultado do próprio processo – rigoroso e exaustivo – de projeto. Já os Aires Mateus utilizam uma ideia preconcebida da casa em quatro águas, para introduzir uma falha, um rasgo, que determina a complexidade da experiência. Existe, no uso dessas formas abstratas e arquetipais, o intuito de manipular um código subliminar que atua diretamente no imaginário do usuário, despertando certa familiaridade como berço para vivenciar uma experiência espacial intensa.

12. VENTURI, Robert. *Complexidade e contradição em arquitetura*, p. 119.

As três casas se materializam como elementos exógenos à paisagem, apresentando uma precisa inserção em relação ao entorno sem, no entanto, serem contextualistas. A casa Poli se protege e enquadra a paisagem num jogo de mimese e contraposição. Já a Moriyama recria a morfologia da quadra, emulando-a como *realidade* para o morador ermitão. Em Coruche, por sua vez, o projeto determina o limite habitável na paisagem vasta e monótona, fazendo-se desvendar na disruptura espacial que propõe.

Todas elas exigem a experiência do lugar para serem compreendidas, resultado de sua espacialidade fragmentária – cuja lógica dos desenhos e fotografias não dão conta de narrar –, como uma espécie de caleidoscópio que parece recompor realidades próprias numa sequência de imagens superpostas, apenas perceptível através do deslocamento.

A articulação dos espaços, em cada caso, se dá a partir de um elemento de força: a escada na Poli, o jardim na Moriyama e o pátio central em Coruche; o que confere à circulação não mais um lugar secundário – como manda a lógica comum –, mas de protagonista do projeto. Se a Poli e a Coruche se colocam como abrigo em meio a paisagem, a casa Moriyama expressa sua antítese: a dissolução literal do invólucro rompe a ideia de proteção para trabalhar a reconexão com a cidade e com a natureza.

A neutralidade dos espaços é outro tema caro aos três projetos. Ao embutir os espaços servidores – na Poli, no perímetro murado, em Coruche como espessura escura, ou ainda nas múltiplas configurações da Moriyama –, essas casas tornam seus ambientes altamente adaptáveis e livres para acomodar diferentes usos, garantindo assim a possibilidade de alternância e multiplicidade de situações. Isso permite que a domesticidade dos espaços seja reduzida ao mínimo, atribuindo-lhes um caráter mais genérico: a casa deixa de estar relacionada a uma entidade familiar hierarquizada, estratificada e estável, para se conectar à ideia de fluidez e constante transformação. Esses espaços genéricos, para os chilenos, não se relacionam à ideia de tipologia densa de historicidade, mas a um sistema espacial mais abstrato. Para os japoneses, correspondem às ideias de impermanência, indeterminação e possibilidade constante de mudança. Já para os portugueses, elas são a síntese de um espaço atemporal que se localiza pontualmente no tempo com um uso especifico, finito, em contraposição à infinitude do construído que permanece para além da existência humana.

Finalmente, como um artífice escolhe a ferramenta oportuna ao seu trabalho, é importante pontuar como os desenhos e estratégias de projeto se traduzem claramente no espaço construído. Se Pezo von Ellrichshausen utilizam séries repetitivas de pinturas e axonométricas milimetricamente calculadas como expressão de uma lógica matemática e racional, Sanaa se manifesta no uso das plantas diagramáticas, como resultado de um processo baseado na possibilidade de infinitas articulações do espaço. Já os Aires Mateus se exprimem através de maquetes volumétricas, num processo escultórico em que imperam as ideias de massa e gravidade.

Por fim, ao encontrar temas comuns nos projetos dessas três casas tão distantes entre si – geográfica e culturalmente –, como a problematização do limite, a neutralidade dos espaços, o tensionamento da forma abstrata ou o uso das imagens arquetípicas, a presente pesquisa permitiu identificar conceitos que, se abordados de forma isolada ao longo do modernismo e do pós-modernismo, apontam para uma ampliação do léxico arquitetônico atento a questões do viver contemporâneo.

Casa Gago, San Pedro, Chile. Pezo von Ellrichshausen, 2011-2012

Casa Poli **Pezo von Ellrichshausen**

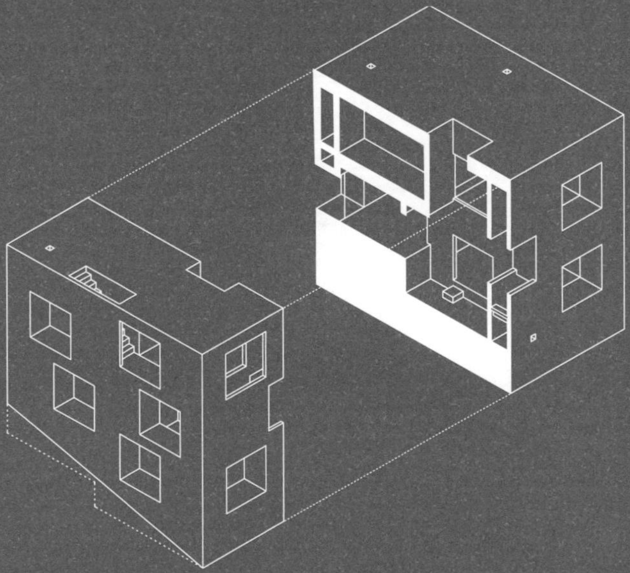

Casa Gago, San Pedro, Chile. Pezo von Ellrichshausen, 2011-2012

O escritório Pezo von Ellrichshausen é, ao mesmo tempo, um ateliê de arquitetura e arte. Seus trabalhos transitam entre projetos de arquitetura, pintura e instalação artística; são produções arquitetônicas de forte caráter abstrato e geométrico, comprometidas com a ideia de arquitetura como um trânsito entre linguagens artísticas. Sua contribuição associa-se, portanto, à exploração de fronteiras e trocas constantes entre esses dois universos. A pintura, nesse contexto, atua em duas frentes: como campo reflexivo para a produção arquitetônica e como forma de investigação, que antecipa e inspira esta produção. Isto é, a arte opera como um instrumento eficaz de exploração e testa ideias que serão posteriormente aplicadas em projetos arquitetônicos. ▶▶ Analisando o conjunto da obra do escritório em perspectiva, destacam-se as residências unifamiliares projetadas no Chile. A casa Poli, objeto de estudo deste trabalho, projeto que obteve maior reconhecimento entre sua produção, é uma obra seminal que discute temas constantes em todos os trabalhos posteriores.

Pintura conceitual do Pavilhão Vara, Bienal de Veneza, 2016

Segundo Sofía von Ellrichshausen, "Poli está presente nas nossas mentes ao projetar novas casas, e nós a vemos sempre presente nos nossos projetos novos. [...] É bom confirmar que o método que pensamos como pedra basilar continua válido hoje".[1]

No processo de trabalho dos arquitetos, identificamos um *continuum*, no qual obras resultam de pequenas variações dentro de um campo formal que, no decorrer do tempo, revela novas configurações.

Cada projeto representa, assim, a variação específica de um conceito, parte integrante de um conjunto maior de possibilidades. Configuram-se como jogos diferentes que, entretanto, seguem uma única regra, gerando uma estrutura rígida na qual se aceitam apenas desvios precisos. É exatamente esse jogo de regras que aparece como grande protagonista da obra.

Nesses termos, os projetos respondem a uma mesma lógica que forma entre si séries[2] ou famílias projetuais, conforme veremos detalhadamente a seguir. A cada oportunidade, os profissionais ensaiam espacialidades similares: nesse raciocínio, um projeto contamina e influencia o outro. Uma obra nunca é pensada como um elemento isolado e acabado, ela se articula no interior de uma trajetória maior de projetos, pinturas e instalações.

Em entrevista realizada para o website OnArchitecture[3] em 2013, os arquitetos afirmaram que consideram a casa Poli e a casa Solo como *cabeças de séries*. Na primeira, de matriz vertical, da qual fazem parte as casas Rivo (2002-2003), Poli (2002-2005), Wolf (2005-2007), Fosc (2007-2009), Cien (2008-2011) e Gago (2011-2012), encontram-se obras muito estritas e compactas, em que a separação entre o interior e o exterior é clara e bem definida, tendo a escada como elemento articulador do projeto. Na segunda série, de matriz horizontal, da qual fazem parte as casas Endo (2010), Solo (2009-2012), Guna (2010-2012) e Ocho (2014), o pátio central representa o elemento articulador de cada projeto, e a linha que define os espaços internos e externos se complexifica, tornando essa fronteira ambígua. Por fim, ainda na mesma entrevista, Mauricio e Sofía contextualizaram a casa Parr (2006-2008) como uma peça de transição: nela, o exterior é parte integrante dos espaços interiores.

1. IBELINGS, Hans; LOK, Jeroen. Casa Poli: Pezo von Ellrichshausen. Apud CORREIA, Ana Teresa Moreira da Costa Freire. Estudos sobre o habitar: o caso de Pezo Von Ellrichshausen – encontro entre arquitetura e escultura, p. 102.

2. Estas séries se organizam a partir de uma lógica de projeto comum, e não por um critério cronológico.

3. Mauricio Pezo & Sofía von Ellrichshausen/Solo House. OnArchitecture.

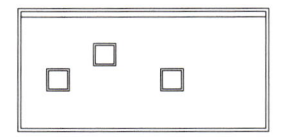

Cobertura

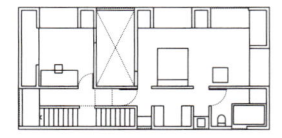

Segundo pavimento

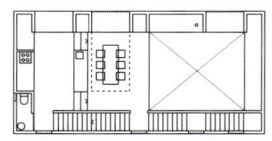

Primeiro pavimento

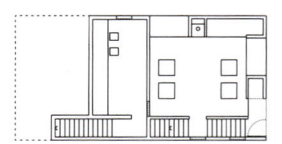

Térreo

N   1m   5m

A série de casas verticais começa com a construção da **CASA RIVO (2002-2003)**, primeira obra do escritório, localizada na Reserva de Valdivia, extremo Sul do Chile. Este projeto de planta retangular já trata da separação entre espaços servidores e servidos: neste caso as escadas desenvolvem-se apenas em uma das faces do edifício, determinando uma polaridade e hierarquia entre as fachadas da casa.

Casa Rivo, Valdivia, Chile, 2002-2003

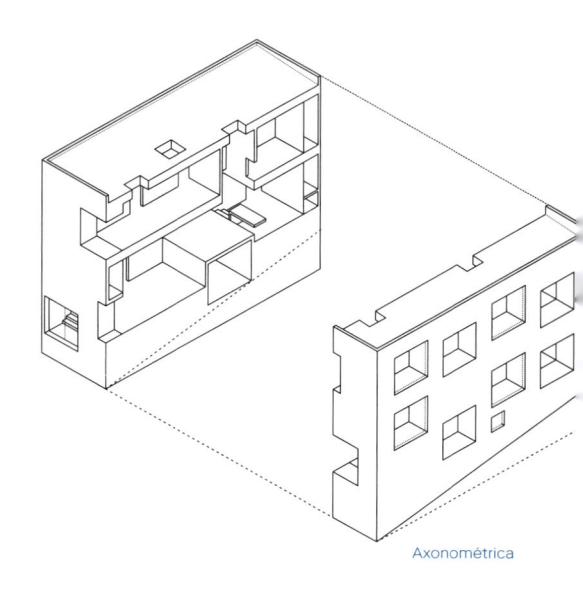

Axonométrica

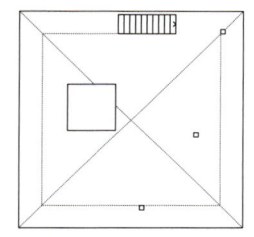

Cobertura

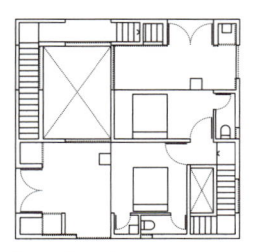

Segundo pavimento

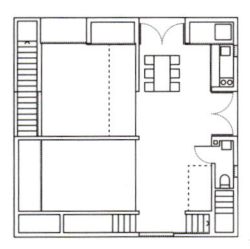

Primeiro pavimento

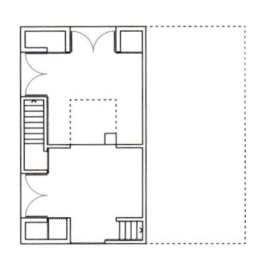

Térreo

Na sequência, no projeto da **CASA POLI (2002-2005)**, localizada em Coliumo, Chile, as escadas determinam um perímetro que separa o interior da construção de seu exterior, promovendo uma equivalência entre as fachadas, própria da natureza geométrica do cubo.

Casa Poli, Coliumo, Chile, 2002-2003

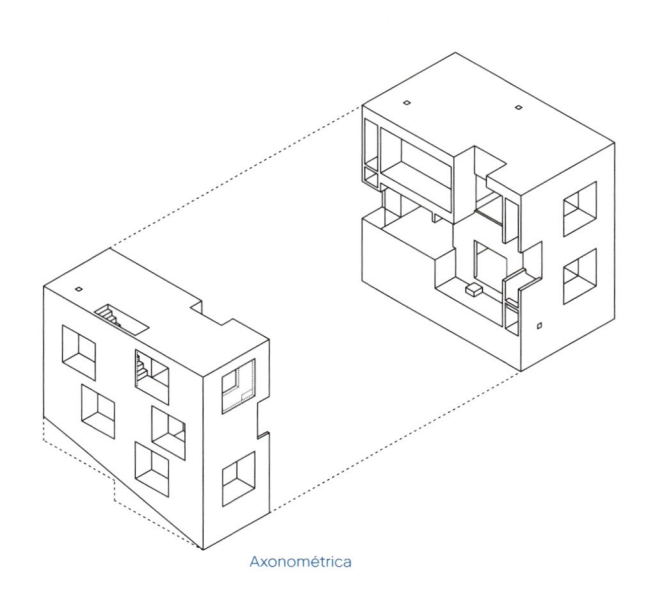

Axonométrica

N   1m   5m

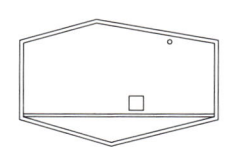

Cobertura

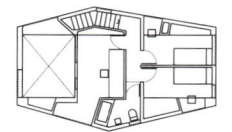

Segundo pavimento

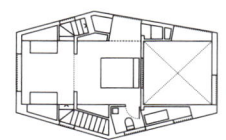

Primeiro pavimento

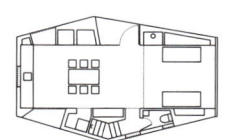

Térreo

Na **CASA WOLF (2005-2007)**, trabalho que também pertence à primeira série, o prisma irregular cria uma distância entre o limite exterior facetado e o interior retangular, configurando um perímetro irregular que rompe a ideia de paralelismo e gera uma disjunção entre interior e exterior.

Casa Wolf, San Pedro, Chile, 2005-2007

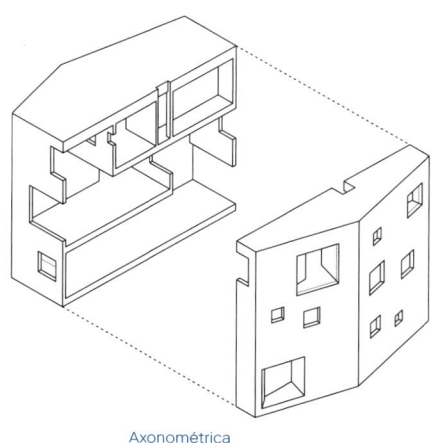

Axonométrica

N   1m   5m

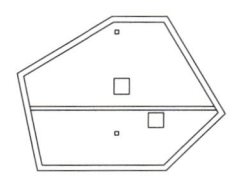

Cobertura

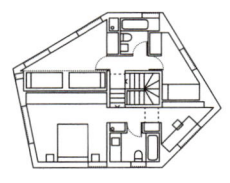

Segundo pavimento

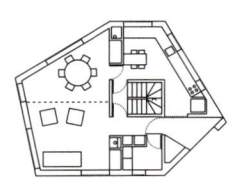

Primeiro pavimento

Térreo

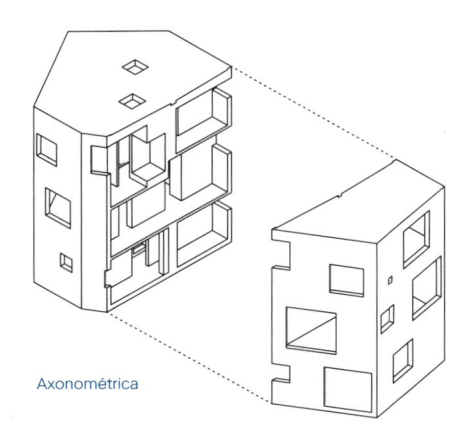

Cronologicamente, passamos à **CASA FOSC (2007-2009)**. Nesse projeto a escada extrapola o perímetro, e passa a ocupar um duto interior e ortogonal. Nele, também estão localizados os espaços servidores e, ao redor desse eixo de circulação vertical, conectam-se, a partir de um eixo espiral, todos os espaços da casa.

Casa Fosc, San Pedro, Chile, 2007-2009

Axonométrica

N   1m   5m

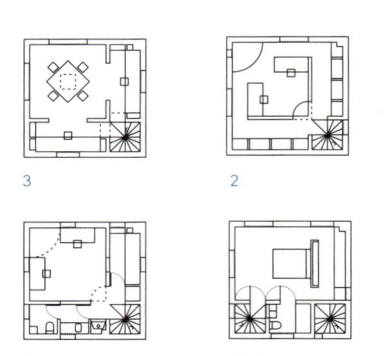

A **CASA CIEN (2008-2011)**, trabalha a partir de um duplo formato: pódio e torre. A plataforma é o elemento articulador do projeto; a partir dela tem-se acesso à área da casa e do escritório, que ocupa os três últimos andares da torre. Os arquitetos valem-se da duplicidade das escadas para criar privacidade entre residência e escritório.

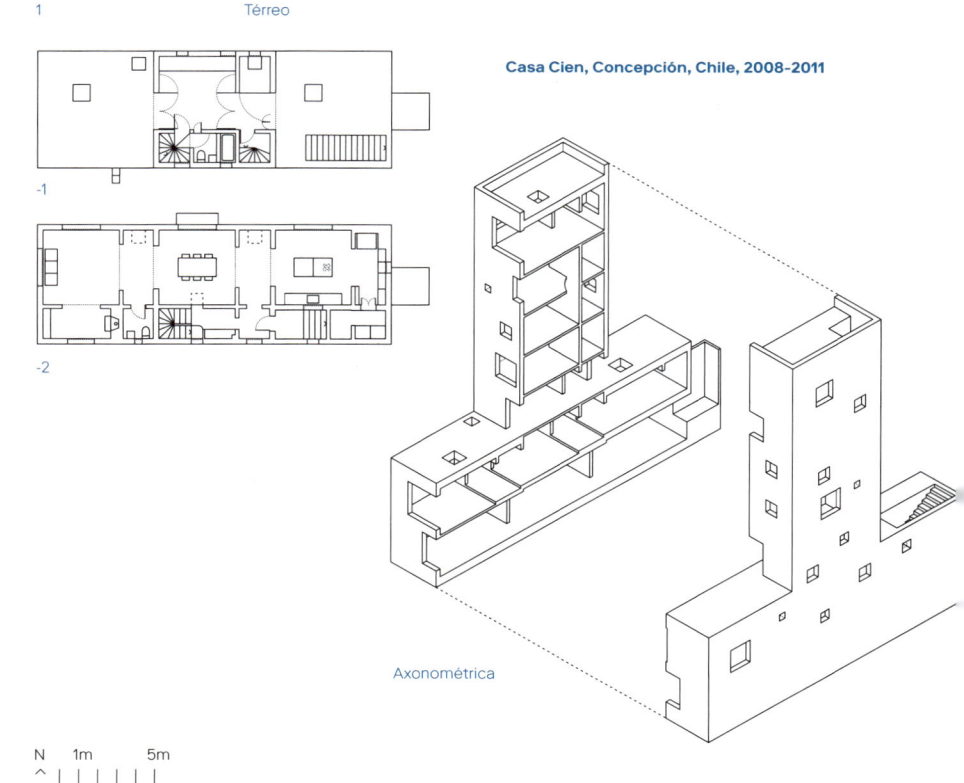

3

2

1

Térreo

-1

-2

Casa Cien, Concepción, Chile, 2008-2011

Axonométrica

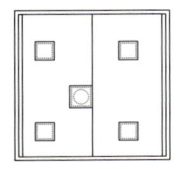

Cobertura

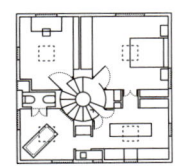

Terceiro pavimento

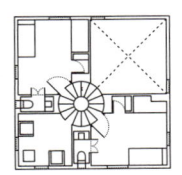

Segundo pavimento

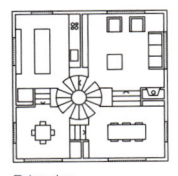

Primeiro pavimento

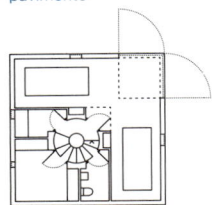

Térreo

Por fim, na **CASA GAGO (2011-2012)**, a escada helicoidal central dá acesso a doze plataformas em diferentes níveis. A sequência ascendente estabelece vários graus de intimidade e proximidade entre as diferentes funções domésticas, que começam pela cozinha, no andar inferior, e vão até os quartos, na parte superior do imóvel.

Casa Gago, San Pedro, Chile, 2011-2012

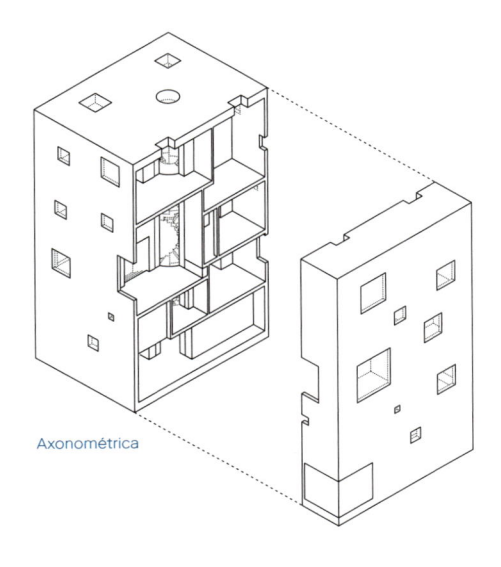

Axonométrica

N 1m 5m

Nos projetos da segunda série, por sua vez, os arquitetos trabalham com uma planta quadrada como base. Um anel exterior, ocupado, e um pátio central, vazio, determinam perímetros que fazem as vezes de limites e conferem uma sequência progressiva de interioridade e profundidade ao espaço. Esses projetos exploram, em especial, elementos como a ortogonalidade, a transparência e a simplicidade do espaço. Além de propor simetria e regularidade, sua métrica reticulada alterna sequências de espaços exteriores, interiores e híbridos.

Ao analisarmos as plantas dessas casas, notamos que nelas, destacam-se, igualmente, a ausência de hierarquia e a aparente neutralidade do espaço, aspectos que reproduzem os princípios miesianos da chamada planta livre, na qual o interior é um espaço integrado, aberto e subdividido por um núcleo de serviço central. Por outro lado, projetos como esses que se baseiam fundamentalmente na simetria, aproximam-se de uma raiz clássica: por exemplo, da Villa Rotonda,[4] projetada pelo arquiteto Andrea Palladio em 1570, em que o espaço central, executado em perfeita geometria, articula as demais salas; exatamente como funciona o pátio da casa Solo.

Os projetos das **CASAS SOLO (2009-2012)**, e **GUNA (2010-2012)**, extrapolam a matriz horizontal e propõem o formato de uma plataforma suspensa por um pódio: em ambas, o edifício transparente e monolítico aparece equilibrado em

4. A associação entre os trabalhos de Mauricio e Sofia, pertencentes a essa série horizontal e o projeto de Palladio, revelou-se em visita da autora à Villa Rotonda, em maio de 2018, quando ficou evidente a valorização do espaço central através da regularidade da forma com uma planta quadrada perfeita, sem interferências, que só é possível com a articulação do programa na sua periferia.

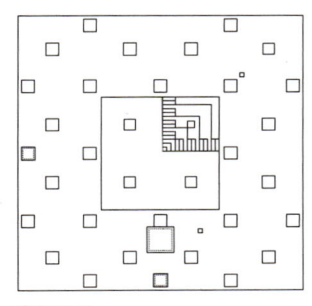

Cobertura

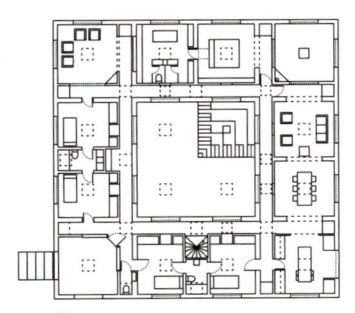

Térreo

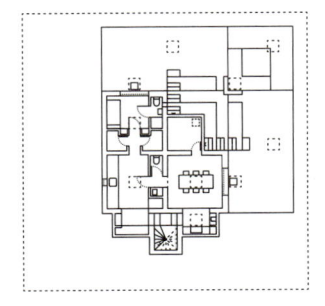

Subsolo

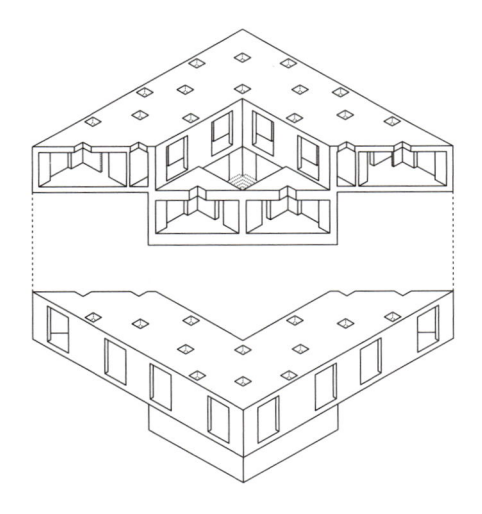

Casa Guna, San Pedro de la Paz, Chile, 2010-2012

cima de um pedestal cego que deixa a plataforma flutuar no meio da vegetação. A planta da casa Solo divide-se entre um anel panorâmico e um pátio central. O espaço perimetral está marcado por dezesseis pilares exteriores que dão ritmo à fachada; nos vértices do volume estão localizados os terraços, nas arestas, os ambientes fechados. O caráter desses ambientes altera-se pelo simples deslizamento dos caixilhos, que exploram a reversibilidade dos espaços, alterando sua identidade e a percepção do limite entre exterior e interior. O anel panorâmico abre-se à paisagem, enquanto o pátio é a única sala totalmente cerrada, mas aberta para o céu.

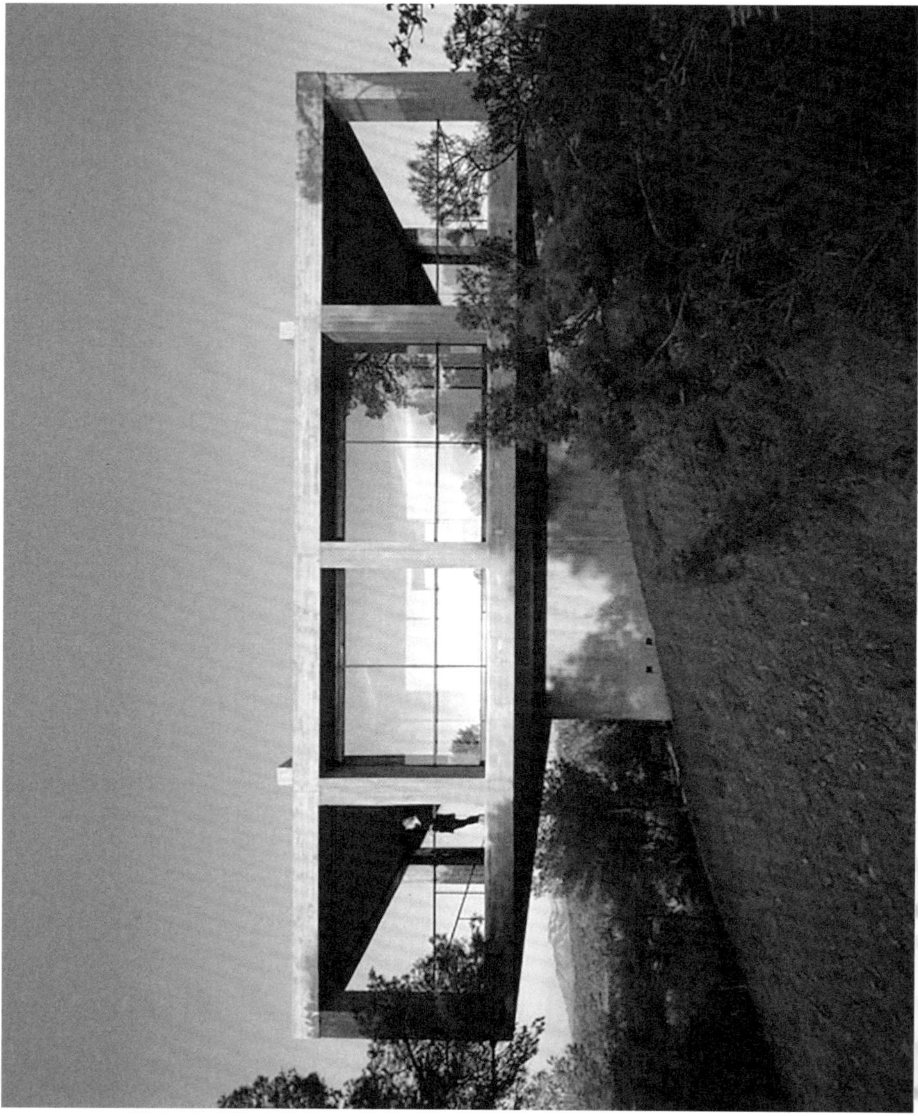

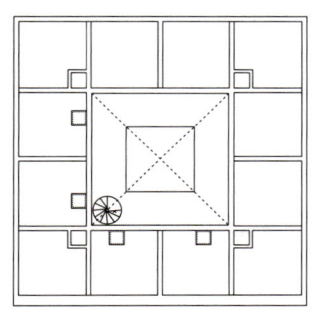

Cobertura

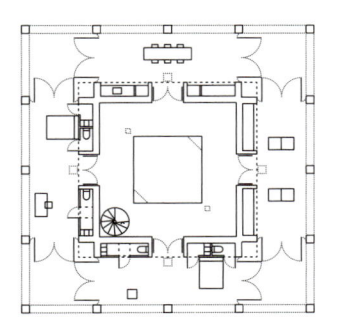

Térreo

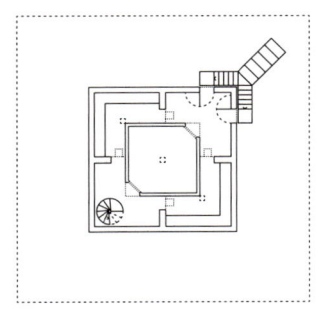

Subsolo

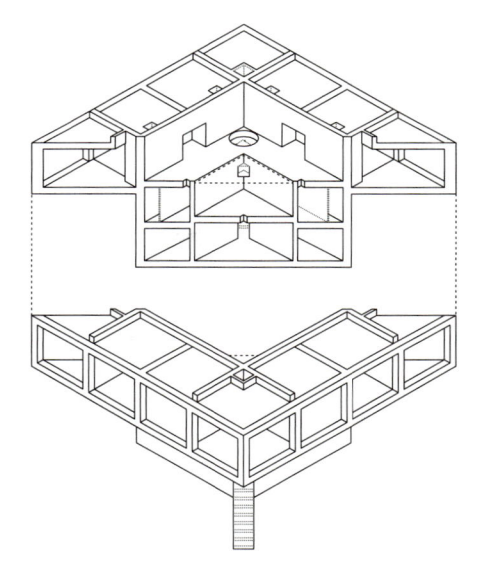

Casa Solo, Cretas, Espanha, 2009-2012

46

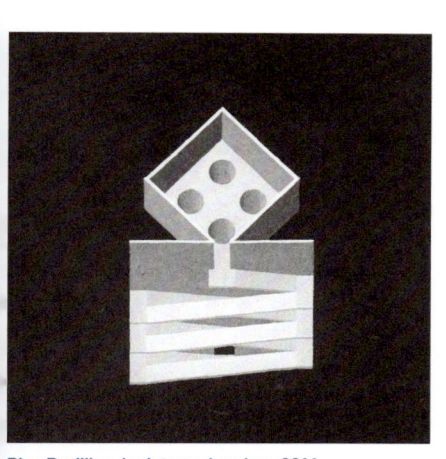

Blue Pavillion, Inglaterra, Londres, 2014

É possível, ainda, incluir nesta série a instalação *Blue Pavilion* – elaborada para a exposição *Sensing Spaces: Architecture Reimagined* (2014), na Royal Academy of Arts, em Londres – onde se construiu uma plataforma elevada por quatro colunas maciças, que retomam a estrutura das casas Solo e Guna, recriando um espaço aéreo. De caráter temporário, a instalação pretendia construir peças arquitetônicas de grandes dimensões no interior das galerias do museu. A instalação propõe duas experiências: uma coletiva e aberta, na plataforma; outra individual e sensorial, nas escadas espirais.

A casa Parr (2006-2008), é uma peça de transição, conforme definição dos próprios arquitetos. Nela, trabalhou-se a articulação entre módulos interiores e exteriores, criando uma sequência de espaços internos abertos. Como resultado, as variadas combinações e articulações dali derivadas questionam o limite do espaço. Outro exemplo dessa multiplicidade é o trabalho *120 Doors Pavilion*, construído em 2003, num parque de Concepción: uma instalação com estrutura modular de 10m x 10m, na qual 120 portas se dispõem em cinco perímetros consecutivos. A estrutura admite uma infinita variedade de percursos e configurações, criando diferentes profundidades espaciais. Sobre essa obra, Mauricio afirma que,

> Com isso, o que estávamos realmente procurando era uma maneira de evidenciar quão relativa e artificial são as distinções de

limites dentro de um trabalho de arquitetura e de arte. Estamos interessados em explorar os pontos de transmissão, ou atrito, entre um lugar e outro.

As portas são pontos de virada que subvertem temporariamente a definição do espaço, adicionando uma dimensão dinâmica à construção das paredes.[5]

Por exemplo, na casa Poli, a mesma varanda pode ser entendida de diversas maneiras: como um espaço de expansão, do interior para o exterior; como uma área protegida, mas ao ar livre ou; ainda, como um espaço que pretende afastar aquilo que é exterior, e proteger o interior da chuva.

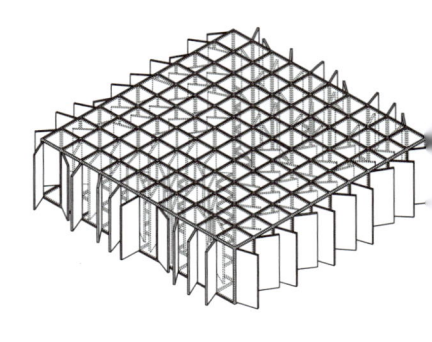

Pavilhão 120 Portas, Concepción, Chile, 2003

5. PEZO, Mauricio; VON ELLRICHSHAUSEN, Sofía. Finite Format 002 & 003, p. 44.

Pavilhão 120 Portas, Concepción, Chile, 2003

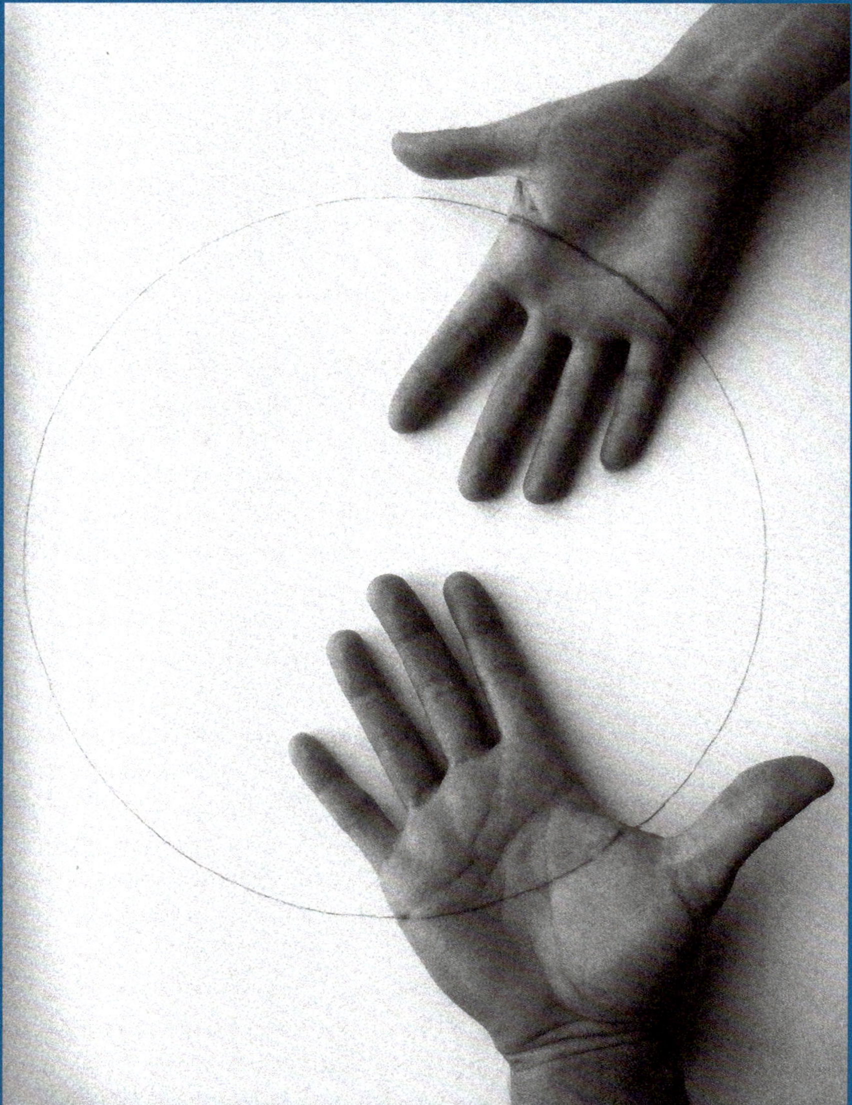

Escritório Pezo von Ellrichshausen
Mauricio Pezo e Sofía von Ellrichshausen

O escritório Pezo von Ellrichshausen, estabelecido em 2002 na cidade de Concepción, no Sul do Chile, é formado pelo casal Mauricio Pezo e Sofía von Ellrichshausen. Mauricio nasceu em Concepción, no ano de 1973. Em 1998, graduou-se em arquitetura, em sua cidade natal, na Universidad del Bío-Bío, com mestrado pela Pontifícia Universidad Católica de Chile, em Santiago. Sofía nasceu em Bariloche, Argentina, em 1976. É arquiteta graduada, no ano de 2001, pela Universidad de Buenos Aires – FADU UBA, com *Diploma de Honor*.

O escritório recebeu, pelo projeto da casa Poli (2002-2005), os prêmios Mies Crown Hall Americas, do Illinois Institute of Technology, em Chicago (2014), e Spotlight, pela Rice Design Alliance, em Houston (2012), além dos prêmios da Bienal Iberoamericana de Arquitectura e Urbanismo, em Montevidéu (2006), e da XV Bienal de Arquitectura do Chile, em Santiago (2006). O escritório Pezo von Ellrichshausen também participou de exposições em Londres, na Royal Academy of Arts (2014); em Nova York, no Museu de Arte Moderna – MoMA (2014); e em Chicago, no Art Institute of Chicago (2017).

Na Bienal de Veneza, Mauricio e Sofía foram os curadores do Pavilhão do Chile em 2008. Em 2010, participaram com a instalação *Detached;* e, em 2016, com o Pavilhão Vara, composto por dez volumes circulares, todos com tamanhos diferentes, criando uma complexa rede de espaços fechados ao ar livre, em forma de labirinto. O pavilhão é descrito pelos autores como *séries de exteriores dentro de outros exteriores*, e proporcionava uma experiência sensorial para seus visitantes.

Por fim, a atuação acadêmica dos arquitetos passa por universidades no Chile e também nos Estados Unidos, tais como a Cornell University (2008), o Illinois Institute of Technology (2014) e a Harvard University (2018).

CASA POLI

LOCALIZAÇÃO

Península de Coliumo, Chile

DATA DE PROJETO

2002-2003

DATA DE CONSTRUÇÃO

2004-2005

AUTORES

Mauricio Pezo e Sofia von Ellrichshausen

ÁREA

180 m^2

PROGRAMA

Sala de estar
Sala de jantar
Estúdio
Dois dormitórios
Cozinha
Lavanderia

ESTRUTURA

Concreto

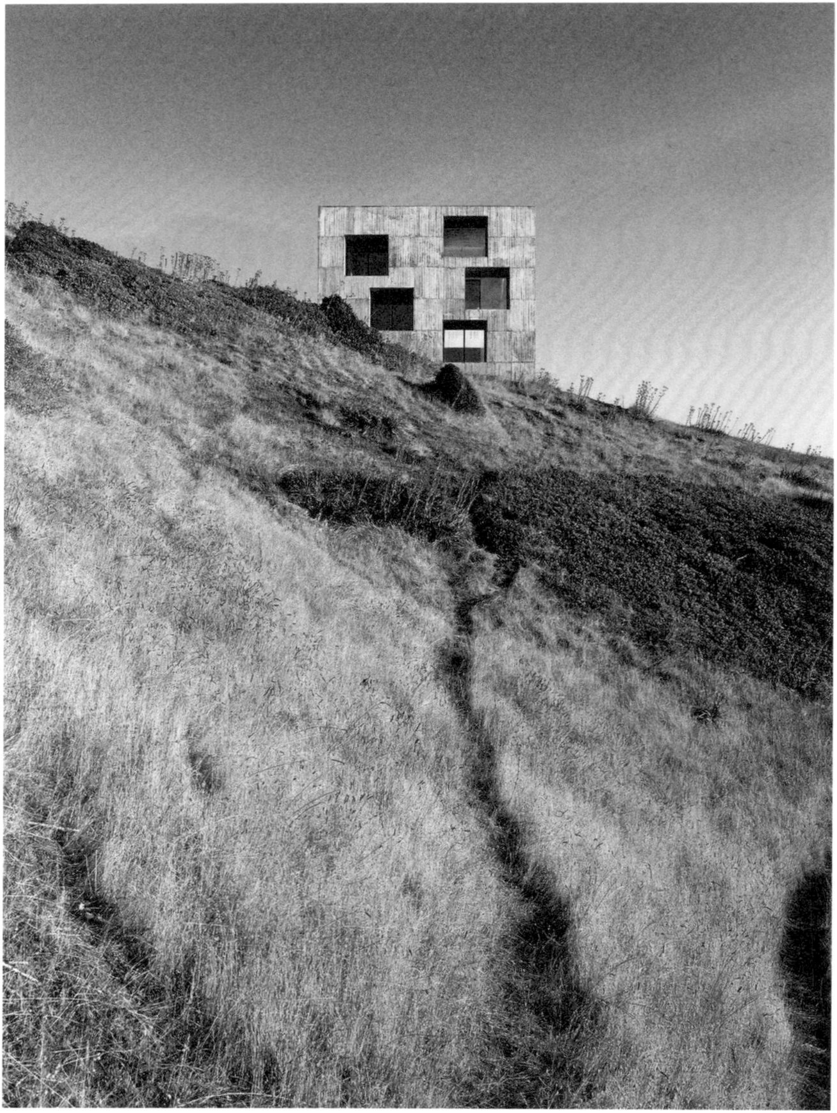

Este projeto localiza-se na Península de Coliumo, um ambiente rural, pouco povoado, frequentado por alguns fazendeiros, pescadores independentes e tímidos turistas de verão. É uma localização distante que, acreditamos, não está longe da *realidade do sonho cru* descrito por Martínez Estrada (1985-1964), escritor, poeta, ensaísta e crítico literário argentino. Uma peça compacta e autônoma foi ali construída para capturar pelo menos duas coisas: a sensação de um pódio natural, cercado pela vastidão, e a visão mórbida e inevitável do pé das falésias. O edifício funciona como uma casa de verão e um centro cultural, o que estabeleceu uma proposta contraditória: o interior teria que transitar entre um aspecto muito público e outro íntimo e informal. Ou seja, tinha que ser tanto monumental, quanto doméstico, sem que nenhum dos aspectos negativos de um afetasse o outro. Portanto, decidimos não nomear os ambientes, mas, em vez disso, deixá-los sem nome e sem função, apenas salas vazias com vários graus de conexão entre elas.

Em seguida, decidimos organizar todas as funções de serviço em um perímetro superdimensionado (a espessura funcional), dentro de uma parede grossa que atua como um espaço intersticial: uma massa esvaziada e oca que contém a cozinha, as circulações verticais, os banheiros, os armários e uma série de varandas interiores. Se necessário, todos os móveis e objetos domésticos podem ser armazenados dentro desse perímetro, liberando espaço para atividades múltiplas. Todo o edifício foi construído em concreto moldado *in loco*, usando formas de madeira não tratada. O trabalho foi feito com uma pequena betoneira e quatro carrinhos de mão, em camadas horizontais que combinavam com a altura de metade de uma placa de madeira. Na sequência, utilizamos a mesma madeira rústica das formas para envolver o interior e construir painéis deslizantes, que funcionam tanto como portas para esconder os serviços do perímetro quanto como persianas que cobrem as janelas quando a casa é deixada vazia.

[Casa Poli – memorial justificativo do projeto enviado pelo escritório Pezo von Ellrichshausen]

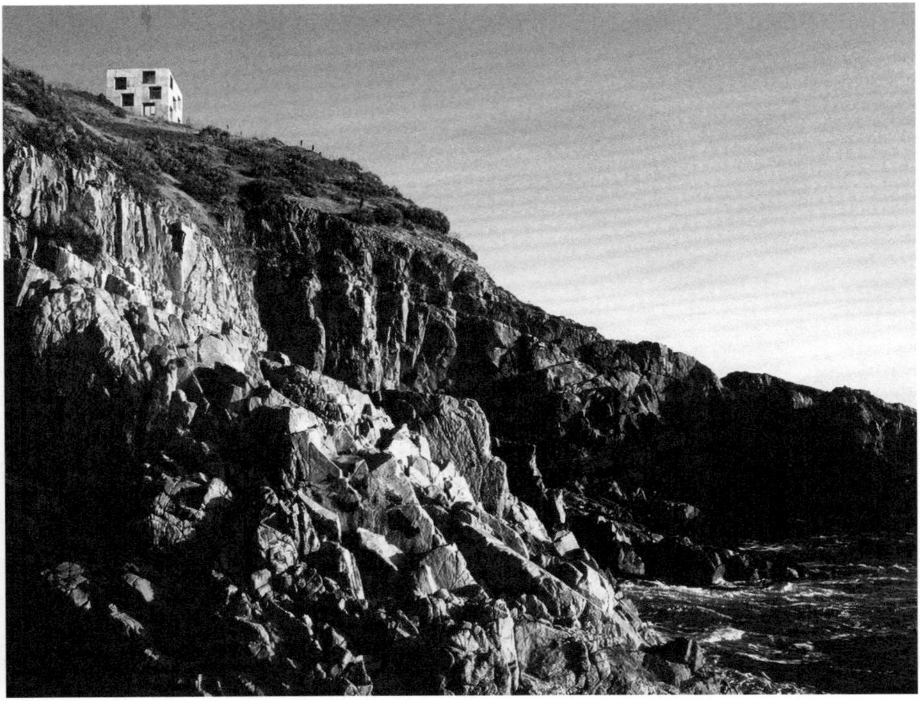

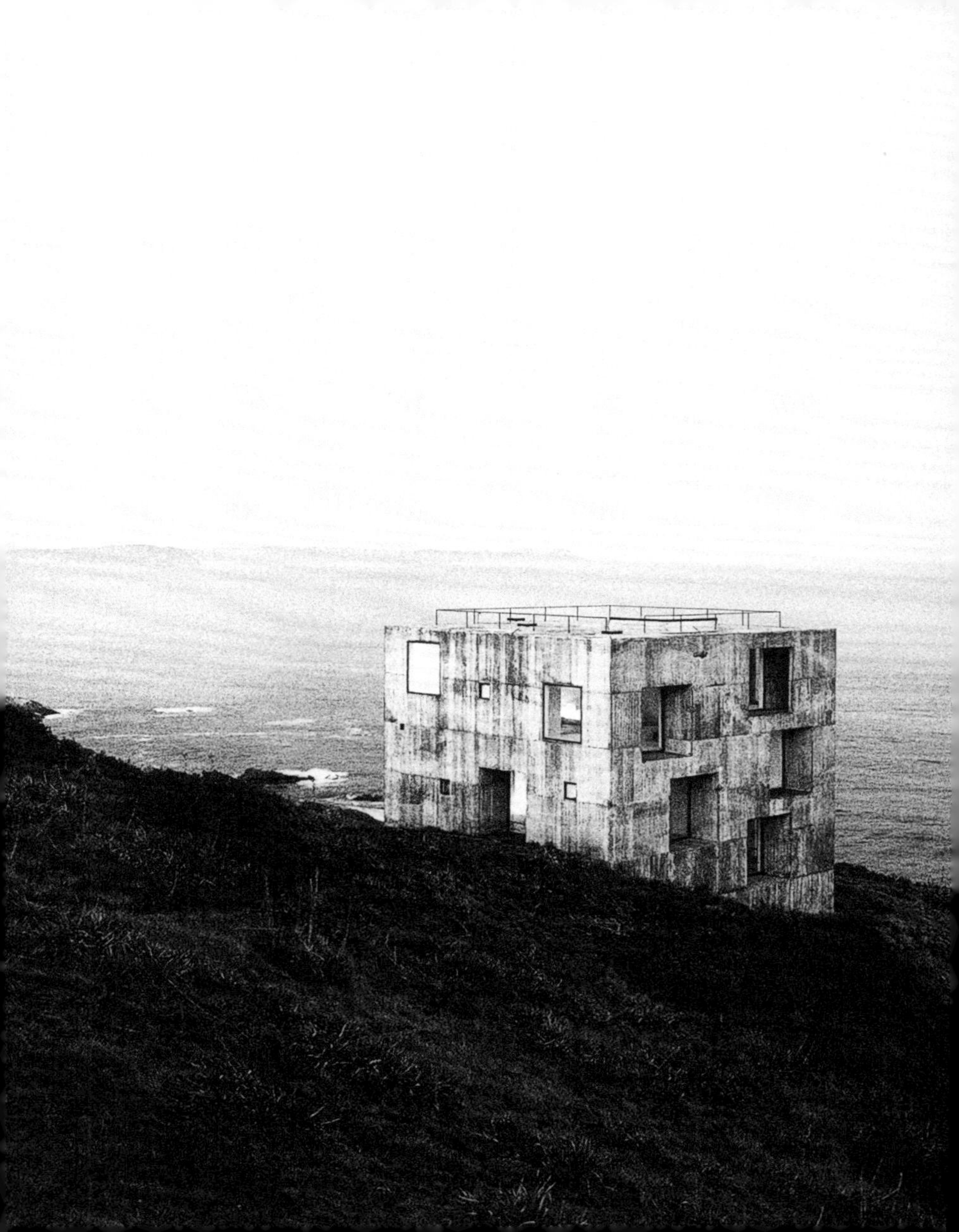

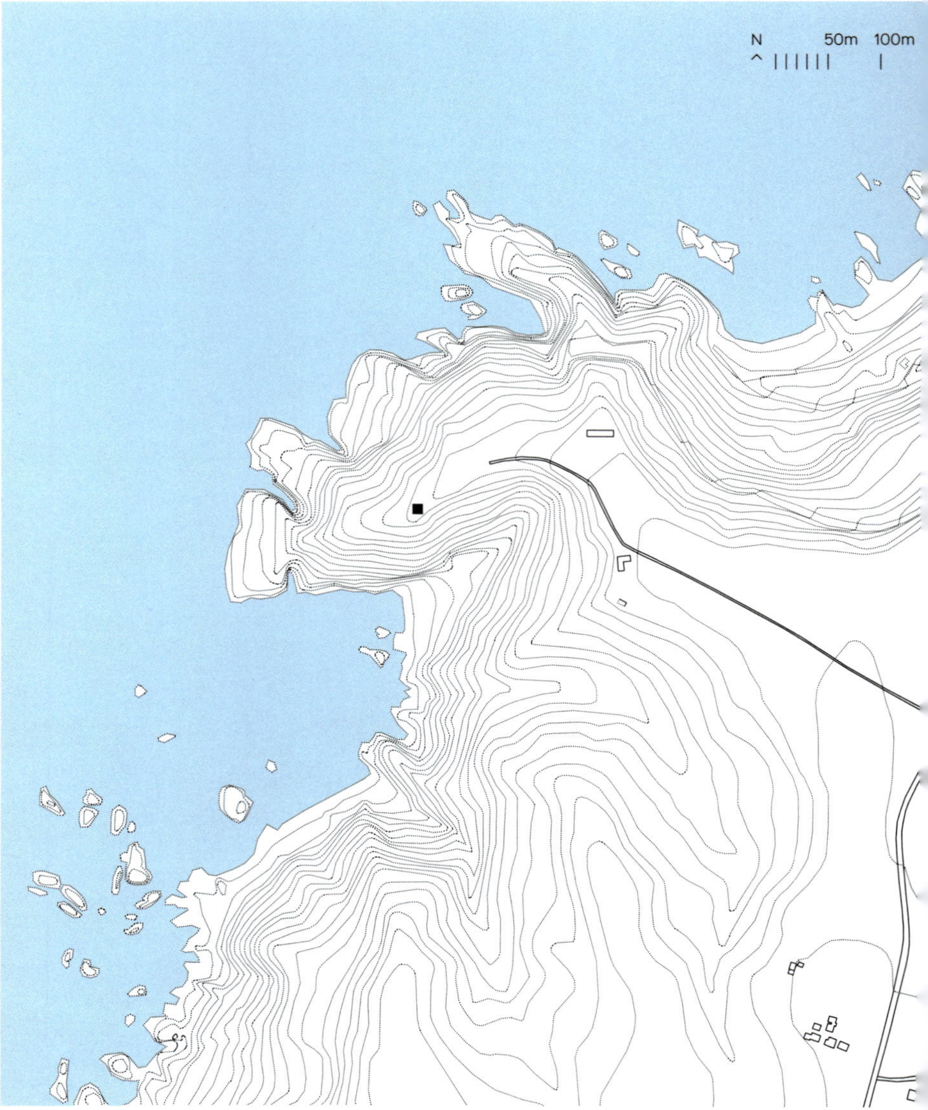
N
50m 100m

Plano-sequência

Em outubro de 2018, em um dia de chuva torrencial, visitei a casa Poli. Essa experiência me marcou, especialmente pelo embate intenso entre arquitetura e natureza. A severidade do clima e da topografia deixou clara a escolha dos arquitetos por uma implantação compacta e protegida.

O acesso à casa é feito por uma estrada vicinal litorânea que liga o povoado de Tomé à península de Coliumo. Da estrada, é possível avistar propriedades rurais e algumas residências de veraneio. A paisagem é imponente: sob o penhasco, o Oceano Pacifico bate contra as rochas. Ao final de uma rua de terra, um portão dá acesso à propriedade, de onde segui a pé. Caminhando, em direção ao oceano, vê-se surgir ao longe a casa de presença solitária na paisagem. A fachada de concreto, umedecida pela chuva, assume a tonalidade escura das pedras. Continuei em direção à porta de entrada, no final do percurso.

A casa está localizada no alto de uma falésia, à meia encosta, aproximadamente a 75 metros acima do nível do mar. A morfologia do terreno favorece a abertura para a paisagem que é igualmente bela de todos os lados. A construção se posiciona como um pequeno observatório que avista a amplitude do oceano à sua volta. Em determinados momentos, ela se destaca em meio à vegetação, em outros, se mistura à geografia do local, estabelecendo uma relação ambígua entre casa e paisagem, ora mimetizadas, ora independentes. A forma vertical amplifica a dimensão da falésia, reforçando a sensação vertiginosa do entorno.

A única porta existente **[1]** está abrigada por um nicho escavado no volume de concreto; ao entrar, sente-se a luz vinda das aberturas, dispersas nas fachadas, que reflete os tons de cinza do exterior na brancura interior.

A primeira surpresa é a escala da construção: nas fotografias de Cristóbal Palma[6] ela parece maior. Ao observar o interior, compreende-se imediatamente a simplicidade da articulação entre espaço e circulação – que apesar de parecer complexa na leitura dos desenhos, na realidade, é de uma clareza singular.

Entrei pelo andar onde está localizada a mesa de jantar; à direita, uma pequena bancada de cozinha, que se esconde atrás de uma porta de correr; à esquerda, outra mesa serve de escritório para o residente que ocupa temporariamente a casa. **[2, 3, 4]** As janelas distribuem-se de forma irregular por todos os lados, e cada uma enquadra uma cena diferente: a imensidão do oceano, o embate entre a rocha e a água, as nuvens no céu e a relva verde que cobre o penhasco. A paisagem não é vista como um plano contínuo, mas como uma colagem de pequenos quadros que fragmentam e unificam, de maneira simultânea, a imagem do oceano.

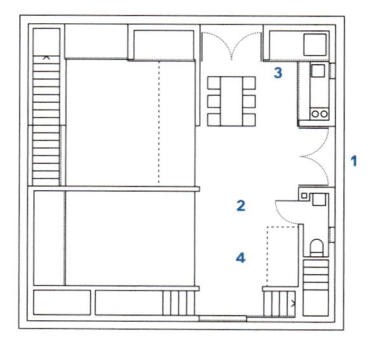

Piso +150

6. Parte das fotos foram gentilmente cedidas por Cristóbal Palma para esta pesquisa, conforme o índice de imagens.

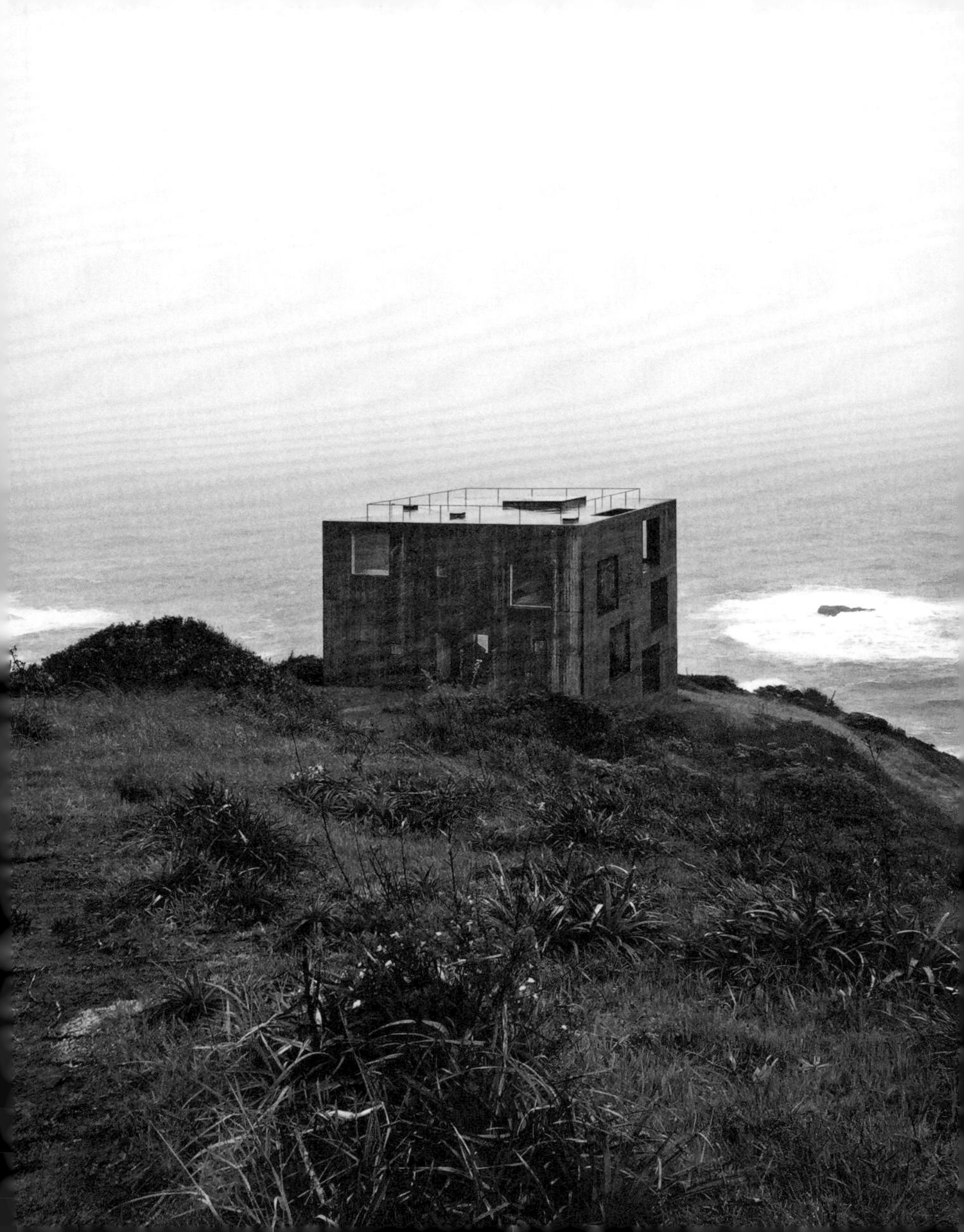

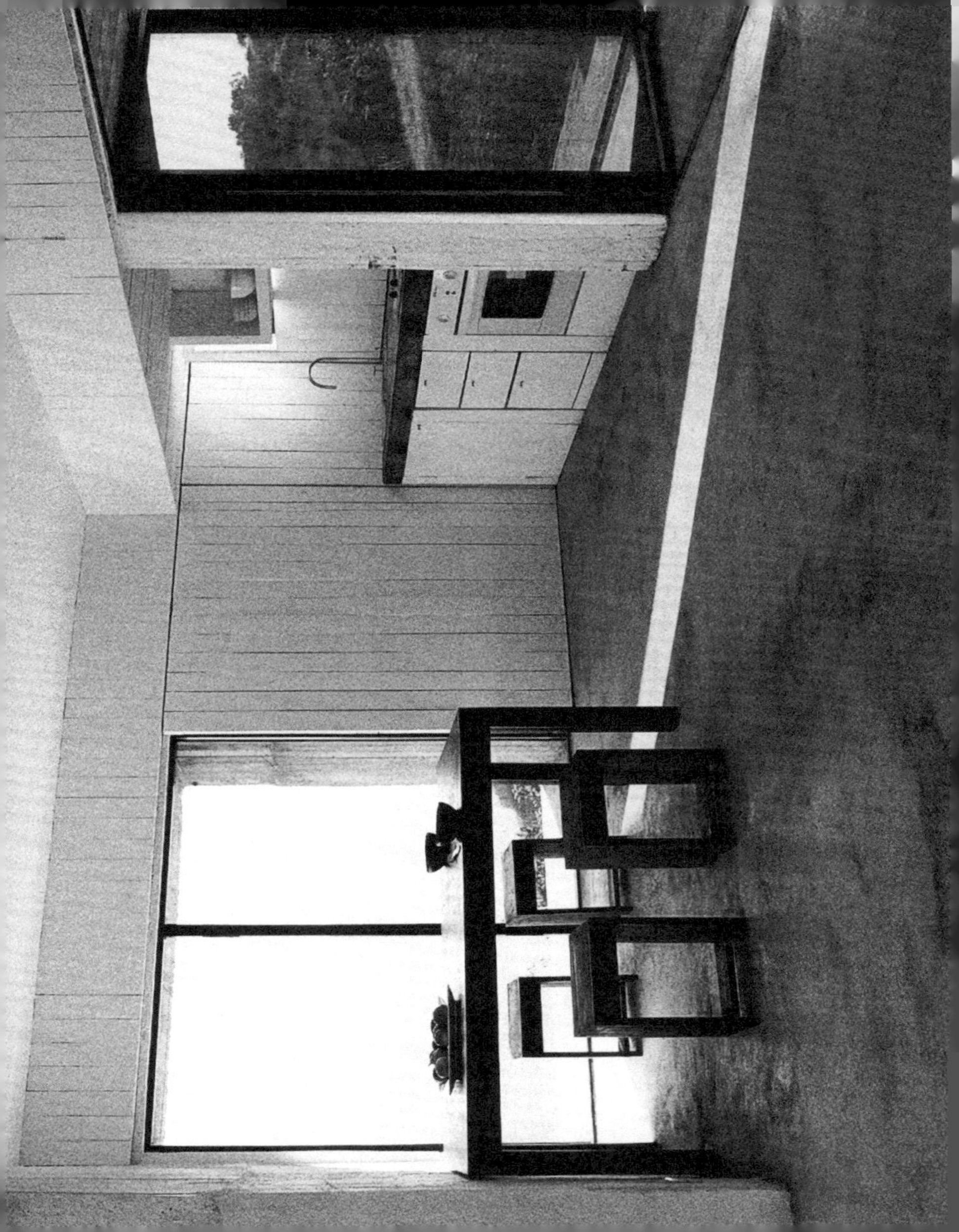

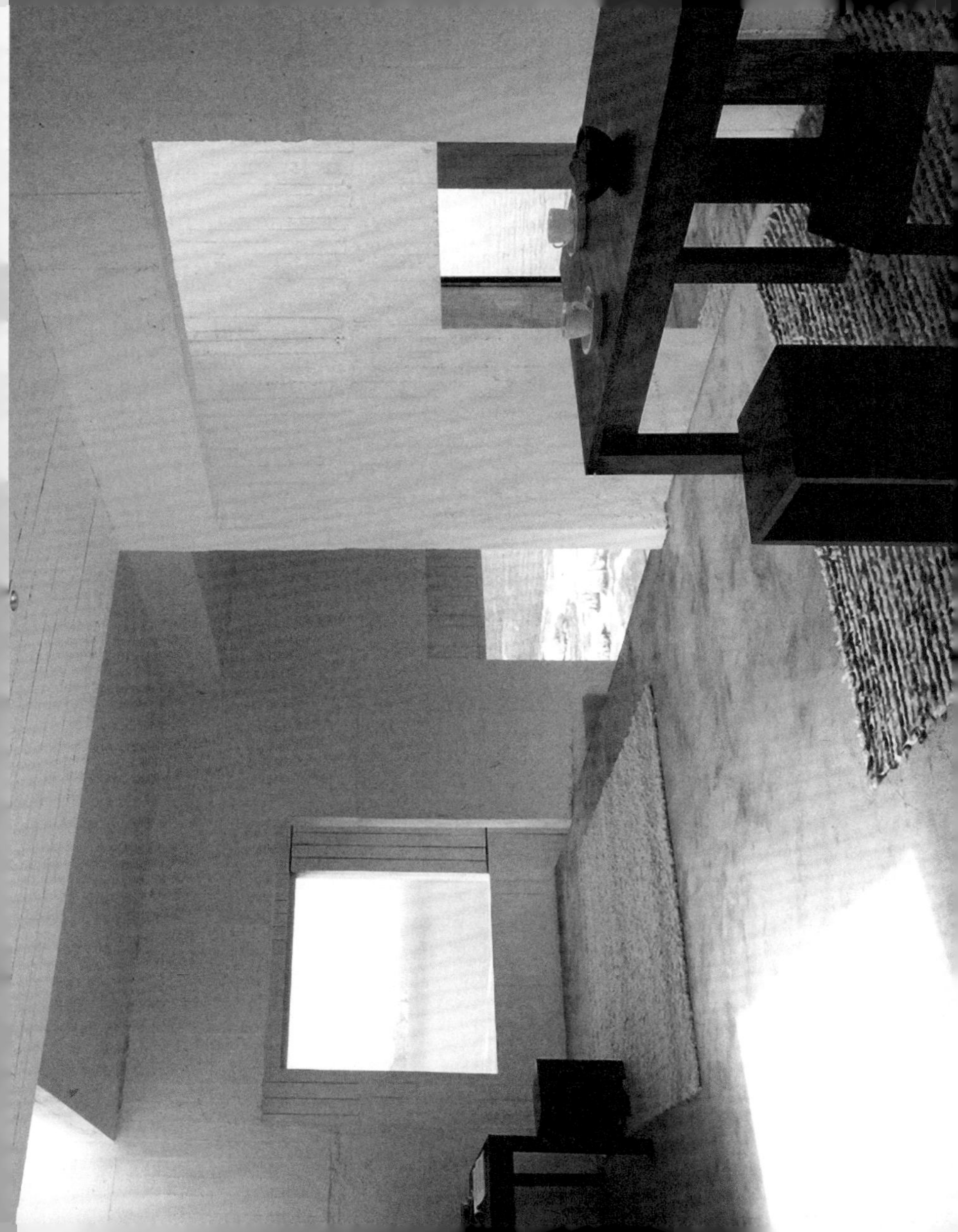

Ao descer a escada, adentrei um espaço de pé-direito simples: com apenas um sofá, poderia ser a sala de estar. **[6, 7]** Todo este lugar é marcado pela presença repetitiva de paredes e recortes, numa sequência de planos que intensifica a perspectiva do espaço. **[5]**

No ambiente seguinte, avistam-se, ao fundo, uma janela e uma poltrona que convidam à contemplação. **[8]** Na mesma direção, chega-se ao espaço central da casa: pé-direito triplo iluminado por janelas que mostram o exterior, o interior e o céu. Esse espaço unifica vários segmentos da casa, e deixa, portanto, as mesmas janelas visíveis de qualquer ponto que se olhe. O cenário enquadrado por uma abertura logo se altera conforme nos deslocamos pelo espaço: se no piso inferior uma janela enquadra o céu, no piso superior, essa mesma janela nos faz avistar o mar. Assim, a partir do movimento, a paisagem deixa de ser uma referência – um pano de fundo – para evocar uma multiplicidade de sensações. **[9, 10]**

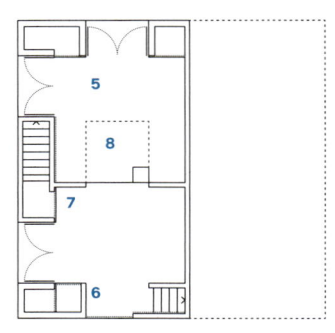

Piso +00 / +50

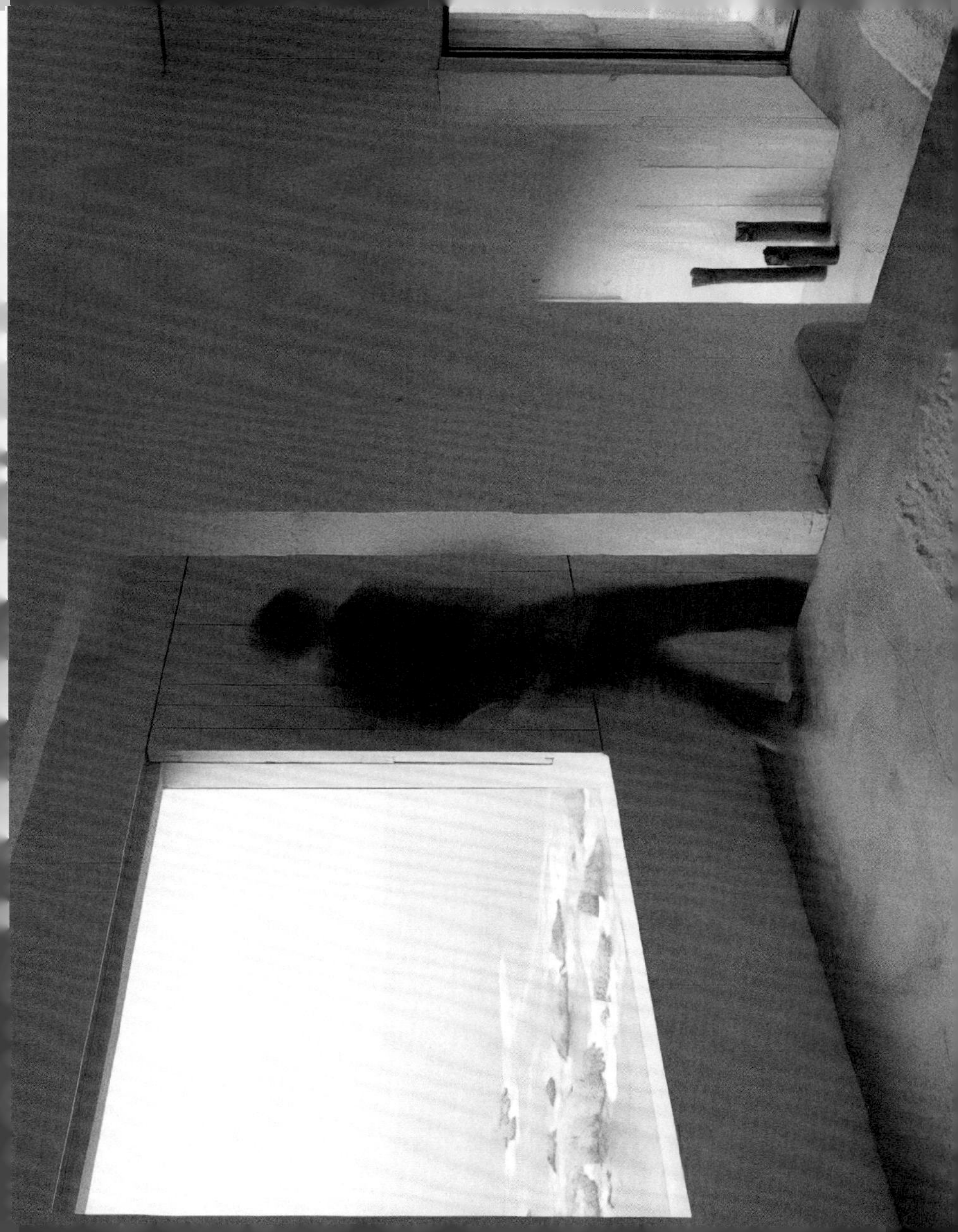

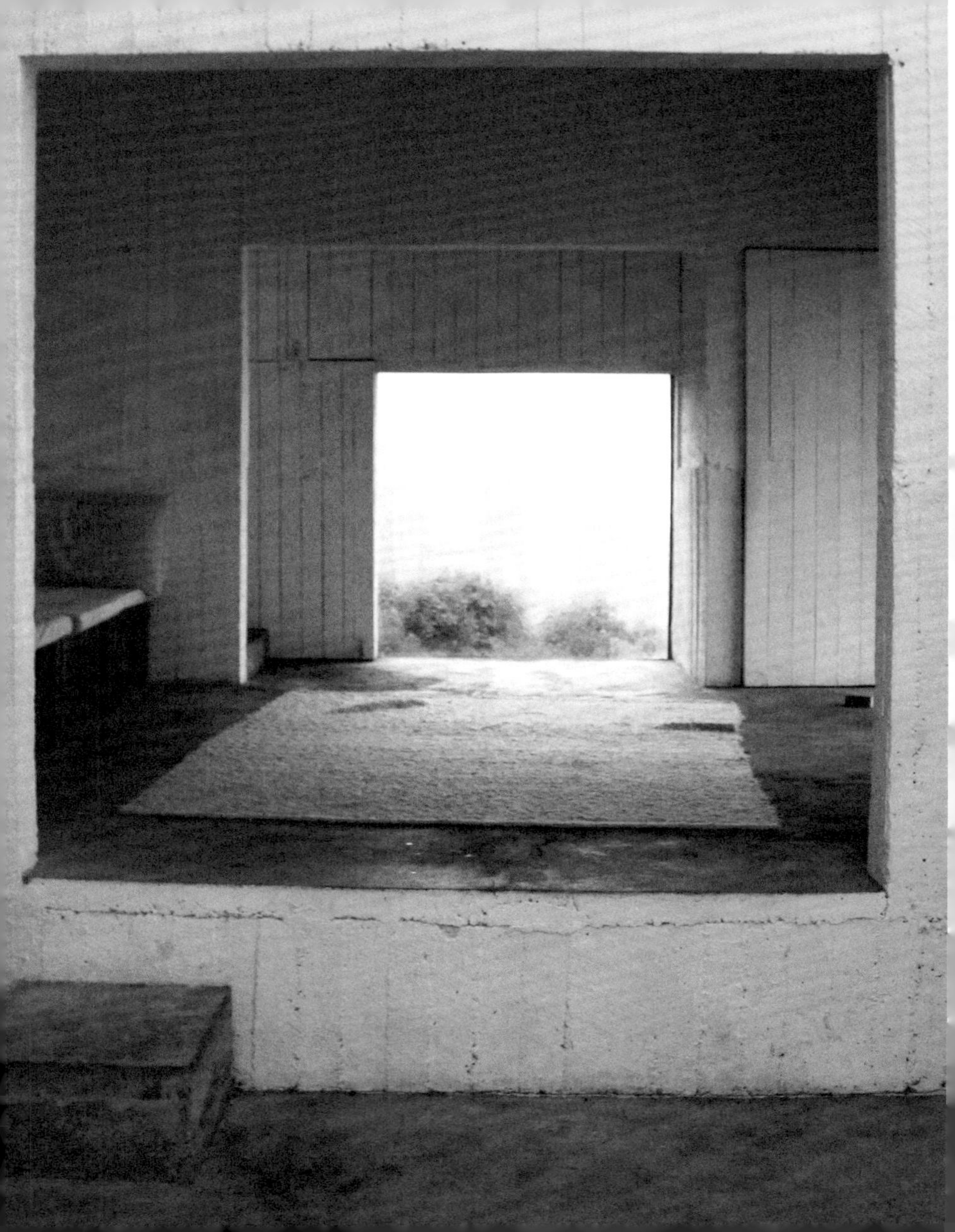

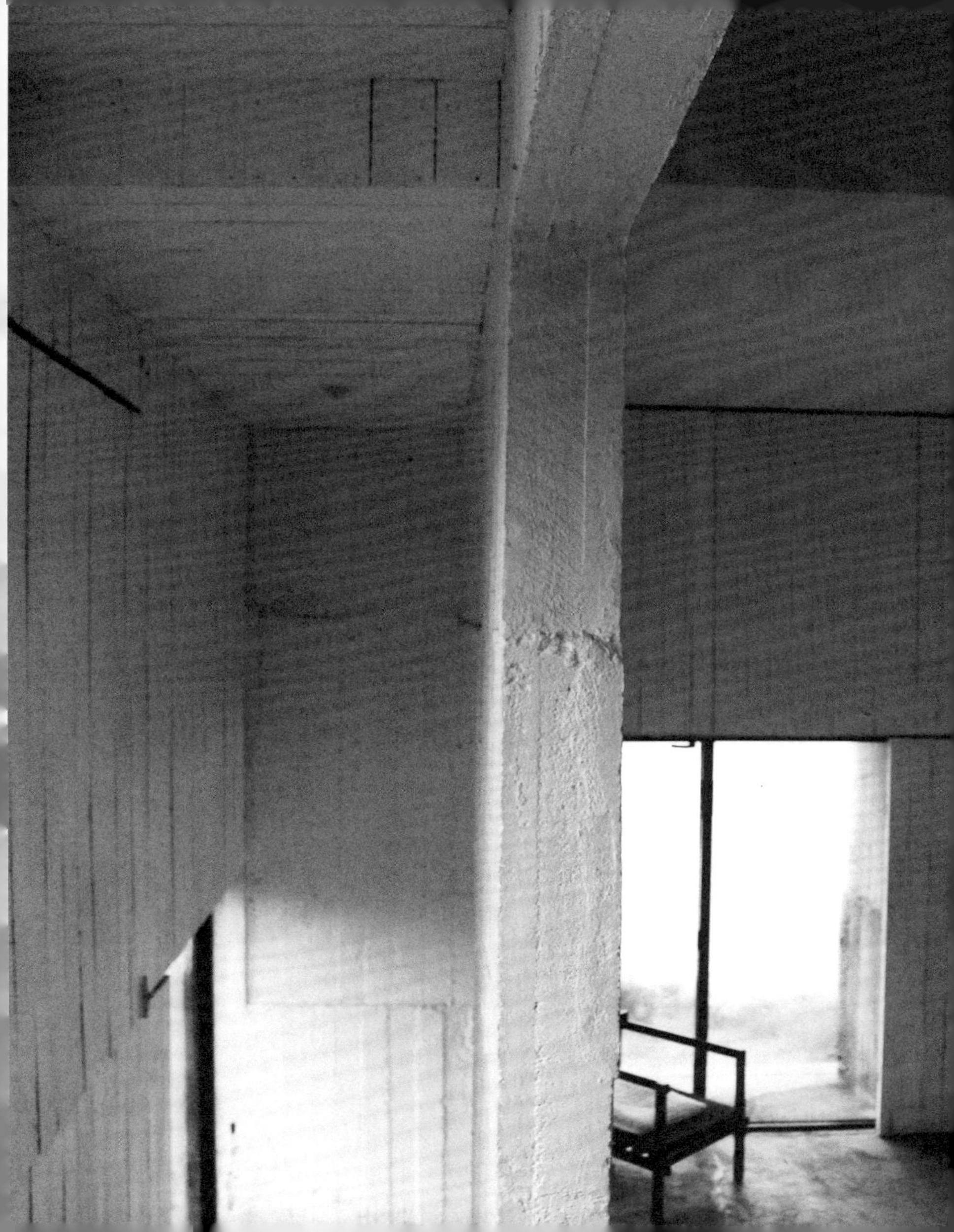

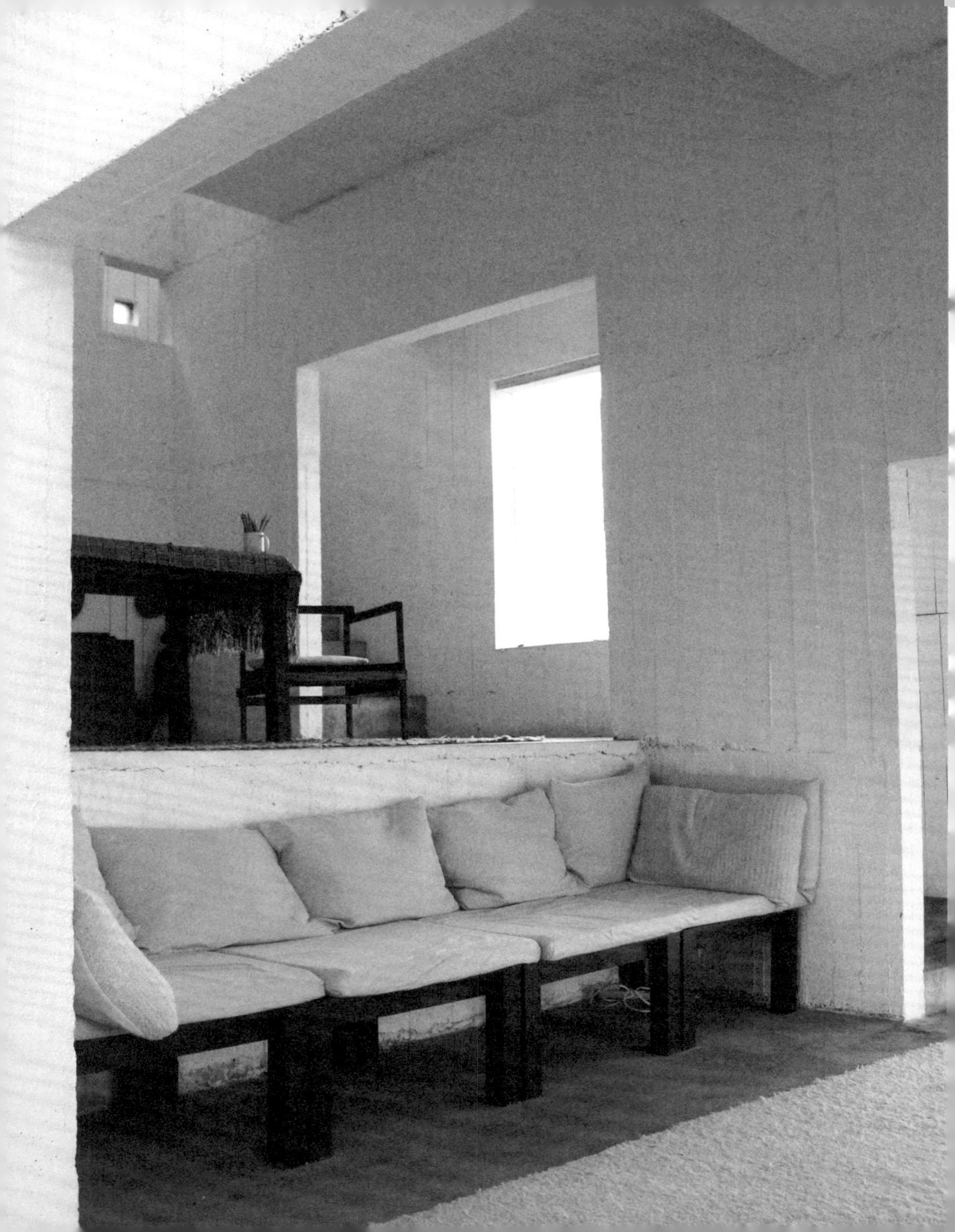

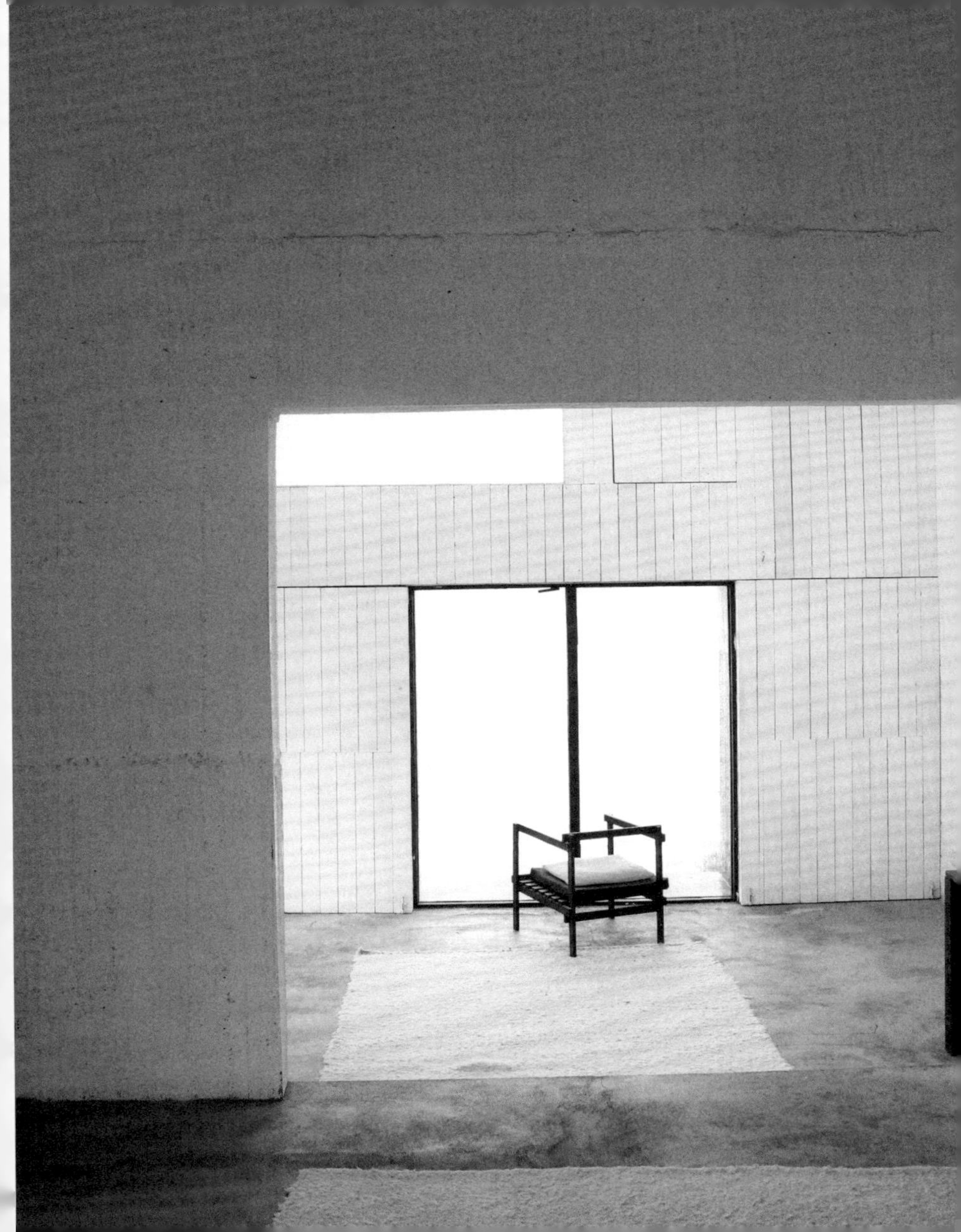

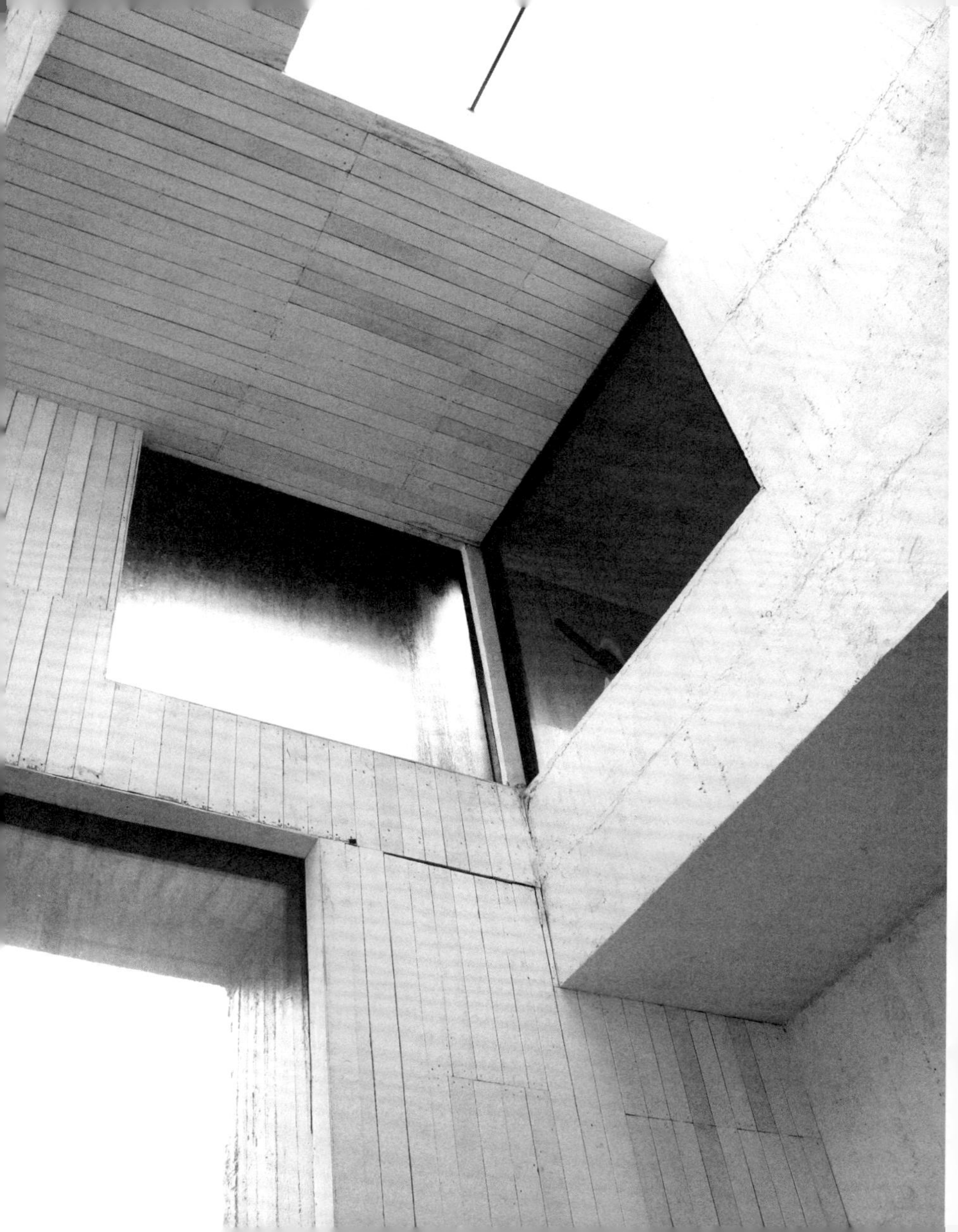

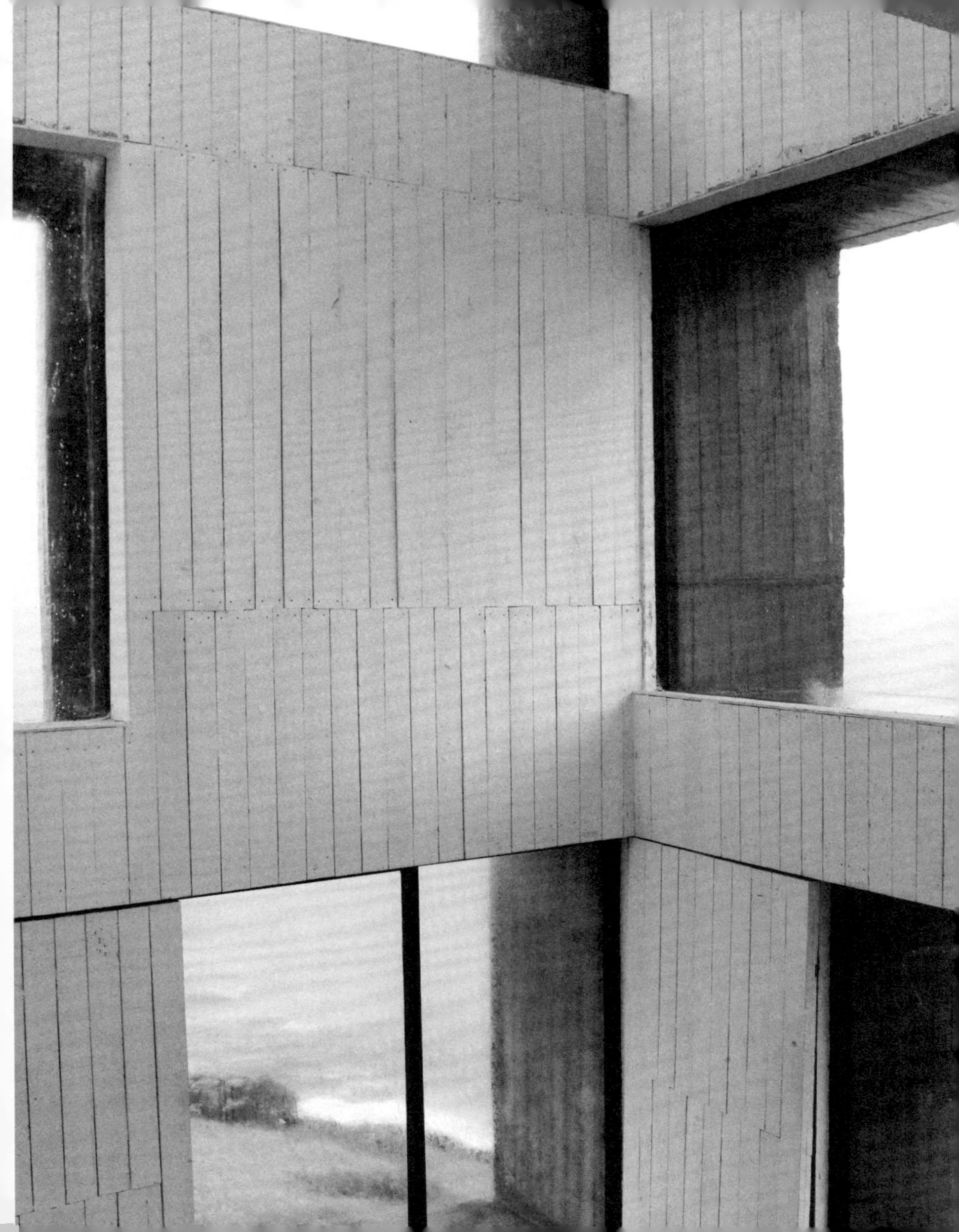

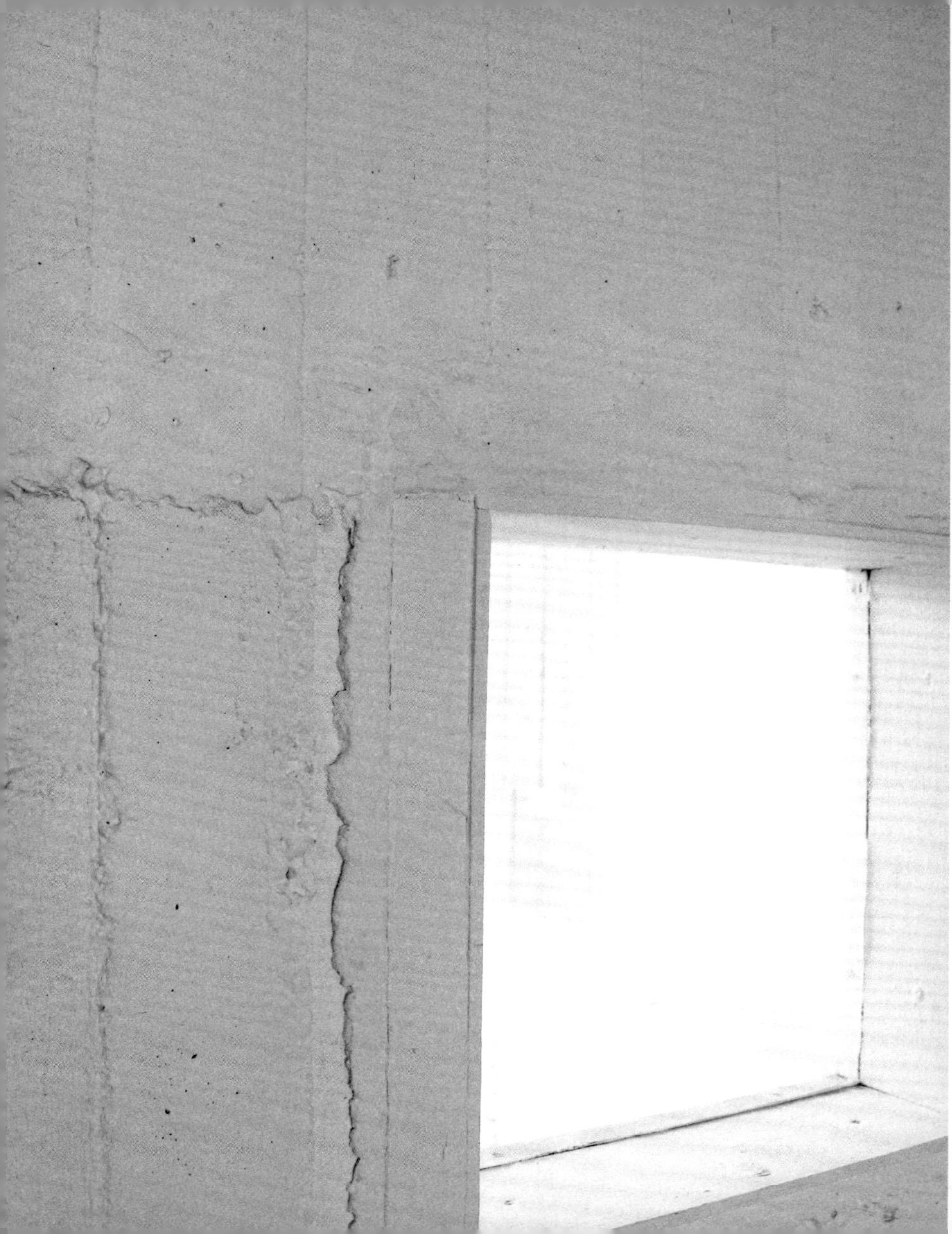

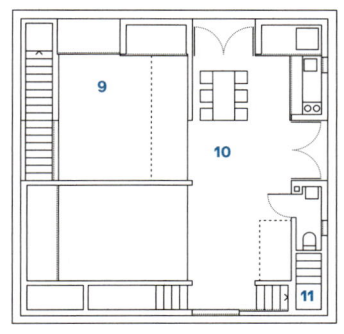

Piso +410 / +450

A escada interna se desenvolve perimetralmente através dos pavimentos. **[12]** Na quina Sudeste ela ocupa um espaço de pé-direito duplo e se estrutura em torno de três paredes. **[11]** Em seu eixo, entre um lance e outro, uma pequena janela mostra a vegetação do penhasco. No andar superior, dois dormitórios – as janelas repetem-se. **[13, 14]** Do alto, a vista do mar é cada vez mais vertiginosa. As janelas tornam-se palcos suspensos: às vezes, alguém aparece magicamente numa das varandas/janelas – tendo o céu como cenário –, circulando pelas escadas invisíveis, escondidas entre paredes opacas.

A chuva diminuiu; o vento era denso. Desci ao nível inferior e saí pela porta de acesso à escada externa; subi mais dois lances de escadas até avistar de um lado o espaço central da casa, de outro, o mar. Apenas no retorno compreendi esse espaço que está *entre* o fora e o dentro, um lugar intersticial, uma borda espessa que protege o interior. **[17]**

Como um refúgio, a casa nos abriga das intempéries. O silêncio e o isolamento preenchem o espaço e convidam à contemplação numa atmosfera etérea em tons de branco e cinza: a luz refletida nas paredes, as ondas, o nevoeiro que funde o céu e o oceano. De longe, a presença compacta, rígida e ambígua da casa – ora em mimesis, ora em destaque – a transforma em fortaleza ou ruína cravada na inóspita paisagem rochosa do Pacífico Sul.

Percurso pela escada interna →

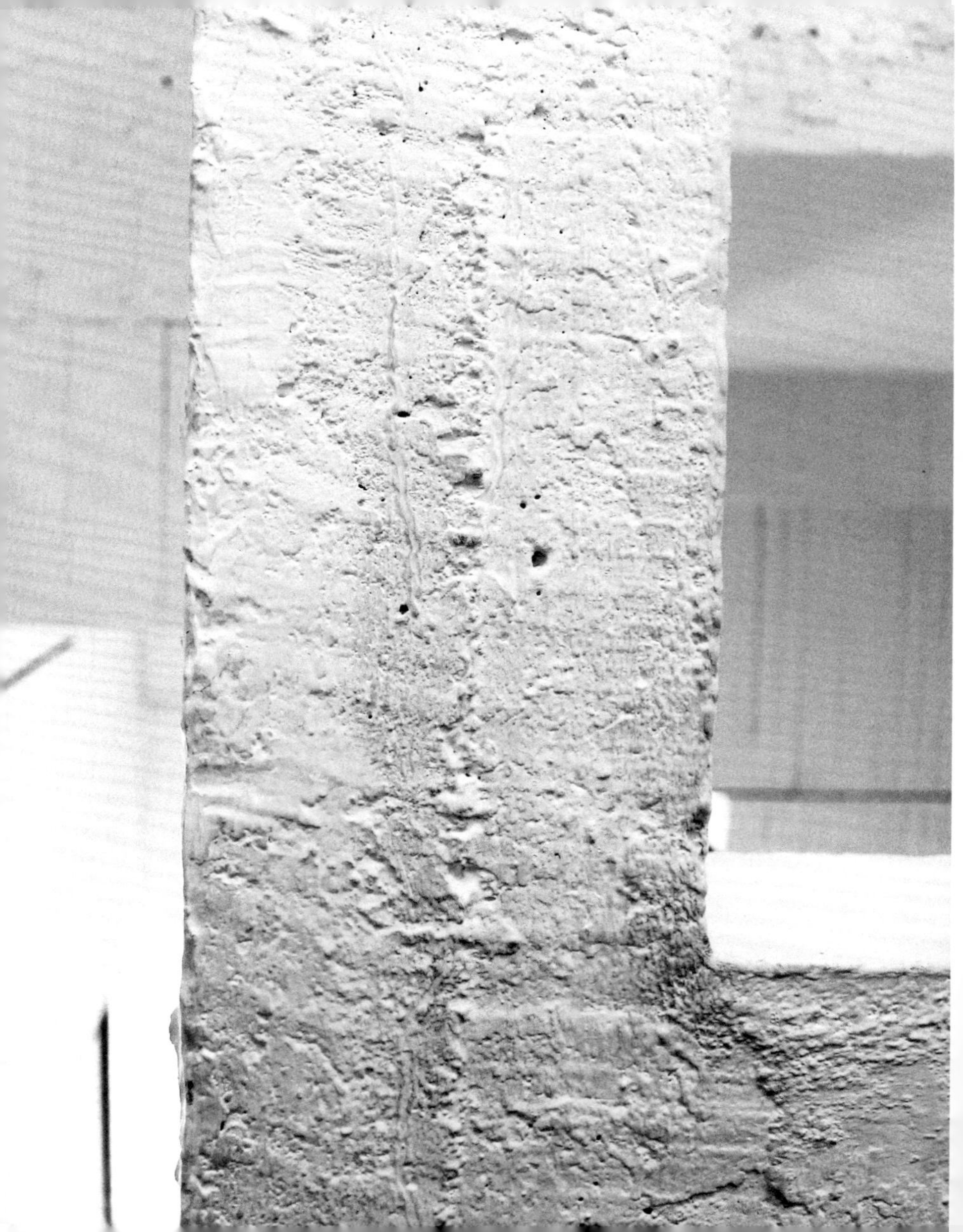

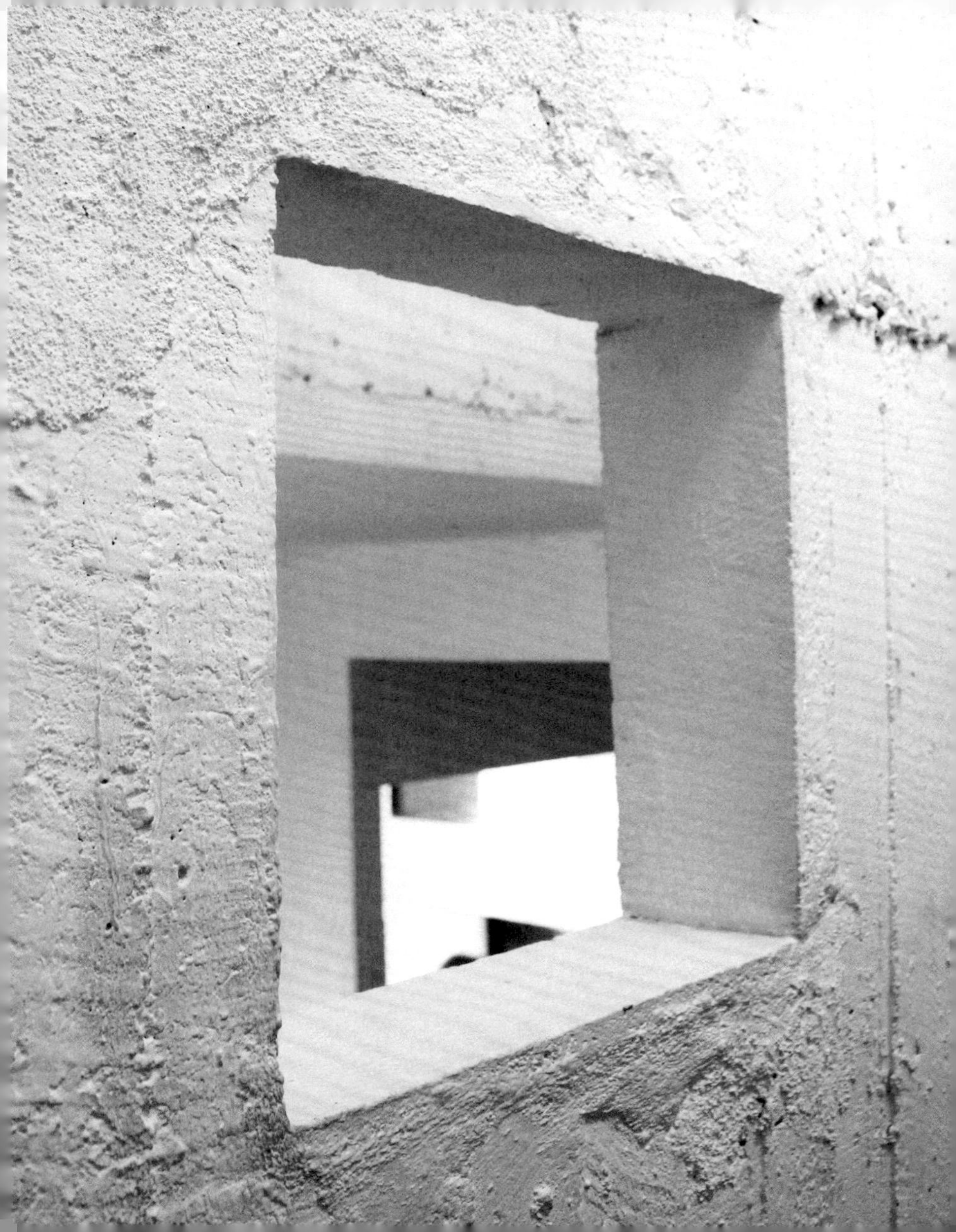

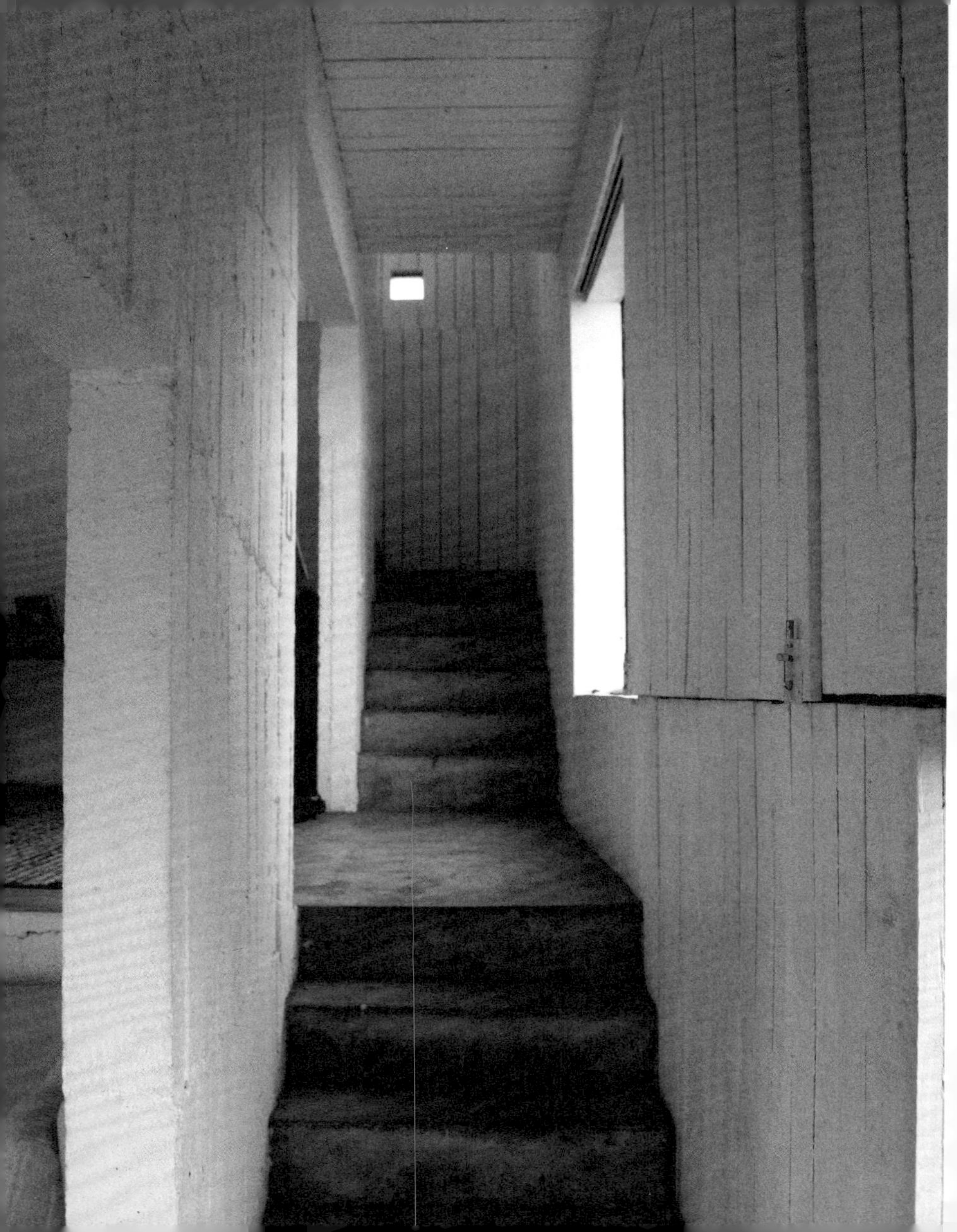

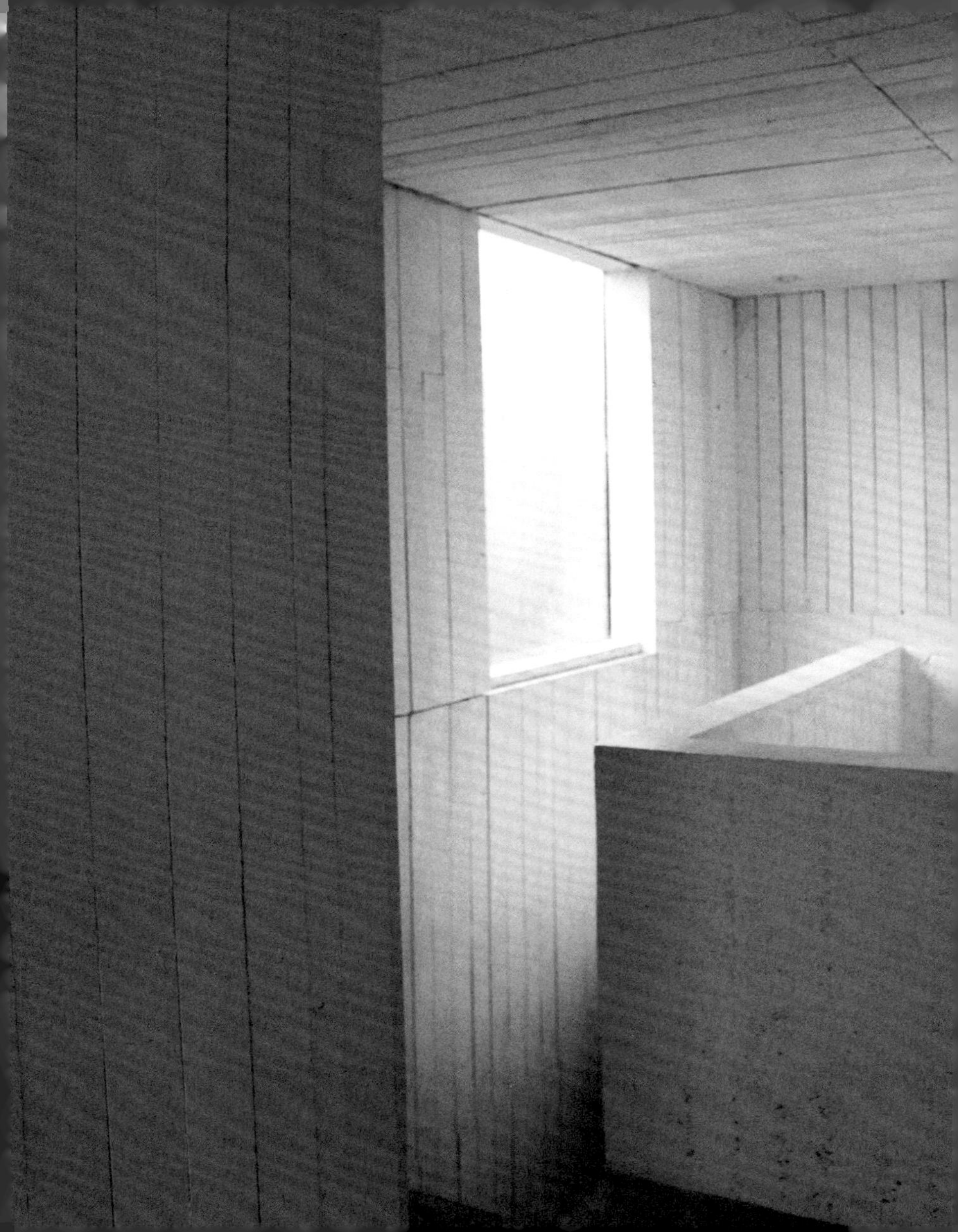

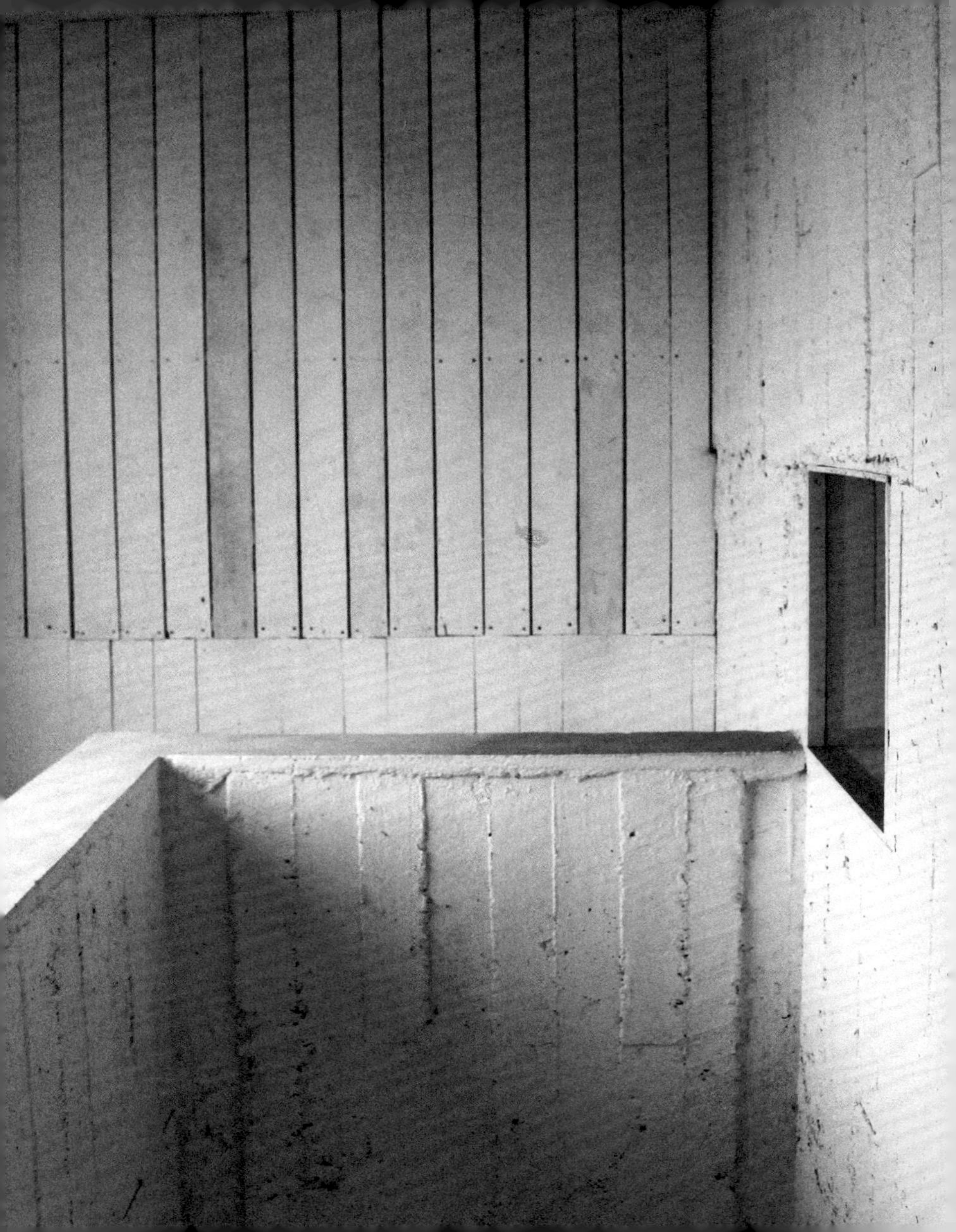

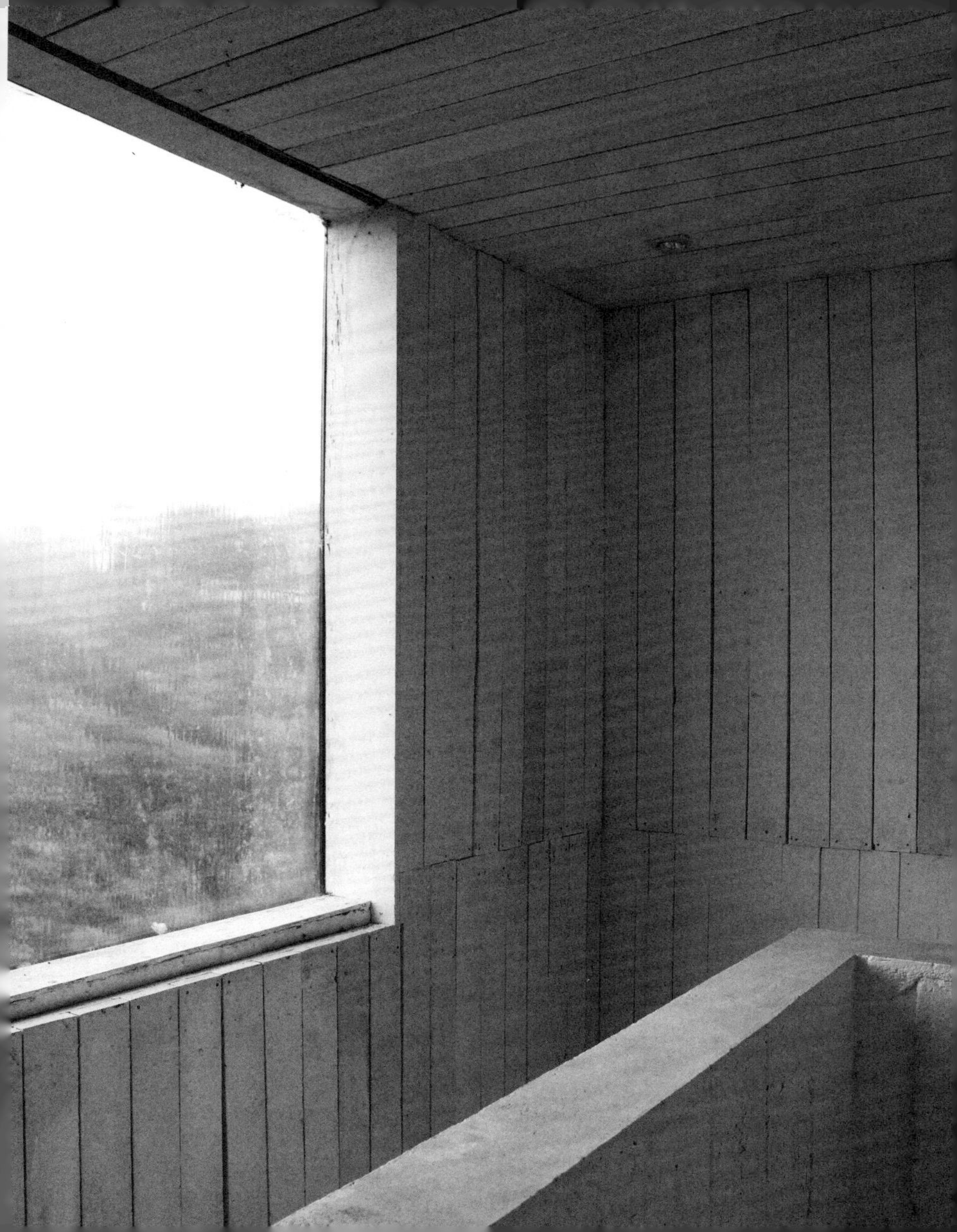

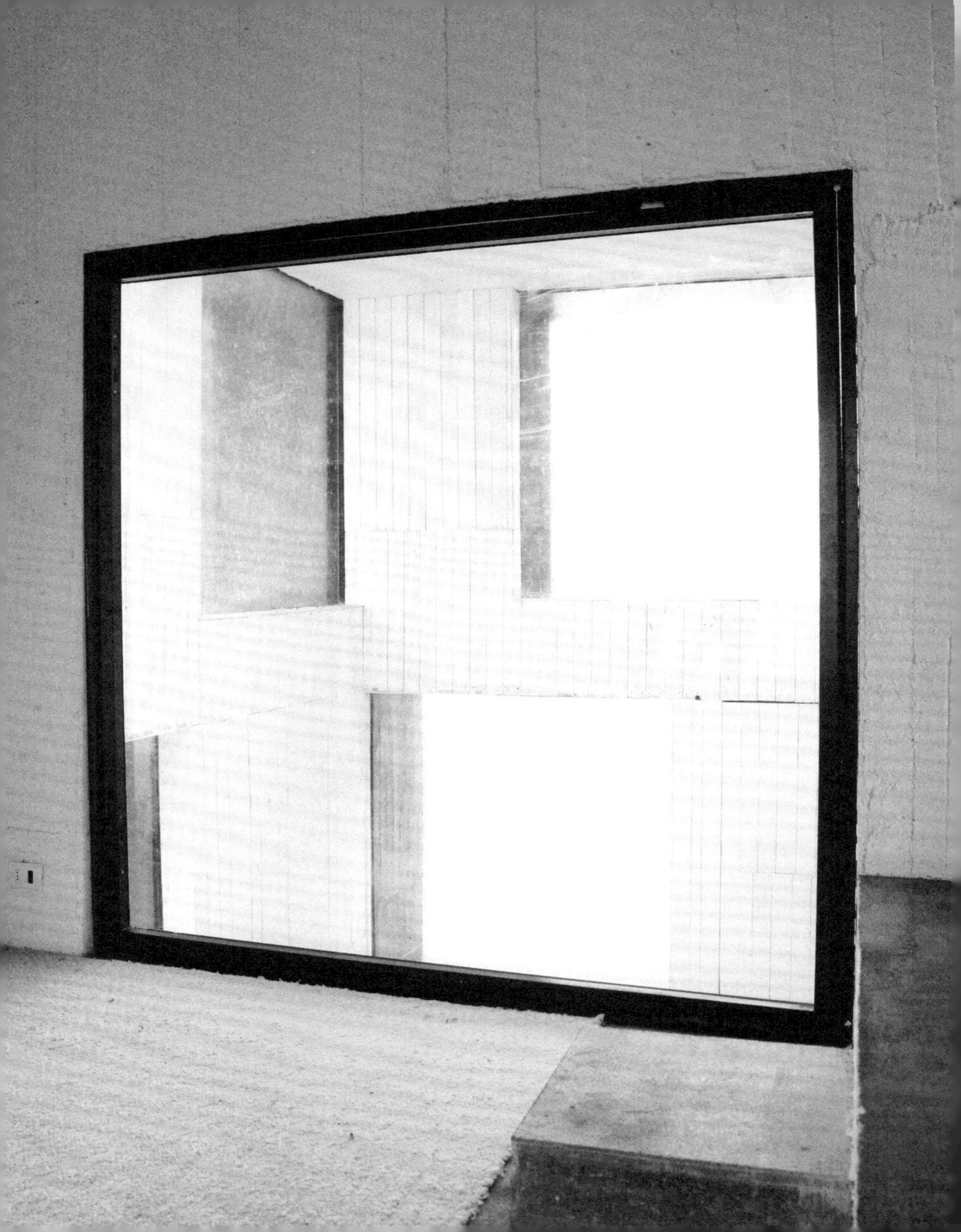

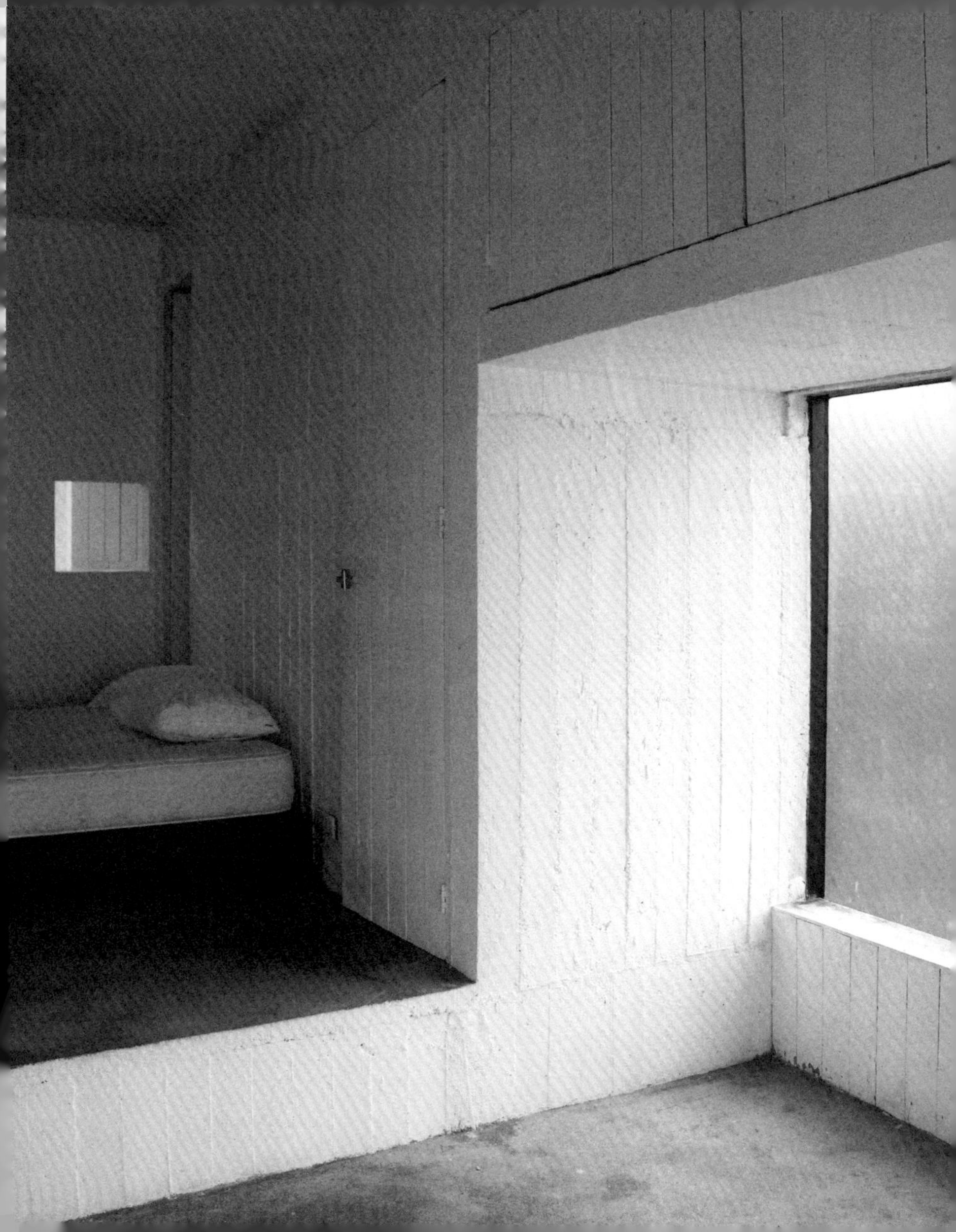

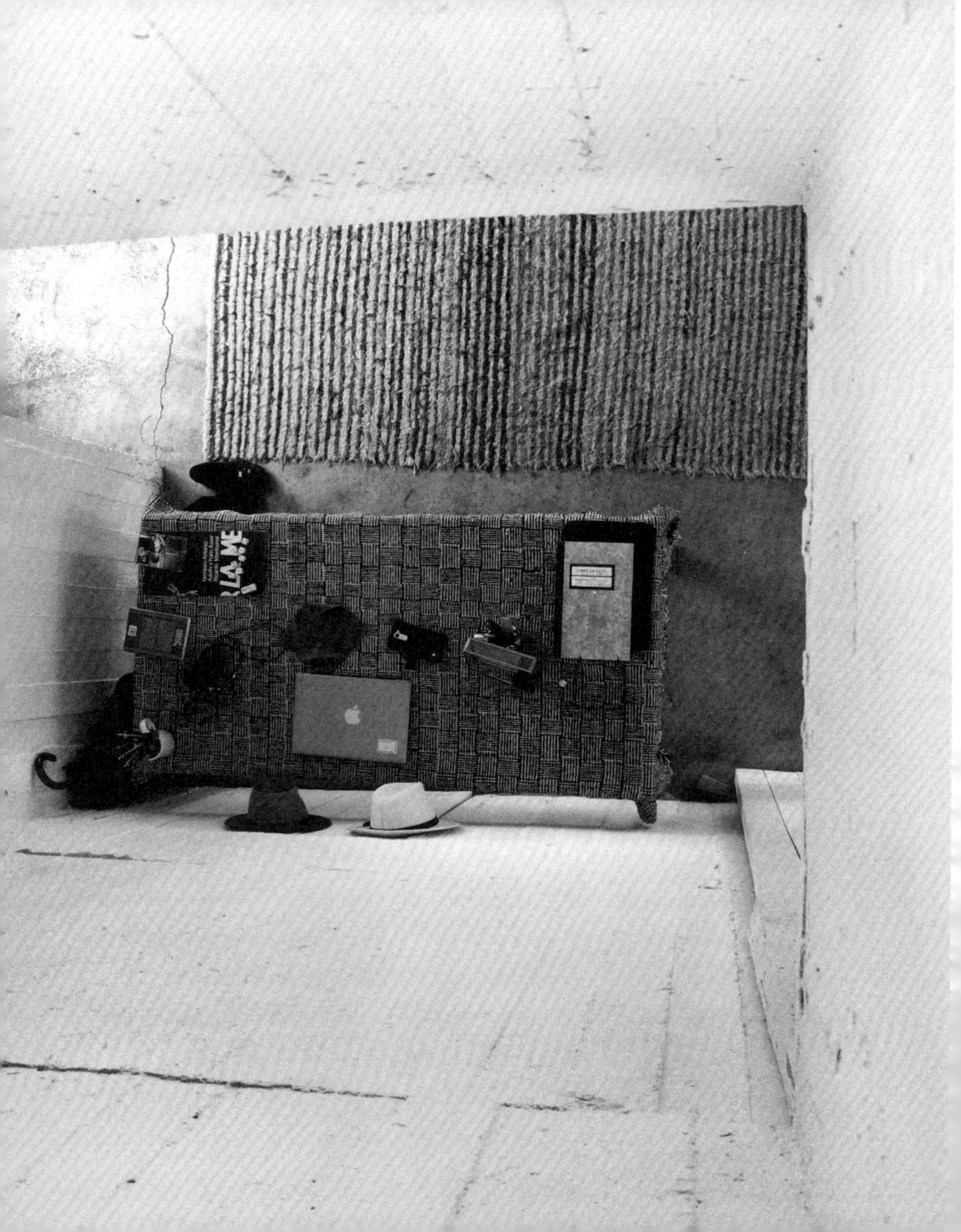

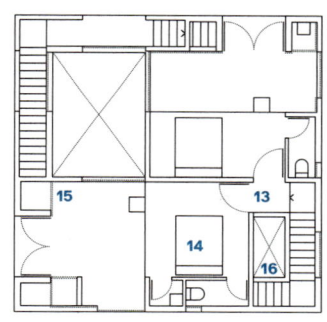

Piso +410 / +450

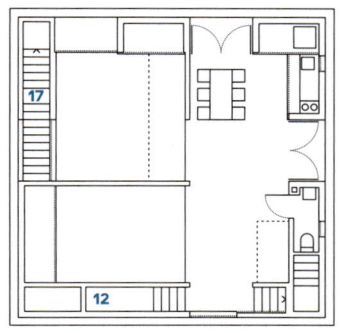

Piso +150

Perde-se a referência do chão; bandos de aves marinhas voando abaixo do nível das janelas contribuem ainda mais para a sensação de suspensão. Como precisamente descreveu o arquiteto Juhani Pallasmaa durante sua estadia na casa: "a casa Poli parecia tratar acerca das experiências contrárias à gravidade e ao vôo, ao peso e à ausência dele".[7]

Dessa experiência, a lembrança mais marcante é o jogo de sobreposições entre planos, janelas, luzes brancas e cinzas: uma imagem composta de recortes, enquadramentos e camadas que formam infinitas combinações – como num cubo de Rubik, em que os fragmentos se misturam e criam, a cada movimento, uma nova lógica. É justamente a partir dessa sobreposição de camadas que se torna viável um abrigo em meio à tamanha força da natureza. Ao explorar o rigor da costa, a casa Poli surge como um rito geométrico criado pelo homem, que amplia a fronteira entre arquitetura e paisagem. Impressos na memória ficam os sons das ondas e do vento, a intrépida presença dos pássaros e a linha difusa do horizonte do Pacífico Sul.

✳

Terminada a visita, voltei para Concepción para entrevistar o casal de arquitetos em seu escritório, localizado na casa Cien, considerada como a obra que conclui a série de casas verticais. Construída no alto de uma colina, com vista para a cidade, a torre, de planta quadrada (6,5m x 6,5m) com cinco

7. PALLASMAA, Juhani. En busca de significado/In Search for Meaning, p. 6.

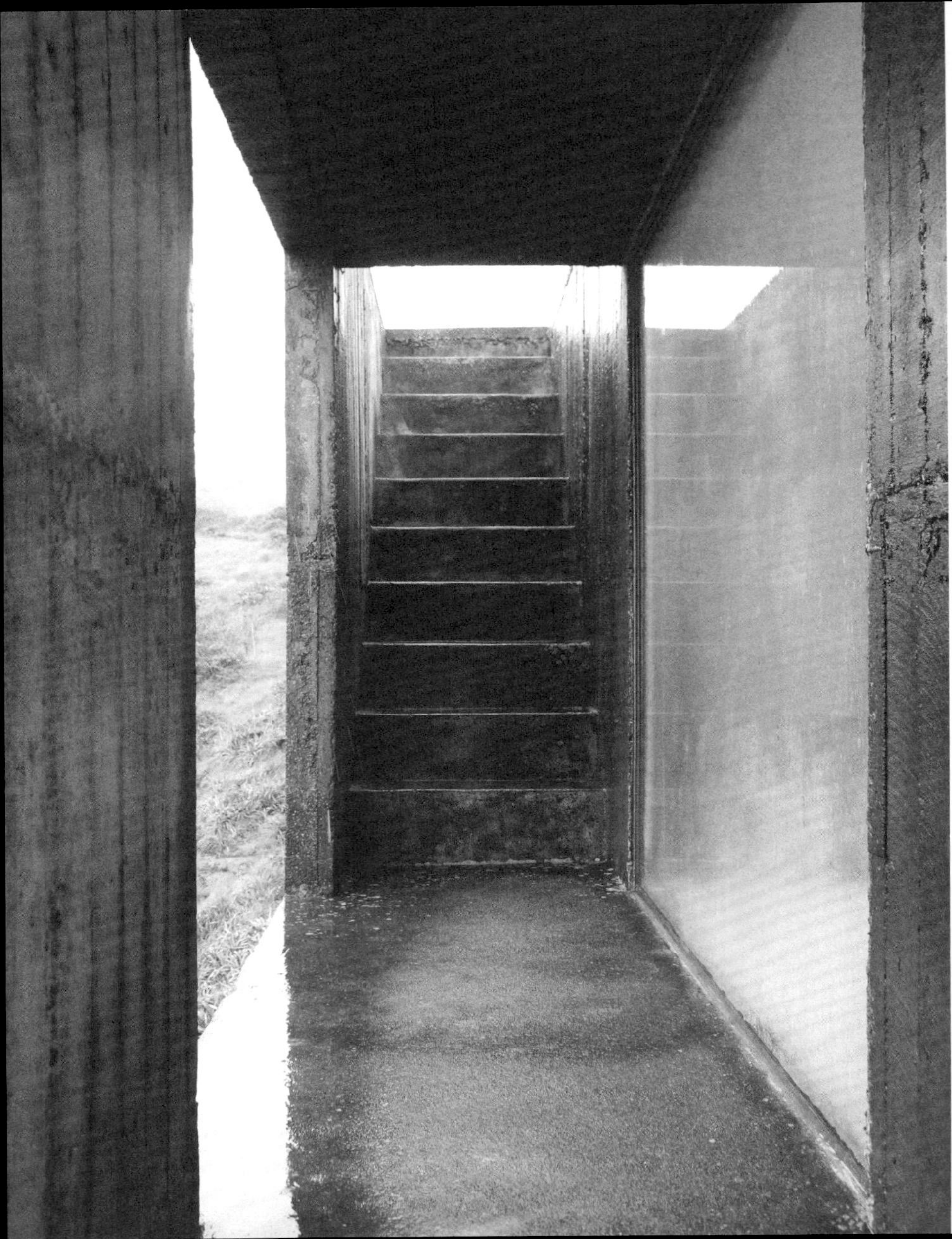

pavimentos, ergue-se sobre uma plataforma de acesso cravada na cota 100 (altitude em relação ao nível do mar), fato que dá nome à obra. Da plataforma, é possível acessar duas escadas: uma externa, reta, que leva ao subsolo, onde estão o ateliê de pintura e a área social da casa; outra interna, helicoidal, que sobe até o escritório, localizado nos últimos três pavimentos da torre. A partir do nível inferior, uma segunda escada helicoidal conecta-se aos dormitórios, nos dois primeiros níveis da torre (térreo e primeiro andar).

A planta da casa se desenvolve a partir de uma cruz simétrica; nela, as áreas destinadas aos serviços estão contíguas à zona de circulação, deixando que as áreas de permanência ocupem os dois terços restantes do volume total. A partir dessa organização, entre espaços servidores e servidos, os arquitetos procuram neutralizar os espaços centrais, um dos temas que permeia toda a produção do escritório.

No último andar do edifício encontra-se a área de trabalho de Mauricio e Sofía: suas mesas ocupam o espaço perimetral e estão voltadas para diferentes vistas do morro, enquanto, no centro, uma mesa de reunião – sob uma abertura zenital – abre-se para a vista do mar. Isolados no topo da torre, os arquitetos afirmam repetidamente a necessidade de distanciamento, enfatizando a importância de minimizar ruídos e informações na busca de um processo mais puro de projeto, que se concentre em elementos puramente arquitetônicos como a geometria.

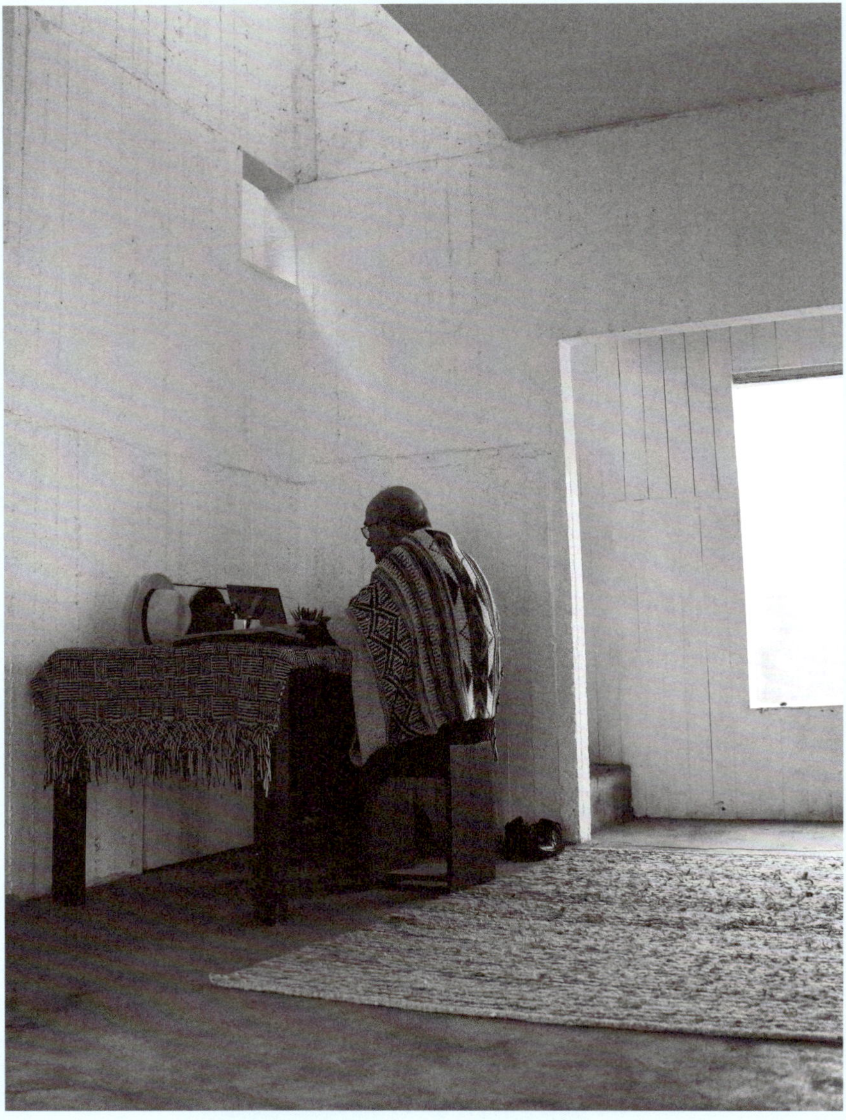

Análise do projeto

A casa Poli é propriedade conjunta do casal de arquitetos Pezo von Ellrichshausen e do casal de artistas plásticos Eduardo Meissner e Rosemarie Prim.[8] Inicialmente pensado como um local destinado aos finais de semana, os amigos decidiram durante o processo de projeto estabelecer ali, também, um centro cultural.[9] Assim, além do uso doméstico, a casa passou a abrigar residências artísticas e, por isso, foi chamada de Poli.

O edifício com planta quadrada possui dimensões externas de 10m x 10m. A circulação se desenvolve ao longo desse perímetro, criando um espaço intersticial de 1,20 metros entre as fachadas externa e interna. Como resultado, tem-se um espaço interior de 7,6m x 7,6m, dividido em quadrantes idênticos, com módulos de 3,8m x 3,8m. Essa planta compacta reduz a área de intervenção ao menor perímetro possível, possibilitando a construção da casa na falésia.

Como ponto de partida, os arquitetos consideraram que os espaços internos não seriam determinados pelas suas funções, podendo abrigar, posteriormente, uma multiplicidade de usos. De acordo com esse propósito, o projeto trabalha, em especial, com a ideia da neutralidade funcional dos ambientes, liberando os espaços centrais das funções de serviços, como escadas, armários, banheiros e cozinha, que passam a ocupar o perímetro do cubo.

8. Eduardo Meissner foi um artista chileno, semiólogo de arte e arquitetura. Foi professor emérito da Universidad de Concepción (1999) e da Universidad del Bío-Bío (2004). Em 2000, ganhou um prêmio honorário do Colegio de Arquitectos de Chile. Rosemarie Prim, fundadora da primeira creche rural do Chile (Copiulemu, 1974), é artista visual autodidata, especializada em cerâmica e escultura. Prim ganhou o Medalha de Mérito Pencopolitana "René Louvel Bert», atribuída pela Câmara Municipal de Concepción em 2002, e atualmente é presidente da Meissner-Prim Foundation. Fonte: Arquivo Histórico de Concepción.

9. Cf. website da Casa Poli <www.casapoli.cl/intro>.

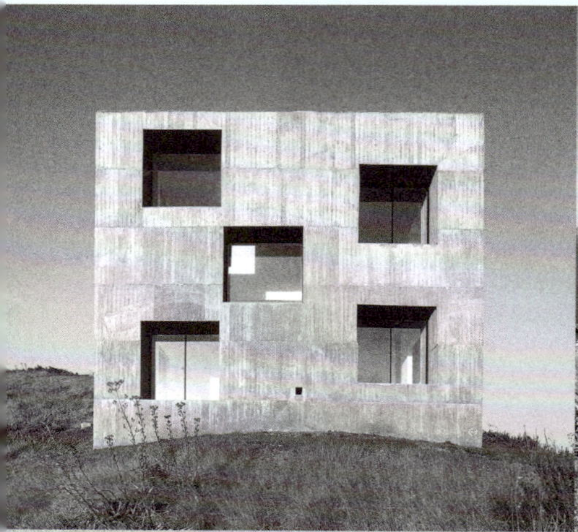

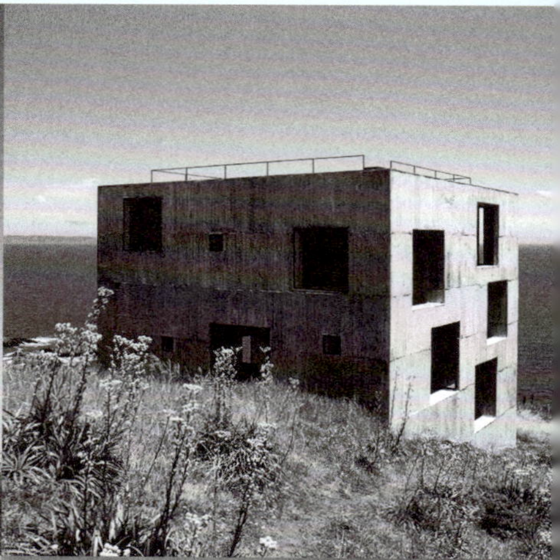

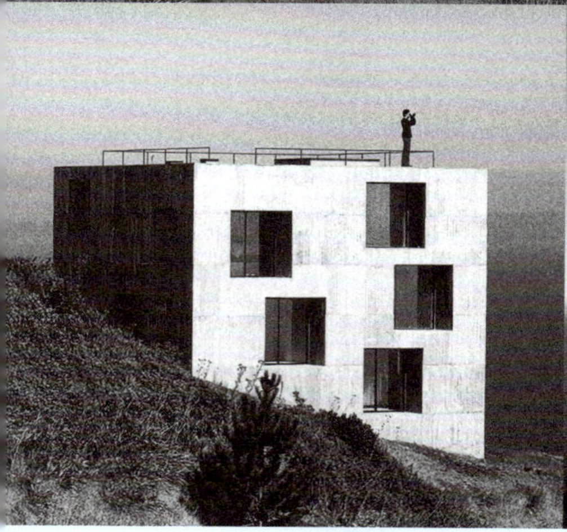

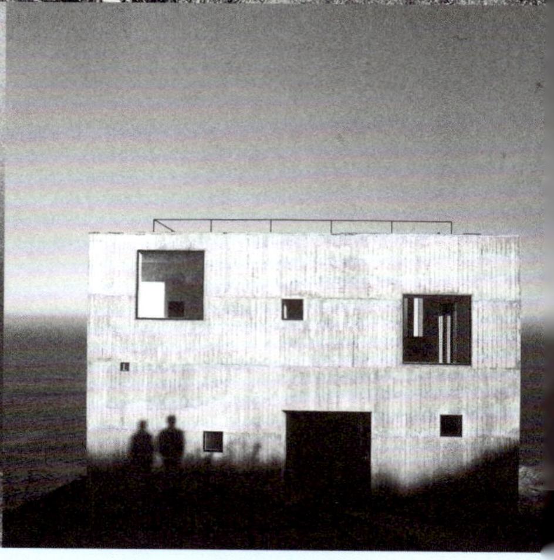

Fachada Norte

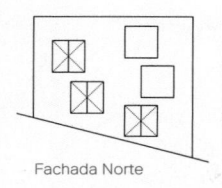

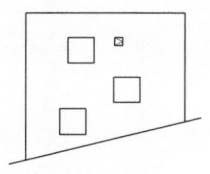

Fachada Sul

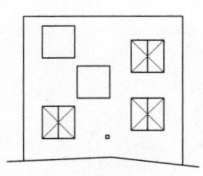

Fachada Oeste

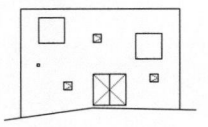

Fachada Leste

10 ACAYABA, Marina.
Entrevista com Mauricio
Pezo e Sofía von
Ellrichshausen, p. 235
(anexo desse livro).

Se voltarmos aos croquis iniciais da casa Poli percebemos que já contêm a presença da sala vertical, sua relação com a falésia e com o horizonte. É visível também o conceito do perímetro e do terraço na cobertura da casa, ou seja, é possível visualizar a presença de muitas ideias ao mesmo tempo. Por outro lado, podemos destacar o desejo fundamental de neutralizar o espaço e esconder as funções de modo a corroer o aspecto programático.[10]

Assim, esse perímetro se transforma em uma parede habitável, que abriga as funções próprias da casa e permite que a domesticidade seja reduzida ao mínimo, transformando o espaço doméstico em um espaço social de caráter mais genérico.

A planta se desenvolve em torno de um átrio que ocupa o pé-direito triplo do cubo. A escada é o elemento articulador do projeto: através dela é feita a circulação pelo espaço e se organizam os ambientes. A distribuição do programa é resolvida verticalmente – em vórtice –, partindo das áreas mais públicas, nos dois níveis inferiores, até a área dos quartos, no nível superior.
A planta horizontal, adquire uma nova coordenada vertical contínua, que permite articular os espaços de maneira tridimensional e autônoma, criando um sistema de níveis e pés-direitos variados. Esse sistema confere a cada ambiente, de forma sucessiva, uma espacialidade diversa.

A circulação na casa Poli é composta por duas escadas com diferentes destinos: uma cria um atravessamento dos espaços sociais, levando do nível inferior diretamente à cobertura; a outra serve aos espaços de intimidade da casa e circula por seu interior. A primeira, apesar de coberta e circunscrita por paredes, possui grandes aberturas que a caracterizam como um espaço exterior. O contato com a paisagem é mediado por aberturas de 1,5m x 1,5m que parecem dispostas de forma aleatória, mas estão associadas a distribuição do interior. Sua assimetria, resultado da articulação entre o desenvolvimento das escadas e o espaço central, garante fluidez e ritmo às fachadas. A possibilidade de escurecimento de todos os ambientes, através das tapadeiras de madeira que correm junto da fachada, proporcionam multiplicidade de uso.

As perspectivas axonométricas são fundamentais para a compreensão deste projeto, que se desenha verticalmente e aproveita os meio-níveis para definir os espaços dentro do grande cubo. O espaço interior é dividido por uma cruz assimétrica, formada por duas paredes estruturais, que amplia a variedade espacial da casa. O vértice entre a face Norte e a face Oeste é ocupado pelo átrio com pé-direito triplo que percorre toda a casa, articulando as aberturas entre o interior e o exterior. A casa é organizada, ainda, em três pisos, cujas lajes apoiam-se nas paredes perimetrais e na cruz central. Todo o espaço residual entre as paredes, após a localização das escadas, dos banheiros e dos terraços,

Diagrama espacial

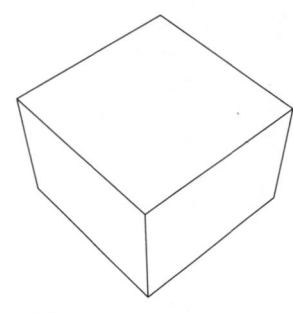

Cubo

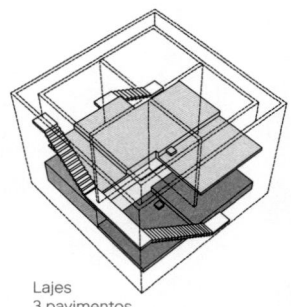

Lajes
3 pavimentos

Parede
habitável x
escada

Borda parede habitável

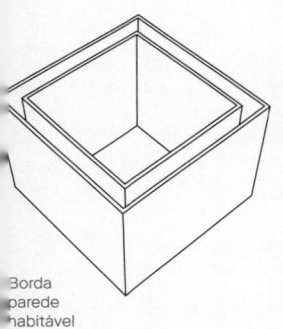

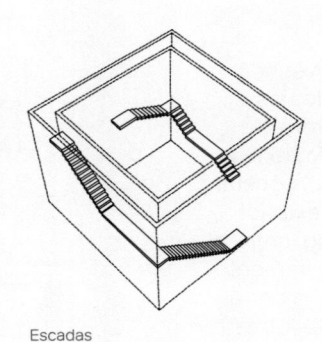

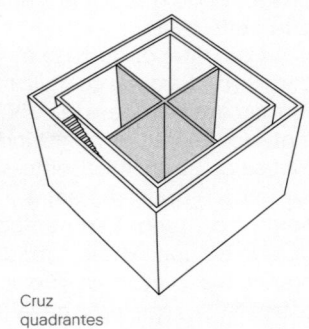

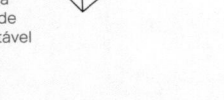

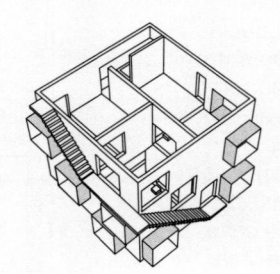

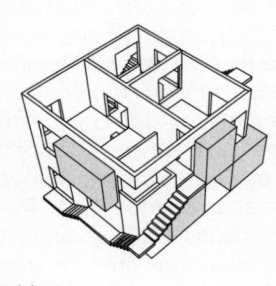

Escadas

Cruz quadrantes

Janelas

Terraços e nichos

Cozinha e banheiros

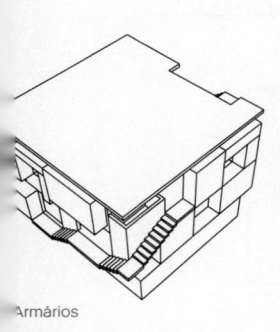

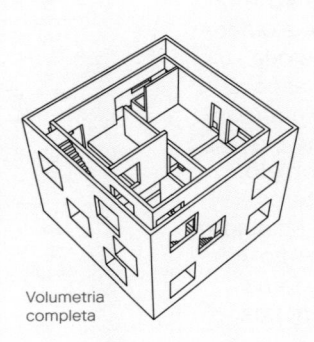

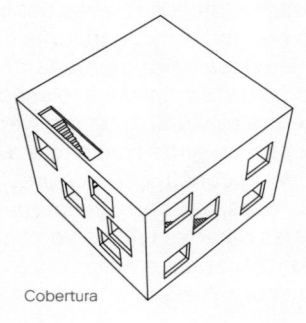

Armários

Volumetria completa

Cobertura

é ocupado por armários. O vão acima da escada externa permanece desocupado e assume a altura do pé-direito triplo.

Todo o interior da casa é revestido com o madeiramento utilizado nas fôrmas das paredes de concreto, pintado de branco, conferindo textura rústica ao ambiente. Sente-se, constantemente, a oposição entre o exterior rígido e o interior fragmentado, entre a parede de concreto e o madeiramento branco e áspero: é na oposição entre essas forças que uma casa de formato simples ganha tamanha variedade de situações e percepções espaciais.

Se por um lado os arquitetos declaram não existir nenhuma relação entre a casa Poli e os projetos do arquiteto austríaco Adolf Loos, é inevitável perceber os ecos dos princípios de Loos neste projeto. Especialmente com relação ao modelo do Raumplan, criado nos anos 1920, em uma série de casas verticais das quais se destaca a Villa Müller. Nesses projetos, os percursos das escadas – localizadas no centro da casa – fortalecem a percepção do espaço interior. Através desse elemento central, Loos conta uma história misteriosa e fragmentada do espaço, tornando complexa a relação entre o dentro e o fora, entre o privado e o público, e entre o sujeito e o objeto.[11]

Já na construção dos arquitetos chilenos, a escada perimetral ocultada pelas paredes não serve como fio condutor para o percurso, e o torna obscuro. A espacialidade interior da

Diagrama de percurso

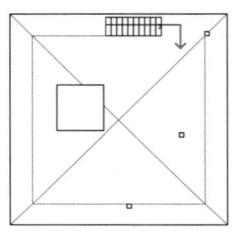

Cobertura +760

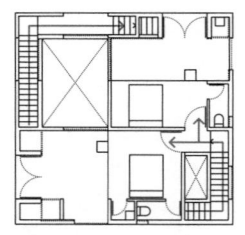

Piso +410 / +450

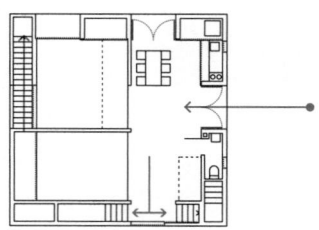

Piso +150

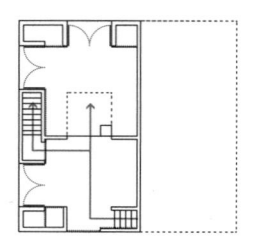

Piso +00 / +50

casa Poli, aparentemente simples e simétrica, adquire complexidade através das diversas aberturas, ângulos e profundidades que criam gradientes de percepção do espaço, tornando-o ambíguo e fragmentado.

No projeto dos arquitetos Pezo von Ellrichshausen, cada fachada tem características singulares, mas existe uma equivalência entre elas que não reflete a espacialidade do interior. Assim como fazia Adolf Loos em seus projetos, onde apesar da rica articulação do interior, a fachada era rígida, preservando a intimidade da vida doméstica.

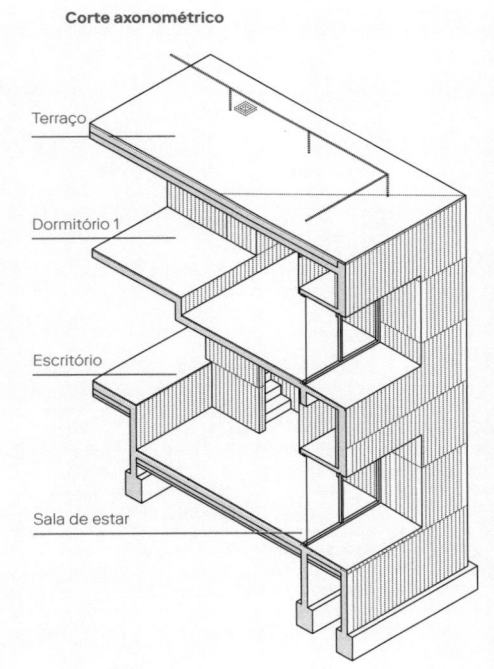

Corte axonométrico

- Terraço
- Dormitório 1
- Escritório
- Sala de estar

11. COLOMINA, Beatriz; RISSELADA, Max. *Raumplan versus Plan Lire: Adolf Loos and Le Corbusier, 1919-1930*, p. 35.

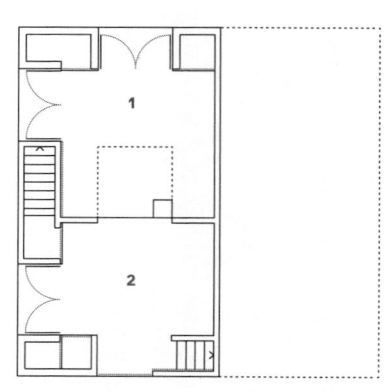

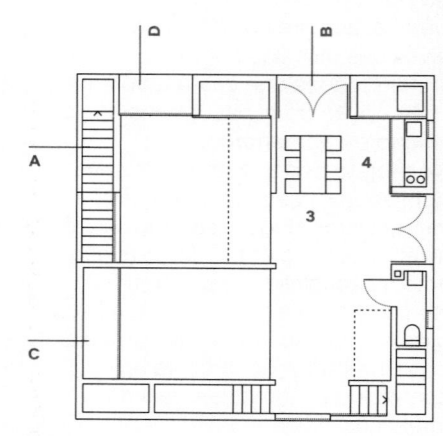

Piso +00 / +50

Piso +150

1. Vazio central
2. Sala de estar
3. Sala de Jantar
4. Cozinha
5. Dormitório
6. Terraço

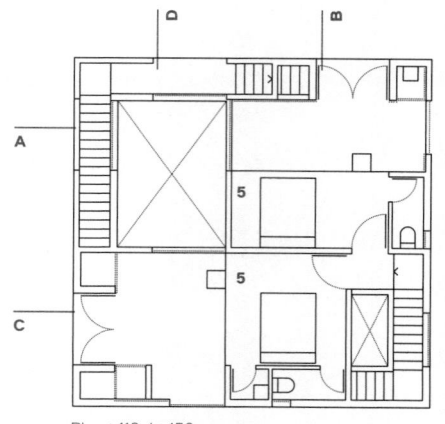

Piso +410 / +450

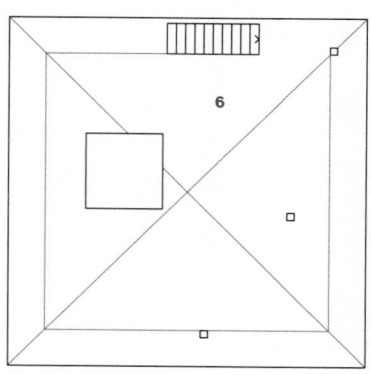

Cobertura +760

Corte A

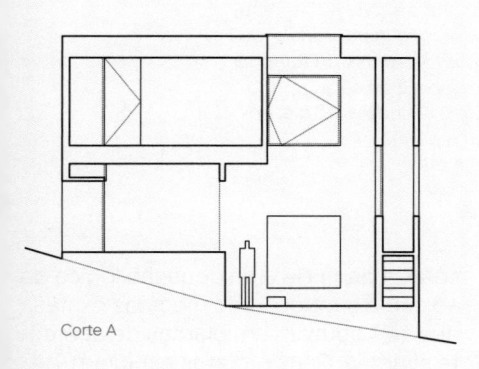

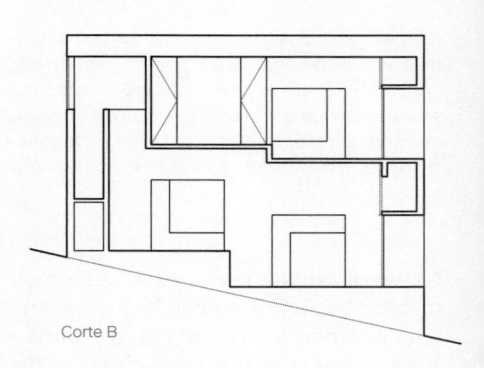

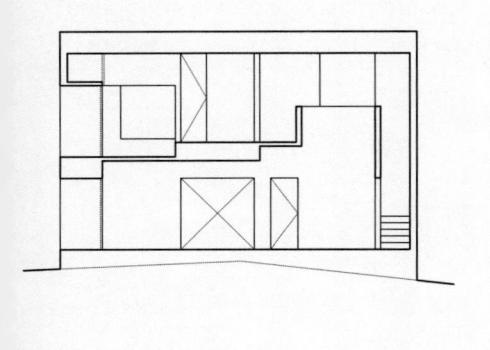

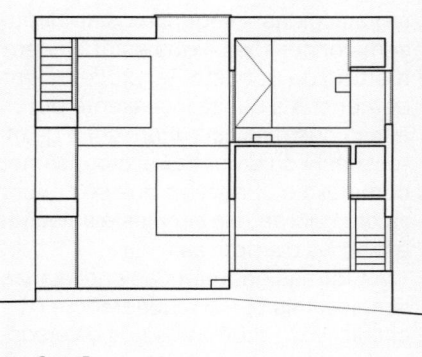

Corte B

Corte C

Corte D

Estratégias de projeto

Os edifícios de Pezo von Ellrichshausen geralmente tem uma cifra gravada que, como qualquer número, esconde um mistério. Consiste em onze dígitos que indicam, sucessivamente, o dia da semana e a data – mês, ano e hora – em que sua construção foi finalizada. Um procedimento similar ao utilizado em pinturas. É um tipo de número opus que determina no tempo a conclusão de um trabalho. Ao fazê-lo, ele o inscreve em uma série, assumindo que um precede e outro eventualmente o sucederá. Inscrevendo-o em um grupo maior do qual este projeto é uma parte.
FERNANDO PÉREZ OYARZUN, Notas fronterizas/Border Notes[12]

Como discutido no início deste capítulo, o trabalho de Pezo von Ellrichshausen se fundamenta na repetição de formatos e métricas, o que situa cada um de seus projetos dentro de séries. A aplicação sistêmica de regras e procedimentos matemáticos possibilita a formalização de um pensamento arquitetônico controlado e nítido, com variações até seu esgotamento, sem lugar para decisões intuitivas. São regras rígidas – segundo os arquitetos, sem concessões – que estabelecem o método de trabalho. Tal procedimento demonstra a busca incessante por aquilo que eles acreditam ser a quinta-essência da arquitetura, o pensamento complexo e obsessivo que se concretiza em geometrias simples e soluções espaciais disruptivas.

As formas geométricas euclidianas simples, tais como o quadrado e o círculo, são recorrentes nos diversos projetos do escritório. Variações dessa mesma matriz transformam-se, a cada caso, a partir de uma equação lógica de adição e subtração de medidas exatas, que se traduzem em plantas de aparente simetria. Seus projetos exploram, de maneira deliberada, o poder secreto das configurações geométricas básicas e das imagens arquetípicas. "Os projetos de Pezo von Ellrichshausen emanam um sentido combinado de claridade e mistério, de regularidade e labirinto, de contemporaneidade e historicidade".[13]

12. PÉREZ OYARZUN, Fernando. Notas fronterizas /Border Notes, p. 8.

13. PALLASMAA, Juhani. En busca de significado/ In Search for Meaning (op. cit.), p. 7.

Casa Cien, vista interior do penúltimo andar, Concepción, Chile, 2008-2011

No livro *Spatial Structure*, de 2016, de Mauricio Pezo e Sofía von Ellrichshausen, as estratégias desses projetos estão bem demonstradas. Através de uma série de desenhos axonométricos, os arquitetos investigam combinações e sobreposições de formas primárias, criando situações espaciais inusitadas. Para desenvolver as diversas combinações, estabelecem um método matemático que se traduz nas diferentes configurações de elementos arquitetônicos. Essa estrutura espacial é uma espécie de espinha dorsal que garante a compreensão de situações espaciais complexas. Segundo Mauricio Pezo, o propósito dessas formas arquetípicas é ativar uma clareza simbólica que permita a rápida compreensão do espaço.

As axonometrias, como estratégia de representação, são instrumentos fundamentais porque representam simultaneamente a planta, o corte e a fachada de uma obra. Esses desenhos de síntese evidenciam a relação entre diferentes espaços e a articulação entre o interior e o exterior do objeto. No exercício em questão, os módulos são articulados em diversas direções – central, lateral ou diagonal – estabelecendo variadas relações entre os ambientes. Ao unir três módulos, por exemplo, a sensação de um espaço tripartido dilui-se numa identidade única.

De posse dessa metodologia, os arquitetos também propõem uma série de instalações e pinturas que, trabalhando sobre uma mesma matriz ou elementos comuns, adquirem naturezas

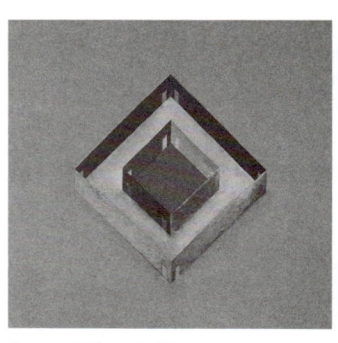

Axonométricas do livro
***Spatial Structure*, 2016**

Performance / Circular, Inglaterra, 2005

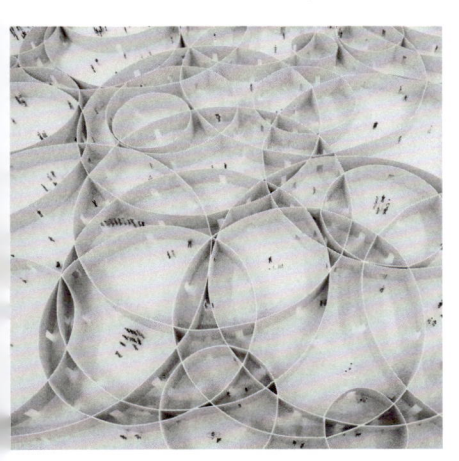

Infinite Motive: maquete de cem círculos que explora a diversdade da repetição

14. PEZO, Mauricio; VON ELLRICHSHAUSEN, Sofia. *Finite Format 002 & 003* (op. cit.), p. 42.

diversas graças às suas possibilidades de combinações. Como acontece nas séries de pinturas nomeadas *Finite Format* (2014-2015), que consistem na exploração de todas as combinações possíveis de um objeto, fazendo-o variar com base em três relações – altura, largura e comprimento – revelando os efeitos das pequenas mudanças no formato original, possibilitando um controle consciente do processo.

Substituindo a noção de forma pela de formato, estamos assumindo que os edifícios podem ser entendidos tanto como objetos quanto como a própria ideia desses objetos. Sob esse amplo princípio, acreditamos que um formato é equivalente a uma forma geral, certamente idealizada, esquematizada em nossa memória difusa de um lugar conhecido. Um formato talvez não seja mais do que um contorno delicado e quase invisível. É a moldura de um campo de ação, uma figura de contorno ou os limites finos, mas ininterruptos, de uma estrutura espacial específica. Seu caráter é, portanto, basicamente volumétrico. É o espaço necessário, a capacidade, para que as relações arquitetônicas existam. Como uma porção de espaço autodemarcada, o formato é determinado por dois parâmetros básicos: um certo tamanho e uma certa direção. Ambos são de fato relativos a uma determinada circunstância, aos limites do objeto em si.[14]

Esses exercícios formais não são utilizados como um processo direto para o projeto arquitetônico, mas como um exercício de linguagem que permite sistematizar e compreender, com consciência, como o espaço se transforma, desenvolvendo mecanismos de controle e estabelecendo regras que auxiliam no campo da arquitetura. Os formatos de um projeto são uma espécie de figura singular, mas também suficientemente genérica, que possibilita certa autonomia formal – que libera a arquitetura de elementos como programa, função, contexto ou elementos construtivos. Nesse sentido, valoriza-se a neutralidade do espaço, abandonando a ideia do desenho como resposta direta a um programa, e reitera uma concepção *puramente espacial*. Os arquitetos explicam: "Não utilizamos a ideia de tipologia em nosso trabalho porque a encontramos sobrecarregada demais com a conotação da história. Estamos muito mais interessados na noção de formato como um conceito mais genérico para uma sequência espacial ou um sistema espacial".[15]

Isto posto, o trabalho dos arquitetos concentra-se na articulação da forma como elemento primordial de projeto, estabelecendo um sistema de relações espaciais que definem a arquitetura. De forma genérica, a maioria dos projetos aqui discutidos poderia ser construída com diferentes materiais – da madeira ao concreto –, relegando a questão construtiva a um segundo plano. Esse raciocínio, que prioriza a forma pura, propõe a concepção dos edifícios como elementos isolados do contexto onde estão inseridos, retirando o objeto arquitetônico da realidade e colocando-o numa esfera platônica.

15. ACAYABA, Marina. Entrevista com Mauricio Pezo e Sofía von Ellrichshausen (op. cit.), p. 234 (anexo desse livro).

Exposição Finite Format, República Tcheca, 2015

Na exposição *Detached*, concebida para Bienal de Veneza de 2010, os arquitetos colocam em discussão justamente o significado desse contexto para a arquitetura. Nessa instalação são executados dois modelos de concreto das casas Poli e Fosc que, apoiados sob uma base de metal, contrapõem-se a uma fotografia das mesmas casas já construídas, em seu contexto. A similaridade dos dois modelos e a diferença gritante entre os contextos retratados – que omite o ruído do programa, a história do projeto, as questões construtivas e o lugar – mostram como se restringe o pensamento arquitetônico ao que realmente lhes interessa: o espaço e a geometria.

> Na arquitetura há uma eterna tensão entre contexto e objeto. Dado que um edifício é implantado inevitavelmente em uma localização única e irrepetível, ele estabelece com este local um conjunto de relações específicas. Considerando essa inevitabilidade física, basear a integridade de um edifício nesses lugares comuns (tais como orientação, visuais, acesso ou topografia) é em si um lugar comum ou, pelo menos, o mínimo que um arquiteto deve aspirar fazer. Explicar um edifício como uma resposta a um lugar é explicar o lugar, não a obra. [...] No entanto, em sua estrutura formal interna, um edifício também pode ser entendido como uma gramática lógica e independente. Em sua conclusividade unitária, um objeto arquitetônico poderia ser separado de sua localização, de seus dramas anedóticos. Um edifício isolado é uma entidade singular. Não é mais do que um exercício tautológico, instrumentalmente necessário para fins políticos ou comerciais.[16]

16. PEZO, Mauricio; VON ELLRICHSHAUSEN, Sofía. Detached, p. 1-2.

Instalação *Detached*, Bienal de Veneza, 2010

Assim, através de um procedimento aparentemente não intencional, fundado nos princípios de repetição e serialidade, o escritório Pezo von Ellrichshausen procura compor uma arquitetura que não está baseada na personalidade do arquiteto, mas em uma arbitrariedade anônima. Nesse sentido, como está definido em seu livro *Naïve Intention*, de 2018, essas estratégias de projeto criam autonomia em relação ao gesto autoral do arquiteto, a sua intenção ou seu partido, explicando a arquitetura a partir de um raciocínio do processo, no qual se compreende uma série de causas e efeitos que resultam na peça final.

Casa Moriyama   **Ryue Nishizawa**

Museu Louvre de Lens, França, 2012

Kazuyo Sejima começou sua carreira nos anos 1980 trabalhando com o arquiteto Toyo Ito, que já nos seus primeiros trabalhos, como o PAO – Alojamento para a Mulher Nômade de Tóquio, de 1985, e a Torre dos Ventos, em Yokohama, de 1986, apresentava uma arquitetura móvel, frágil, efêmera e sem limites definidos. A Torre dos Ventos de Yokohama foi o primeiro projeto em que Toyo Ito propôs uma camada externa sem massa, feita com chapa metálica perfurada, que torna difusa a claridade que vem do interior, transformando o edifício em um grande feixe de luz de natureza etérea. ▶▶ A trajetória deste arquiteto é também marcada por uma importante contribuição teórica que procura sintonizar a linguagem arquitetônica contemporânea à nova sociedade da informação. Em seu livro *Arquitectura de límites difusos*, de 2006, ele estabeleceu os parâmetros dessa arquitetura para uma sociedade flutuante, em que é essencial suprimir os limites através da transparência. ▶▶ Diferente do modernismo que se baseia na retícula euclidiana, Toyo Ito trabalha a partir de uma retícula infinita com estruturas orgânicas inspiradas na natureza, criando um espaço flutuante, com limite flexível:

Museu de Arte Contemporânea do Século 21, Kanazawa, Japão, 1999-2004

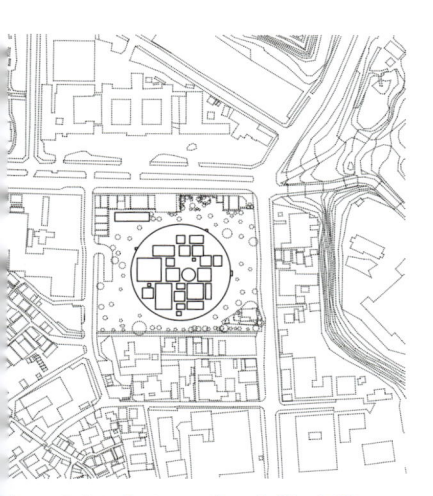

Museu de Arte Contemporânea do Século 21,
Kanazawa, Japão, 1999-2004

Como não está localizado, o espaço criado pela comunicação eletrônica é um espaço efêmero. Portanto, a arquitetura de limites difusos deve ter um caráter flutuante que permita alterações temporárias. Isso significa que a construção de um espaço deve permitir mudanças no programa. [...] Na atual sociedade flutuante é absolutamente essencial suprimir os limites baseados na simplificação das funções e estabelecer uma relação de sobreposição de espaços. Isto requer um espaço que possa adicionar lugares de transformação, como um redemoinho em um rio que flui uniformemente.[1]

✳

Aderindo aos mesmos princípios, a produção do Sanaa adota o limite como tema principal: seus projetos propõem, por meio de diferentes transparências, ambientes contínuos, onde os limites entre exterior e interior são tênues. Trata-se de uma obra leve e etérea, cuja fragilidade desafia a gravidade do ar. Segundo Luis Fernández-Galiano,

> a arquitetura de Kazuyo Sejima e Ryue Nishizawa pertence aos limites. Não reside no espaço modelado ou no volume escultórico, tampouco se baseia na articulação dos elementos ou na gravidade da matéria: habita sem esforço as bordas de encontro, que se afinam de forma inverossímil até se tornarem virtuais, sejam de vidro, aço ou concreto.[2]

Seus projetos criam efeitos atmosféricos através da sobreposição de vidros que exploram diferentes graus de opacidade e reflexão. Por vezes, o que buscam é uma transparência conquistada através

ITO, Toyo. *Arquitectura de límites difusos*, p. 18.

FERNÁNDEZ-GALIANO, Luis. *Sanaa en sueños/Sanaa Dreaming*, p. 6.

da articulação dos volumes no espaço, criando uma oposição entre a visualidade e a materialidade por intermédio desta solução espacial.

Seu método de desenho foi definido por Toyo Ito como "arquitetura diagrama",[3] na qual a construção equivale à materialização de um "diagrama do espaço", utilizado para organizar de maneira abstrata as atividades do edifício. Por meio das plantas o diagrama converte-se em realidade, utilizando-se, em sua construção, dos materiais e das cores do diagrama inicial. A espacialidade resultante desse processo é abstrata – sem textura, massa ou cheiro –, e representa exatamente o mesmo tipo de experiência espacial que vivenciaríamos se fosse possível caminhar dentro das cidades e dos edifícios de um jogo de computador, ainda de acordo com a analogia de Toyo Ito.

Depois de deixar o escritório de Toyo Ito, a primeira obra que Sejima projetou a partir da estratégia do diagrama foi o Dormitório para Mulheres, habitação coletiva em Saishunkan (1990-1991). A fragmentação do programa no térreo, em núcleos independentes dentro de uma retícula espacial sem corredores, apresenta indícios da solução que será posteriormente adotada, de maneira radical, no Museu de Arte Contemporânea de Kanazawa (1999-2004), já no Sanaa, fundado em 1995. As fotos do espaço retratam mulheres sozinhas; elas ocupam esse lugar de atmosfera imaterial, onde as funções se organizam com móveis dentro de um

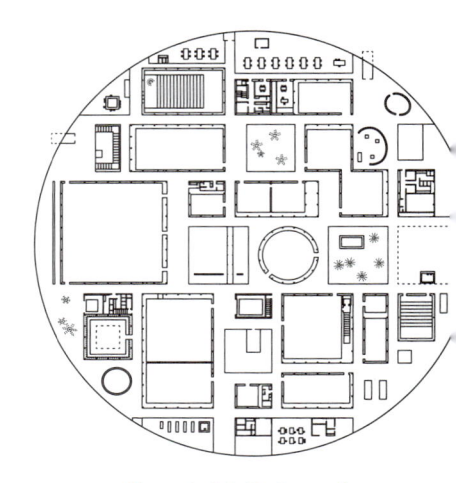

Museu de Arte Contemporânea do Século 21, Kanazawa, Japão, 1999-2004

3. Ver ITO, Toyo. Arquitectura diagrama/Diagram Architecture.

Museu de Arte Contemporânea do Século 21, Kanazawa, Japão, 1999-2004

espaço único, numa referência explícita à mulher nômade que ocupa o alojamento de Toyo Ito.

A distribuição dos dormitórios de Saishunkan é acentuada no projeto do Edifício de Apartamentos Gifu (1994-1998). Nele, cada ambiente é entendido como uma unidade autônoma com o acesso independente realizado através de dois corredores, um privado e outro público. Ou seja, cada cômodo representa o seu usuário, não mais como parte indissociável da família, mas compreendido como uma célula independente. Quase dez anos depois, no projeto da casa Moriyama, Ryue Nishizawa desconstrói por completo o modelo da residência unifamiliar, e explode seu invólucro para tratar cada uso como uma construção autônoma dentro do terreno.

Passando cronologicamente pela produção do escritório, chama a atenção o projeto para o Teatro e Centro Cultural De Kunstlinie, em Almere na Holanda (1998-2006), vencedor de um concurso, no qual os arquitetos propõem a implantação do complexo programa num único volume compacto e térreo. A organização da planta permite que espaços de dimensões diversas possam coexistir, dando caráter e importância singular a cada um deles. A circulação não acontece através de corredores; todos os espaços são contíguos entre si: mover-se de um lugar para o outro significa mover-se pelos ambientes.

O exemplo mais evidente dessa "arquitetura diagrama" é, certamente,

Edifício de apartamentos, Gifu, Japão, 1994

Edifício de apartamentos, Gifu, Japão, 1994

Kunstline, Almere, Holanda, 1998

Kunstline, Almere, Holanda, 1998

O Museu de Arte Contemporânea do Século 21 (1999-2004), em Kanazawa, obra mais relevante dessa primeira fase do escritório. Nesse projeto, assim como em Almere, uma laje plana abriga uma grande variedade de volumes – salas de exposição –, dispostos, à primeira vista, de maneira aleatória no espaço, que adquirem alturas diversas. No entanto, os volumes aqui não são contíguos, mas entremeados por áreas semipúblicas, sob uma única laje em forma circular, criando espaços intersticiais entre os blocos e alçando os espaços de convivência e de circulação ao protagonismo do projeto.

A articulação entre as salas não segue uma hierarquia, criando um flanar livre pelo espaço, que é reforçado pelo formato circular de perímetro envidraçado, onde não se estabelece um ponto único, mas três possíveis entradas. A transparência do limite leva à dissolução do edifício dentro do parque, estratégia que já havia sido explorada no projeto do Koga Park Café na cidade de Ibaraki (1996-1998) – edifício em que os arquitetos levaram a estratégia da desaparição às últimas consequências, com a dissolução progressiva dos fechamentos e a desagregação da estrutura em elementos quase imperceptíveis.

Nesse contexto, a casa Moriyama, projeto individual de Ryue Nishizawa, destaca-se ao remover literalmente o perímetro externo da casa, promovendo a fragmentação física do programa dissolvido em meio ao jardim.

Escritório Sanaa
Kazuyo Sejima e Ryue Nishizawa

O escritório Sanaa, estabelecido em 1995, em Tóquio, no Japão, é formado por Kazuyo Sejima e Ryue Nishizawa. Sejima nasceu em Ibaraki, em 1956, onde graduou-se em arquitetura, pela Universidade de Mulheres do Japão, em 1981. Nishizawa nasceu em Tóquio, em 1966, e formou-se em arquitetura, pela Universidade Nacional de Yokohama, em 1990.

Sejima iniciou sua prática profissional no escritório do arquiteto Toyo Ito, e em 1987 abriu o escritório Kazuyo Sejima & Associates. Um de seus primeiros estagiários foi Nishizawa, com quem já havia trabalhado no escritório de Toyo Ito. Em 1995, os dois decidiram associar-se e formaram o Sanaa, onde concentram seus esforços em concursos e projetos de grande escala, mantendo a prática individual restrita a escalas menores. O Sanaa recebeu os prêmios mais importantes da arquitetura mundial, entre estes o Leão de Ouro da Bienal de Veneza (2004), pelo projeto Museu de Arte Contemporânea do Século 21, em Kanazawa; o Prêmio Rolf Schock na categoria de Artes Visuais em Estocolmo (2005); o Kunstpreis Berlin da Academia de Artes de Berlim (2007) e o Prêmio Pritzker (2010), pelo conjunto da obra.

Sejima foi curadora da Bienal de Veneza em 2010. Escolheu como tema "People Meet in Architecture", que pretendia conectar as pessoas à arquitetura através de instalações ou "atmosferas" – propondo uma bienal de espaços, não de objetos –, para transformar a experiência dos visitantes. Em 2012, o Sanaa voltou à Bienal de Veneza, edição com o tema "Common Ground", com a exposição *Miyato-jima Reconstruction*, um plano de reconstrução pós-desastre para a ilha japonesa.

Quatro anos depois, em 2016, o escritório apresentou uma série de pequenos pavilhões, que pretendiam recuperar a ilha de Inujima da degradação. Ali mostraram como, através de pequenas e modestas intervenções, era possível ativar a regeneração do vilarejo, evidenciando desta maneira o poder da delicadeza. Em 2018, também em Veneza, expuseram a instalação *Guruguru*: uma espiral, sem começo nem fim; um cilindro quase invisível que sugeria a separação entre o interior e o exterior, contrariando a concepção clássica de limite ao propor uma alternativa sem massa nem peso.

Além das participações nas Bienais de Veneza, o Sanaa desenhou o pavilhão de verão da Serpentine Gallery em Londres, Reino Unido, em 2009, e expôs seus trabalhos em mostras individuais no Novo Museu de Arte Contemporânea de Nova York (2003-2007), nos Estados Unidos, e no Centro de Arte Towada (2005-2008), no Japão. Em 2016 e 2017, integraram duas importantes exposições coletivas sobre a arquitetura japonesa. A primeira, no Museu de Arte Moderna – MoMA de Nova York, intitulada *A Japanese Constellation: Toyo Ito, Sanaa, and Beyond*, que contou com trabalhos de Toyo Ito, Sou Fujimoto, Akihisa Hirata e Junya Ishigami – cujo recorte temático apontou Toyo Ito como mentor desta geração. Na segunda, no Barbican Centre em Londres, intitulada *The Japanese House: Architecture and Life after 1945*, foi reproduzida a casa Moriyama em escala 1:1, principal objeto deste capítulo.

Como professores, lecionaram em diversas universidades, dentro e fora do Japão. Entre as universidades estrangeiras, estão Princeton University (2005-2008), École Polytechnique Fédérale de Lausanne (2005-2006) e Harvard University (2007).

CASA MORIYAMA

LOCALIZAÇÃO

Tóquio, Japão

DATA DE PROJETO

2002

DATA DE CONSTRUÇÃO

2005

AUTOR

Ryue Nishizawa

COLABORADORES

Kimihiko Okada, Ippei Takahashi e Yusuke Ohi

ÁREA

263,08 m²

PROGRAMA

Cinco cozinhas/sala de jantar
Sete salas de estar
Dois estúdios
Quatro dormitórios

ESTRUTURA

Aço

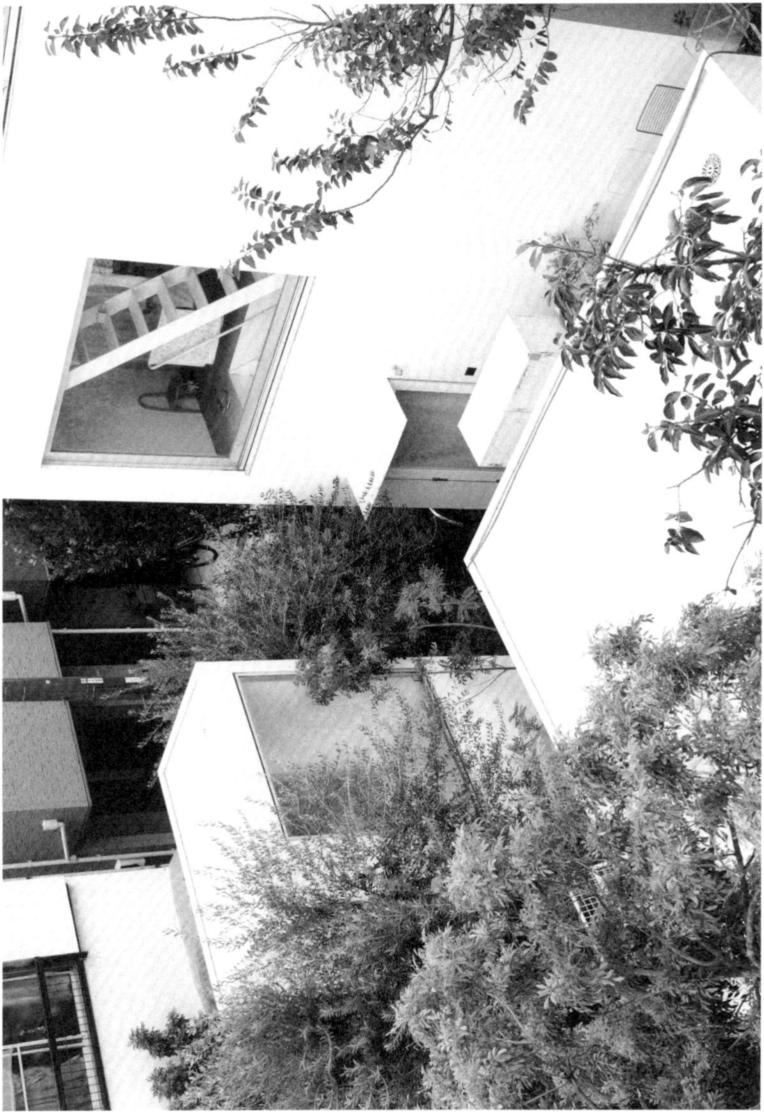

Um homem e sua mãe nos encomendaram este projeto, para a região metropolitana de Tóquio, local que habitavam há anos. A estrutura espacial da casa consiste em um conjunto de peças de habitação de diferentes tamanhos – cinco cozinhas/sala de jantar, sete salas de estar, dois estúdios e quatro dormitórios –, espalhadas pelo terreno e articuladas por seis jardins. Cada uma dessas peças tem diferentes usos e características: por exemplo, uma das pequenas é uma sala de jantar/cozinha, rodeada por um jardim; outra, um dormitório com vista para o céu; ou um grande espaço com vários andares que vêm desde o subsolo e por fim outra, um dormitório anexo. Cada ambiente e cada jardim é um espaço pensado basicamente para que o habitante desfrute da vida cotidiana – a qualquer momento, qualquer uma das peças pode também ser alugada para terceiros. Trabalhamos os ambientes para que sirvam a diferentes programas, no caso de haver uma mudança do uso privado para o aluguel. Localizar as peças no terreno separadamente garante maior privacidade e independência. ▸▸ Nesta casa, cabe ao cliente decidir com liberdade quais peças servirão como sua residência privada e quais serão usadas para aluguel. Ele pode escolher entre as várias salas de jantar ou estar; ou mesmo desfrutar de todas as peças ao mesmo tempo, de acordo com a estação e outras circunstâncias. Assim, a casa se modifica segundo sua vida. A ideia era desenhar uma casa onde o cliente pudesse desfrutar de espaços distintos e de diferentes formas de vida, simplesmente não fixando de modo rígido o lugar em que se habita na casa.

[Casa Moriyama – texto explicativo extraído da revista *El Croquis*, n. 121-122, Madri, 2011, p. 364]

125

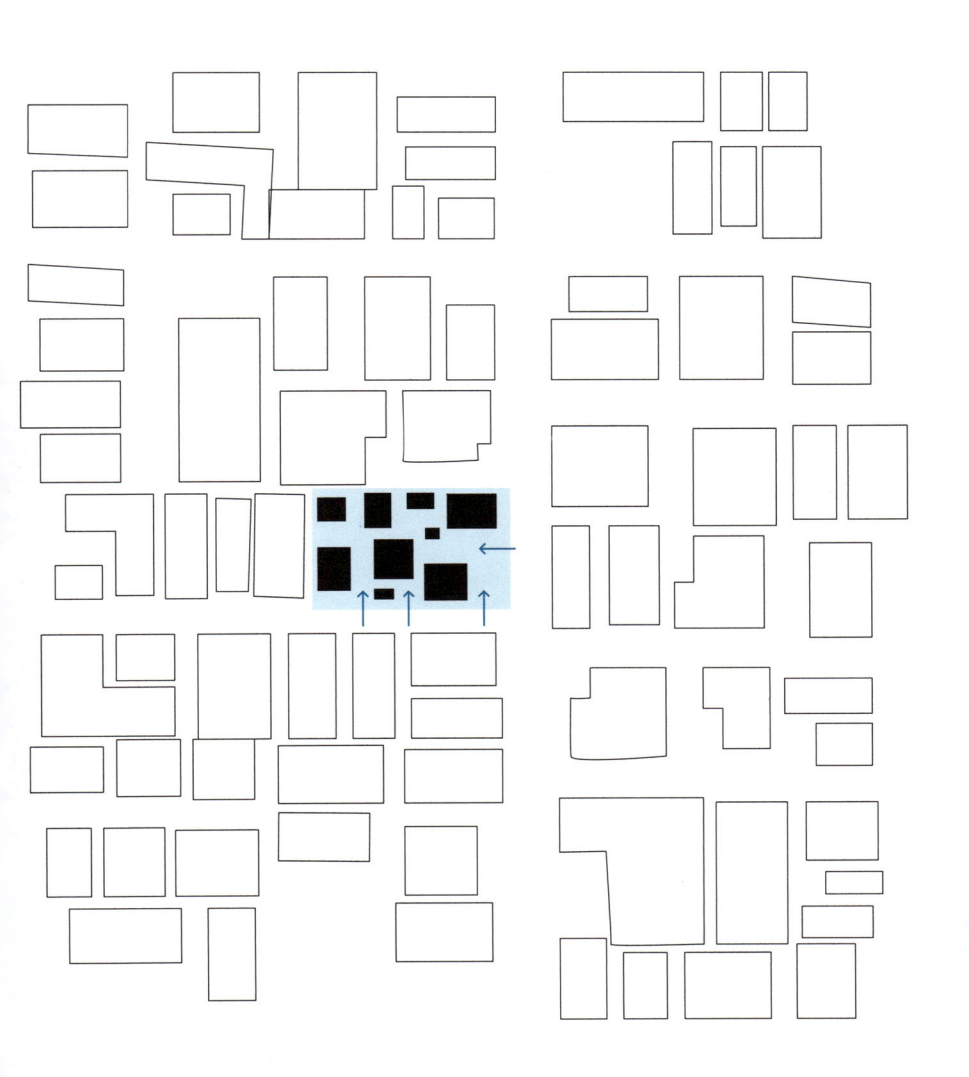

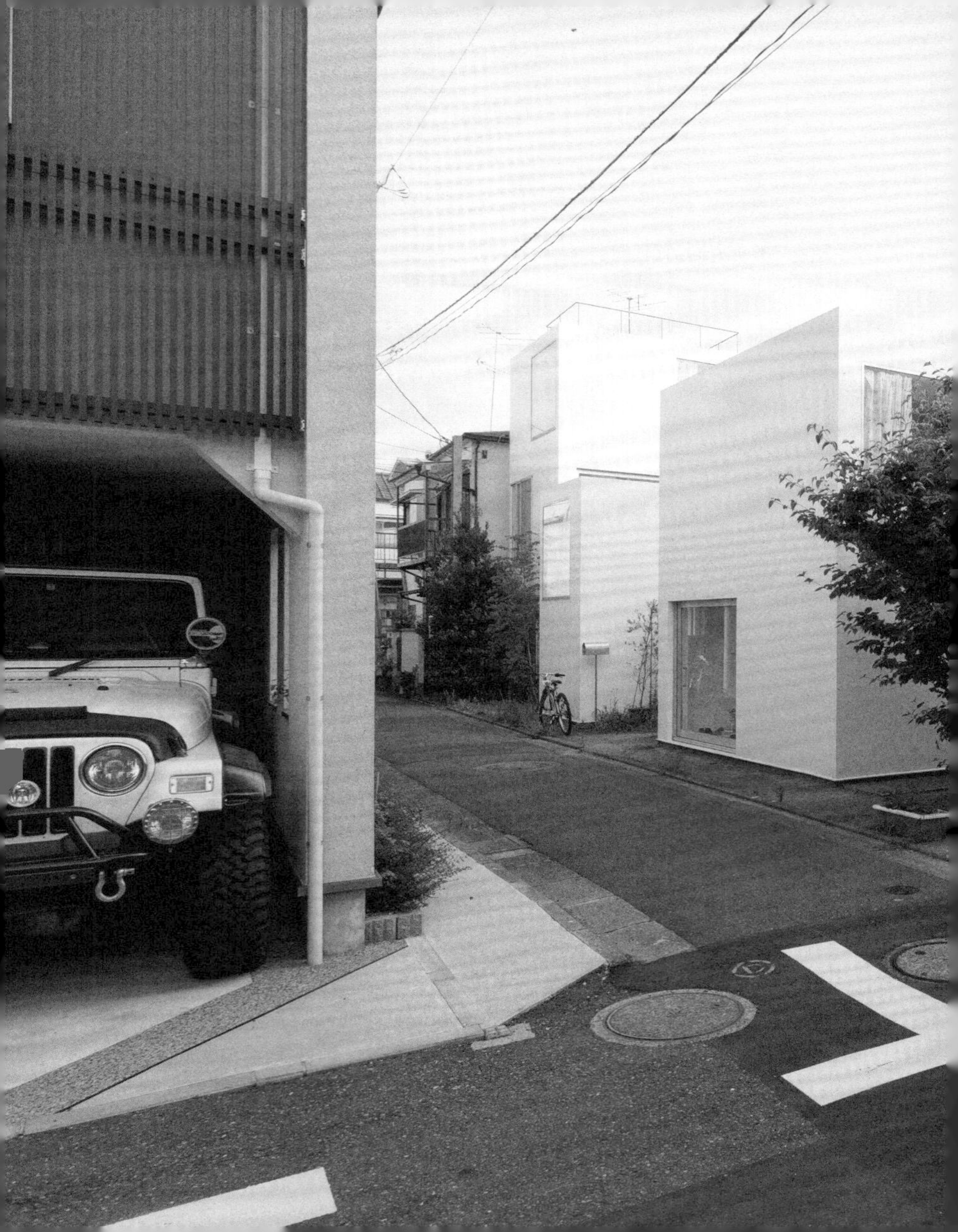

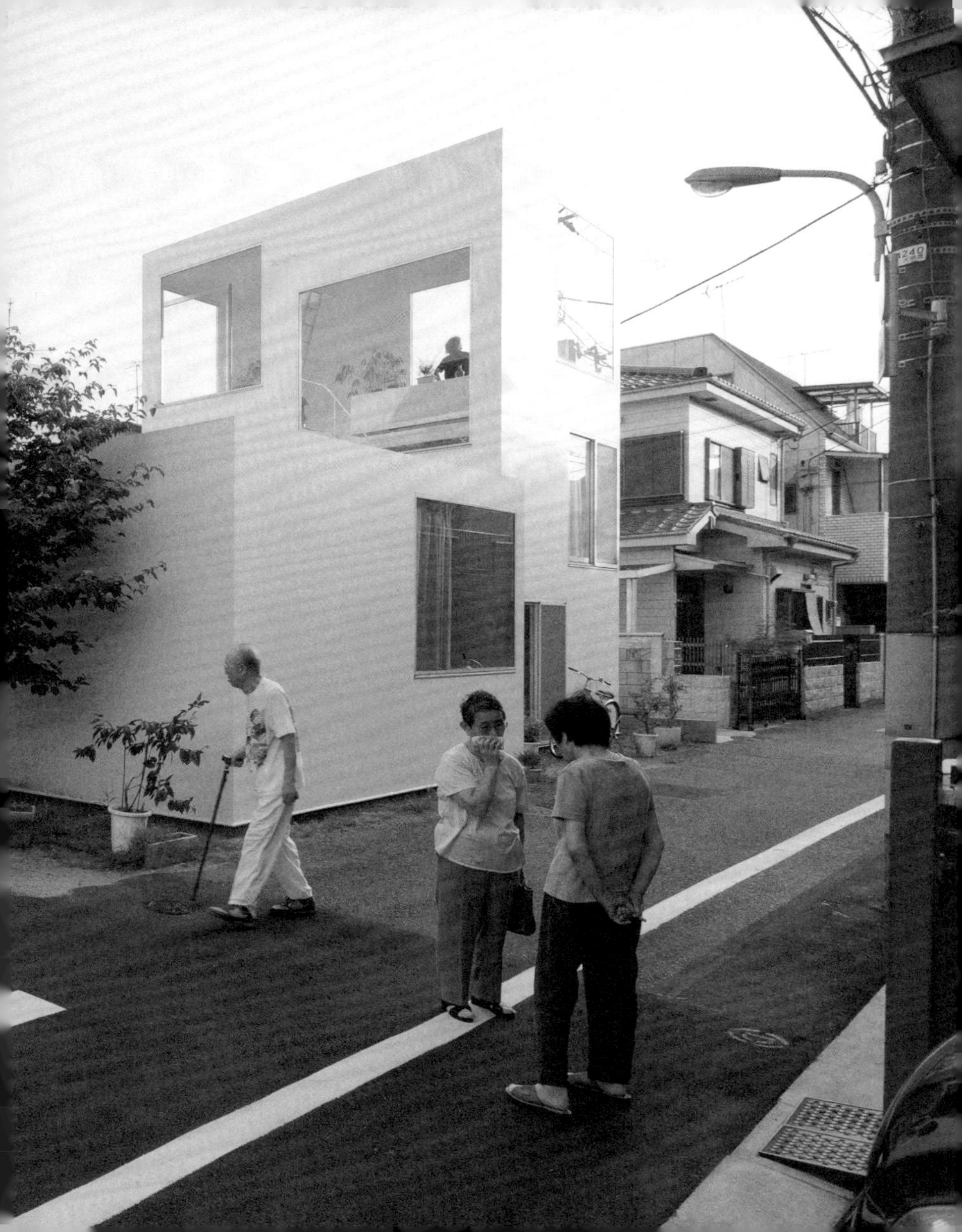

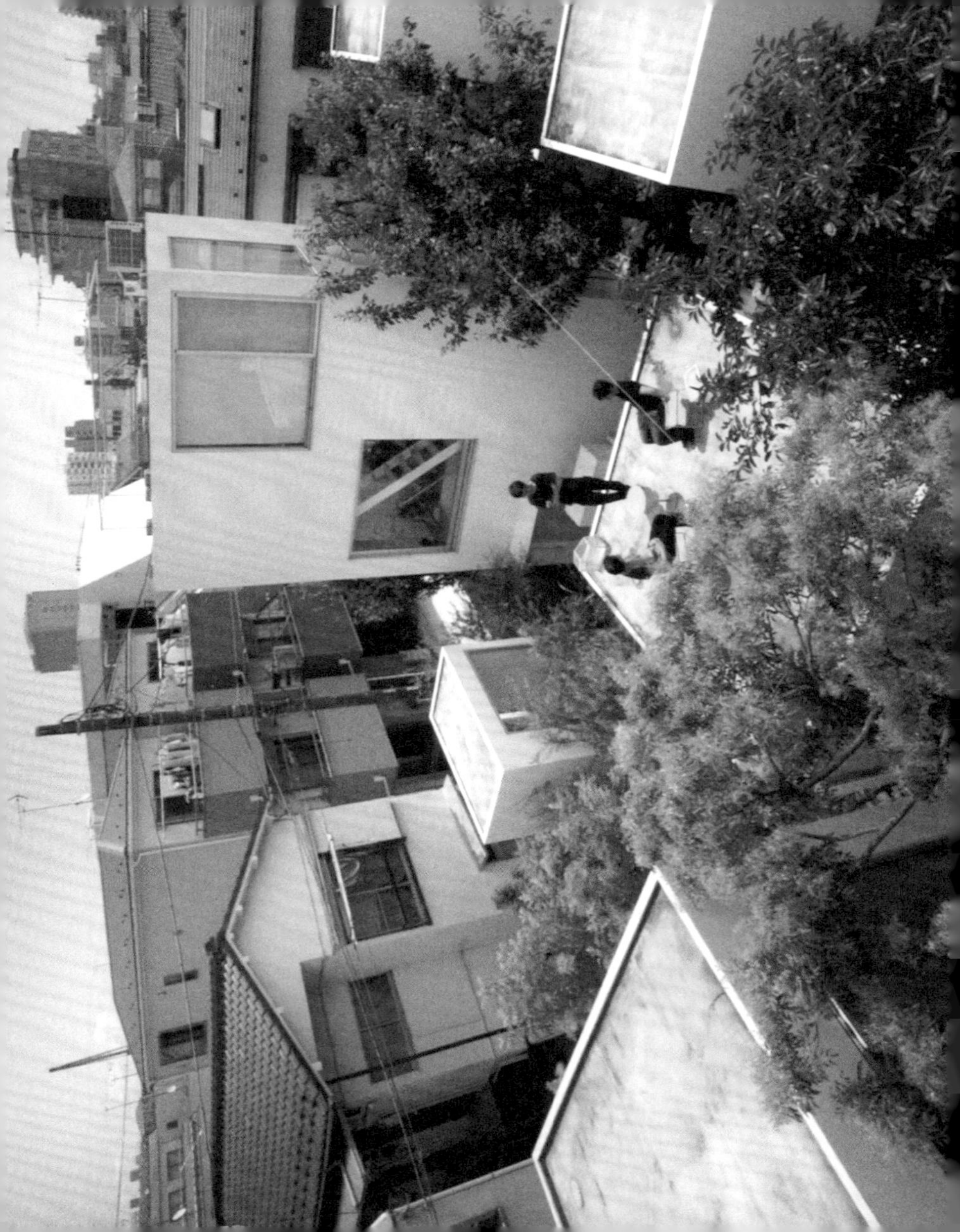

Plano-sequência

Em maio de 2008, período em que colaborei com o escritório Sanaa, visitei a casa Moriyama em Tóquio. Naquela época, dois outros colaboradores do escritório moravam na casa, nos volumes destinados à locação e, portanto, nessa visita tive acesso interno apenas a esses dois volumes e ao jardim exterior. Passados dez anos, a memória dessa visita ficou distante, e não recordo ao certo o percurso realizado entre os blocos e árvores. Tal dúvida revela o partido adotado pelo arquiteto: não existe percurso determinado, os espaços se sobrepõem e o limite ambíguo confunde a casa com a cidade. A lembrança mais forte que ficou foi a sensação de informalidade do espaço, a escala singela da casa e a presença fundamental do jardim e do céu como pano de fundo.

Por esse motivo, recorri ao filme *Moriyama-San*, dos artistas Bêka & Lemoine, de 2017, para avivar minha memória. Neste capítulo, portanto, diferente dos demais, o plano-sequência será em parte guiado pelo morador da casa, através das cenas desse documentário. O ponto de vista de Moriyama-san – que apresenta sua intimidade de maneira espontânea e pessoal, com a visão simples de um eremita urbano que vive num pequeno arquipélago de paz e contemplação no coração de Tóquio – é igualmente assimilado na descrição a seguir.[4]

4. Ver mais sobre o documentário na página dos artistas <https://bit.ly/2ROyEBO>.

No dia de minha visita saí diretamente do escritório Sanaa, localizado na ilha de Tatsumi, na baia de Tóquio – área onde hoje predominam galpões industriais, planejada na década de 1960 como solução para descartar as grandes quantidades de lixo da área metropolitana de Tóquio – e peguei a linha Tokiu-Ikegami em direção a Ohta-ku, subúrbio de Tóquio de baixa densidade, onde predominam residências unifamiliares ou pequenos edifícios de até dois pavimentos.[5]

Ao observar a foto área da casa Moriyama, é possível perceber como Ryue Nishizawa recria, dentro de um terreno de 22m x 13m – amplo para o padrão japonês –, o tecido urbano dessa região, marcado por casas isoladas entremeadas por pequenas ruas e caminhos – parte singular da cidade, onde ainda sobrevive uma atmosfera urbana tradicional. **[1]**

Seguindo pelas ruas, uma colagem de casas antigas compõe a paisagem até que, em uma esquina, avistei alguns volumes brancos que destoam entre casas de tons marrom e cinza. Ao me aproximar, foi possível entrever os jardins que se abrem, sem qualquer barreira, em continuidade com a rua.

Contornando o lote, virei a esquina e consegui visualizar a casa como um todo. **[2]** Ainda na rua, através dos jardins, percebem-se as diferentes camadas de profundidade: os volumes e a vegetação criam anteparos que preservam as aberturas.

5. A cidade de Tóquio é estruturada pela hierarquia das vias de trânsito. Na escala metropolitana temos as grandes artérias viárias, que contornam e separam os bairros. Em uma escala urbana, as avenidas de mão dupla, com largura de 12 metros, se dirigem para o interior dos bairros, formados por agrupamentos de quadras, os *quadrantes*, informação determinante para o endereço. Na escala menor temos as ruas, que impressionam pela largura de apenas 6 metros, sem calçadas e com as casas sem recuo frontal. A morfologia dos bairros residenciais é composta por edificações pequenas, que respeitam os recuos ditados pelo regulamento antiterremoto.

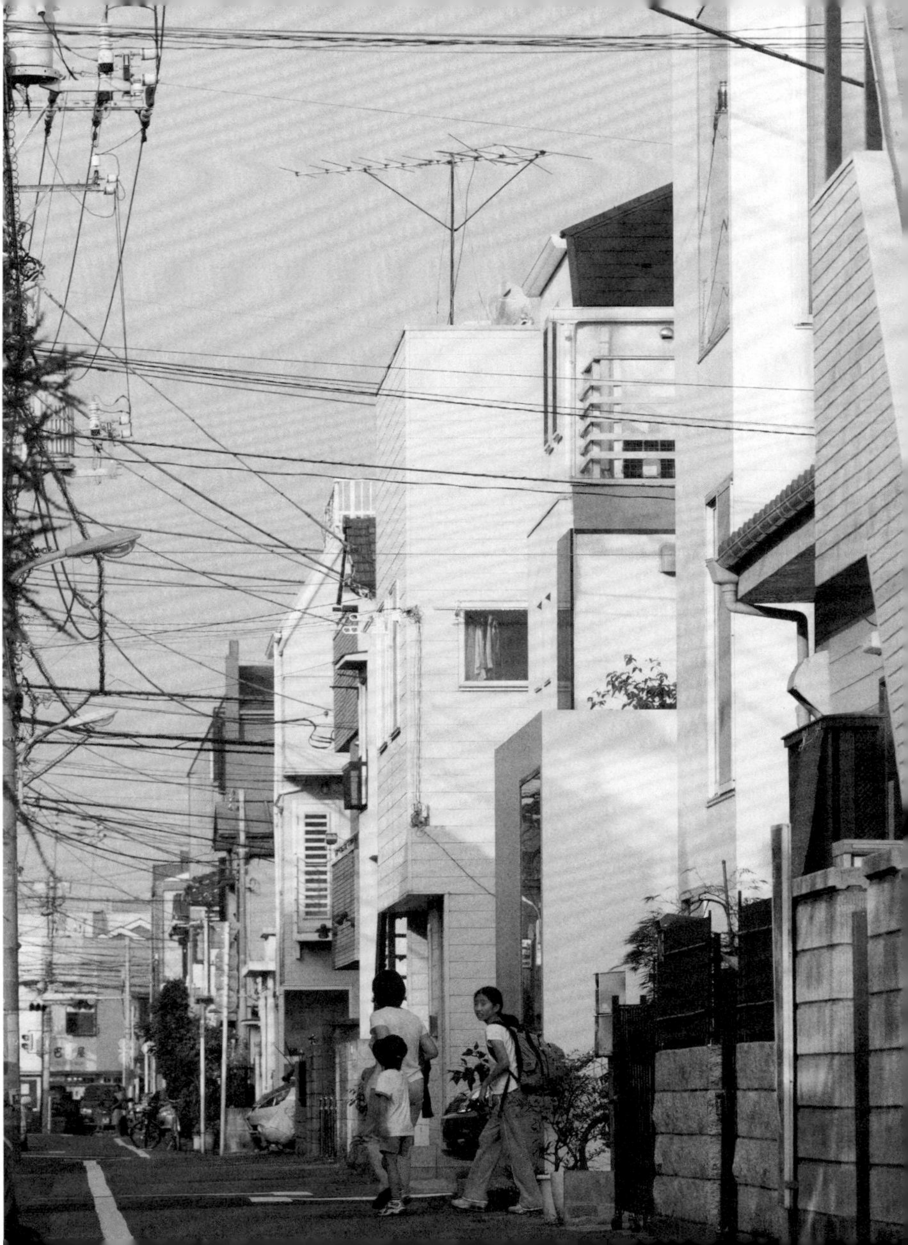

Ali, entendi como a disposição dos volumes, janelas e jardins assegura a privacidade dos espaços interiores. Passando por todos esses volumes, identifiquei que apenas duas portas se abrem diretamente para a rua: as demais estão viradas para os jardins interiores, e as janelas situam-se acima da altura do observador.

Em direção à esquina, escolhi um caminho para entrar: um primeiro jardim, onde havia duas cadeiras e bicicletas espalhadas – a cadeira mais próxima indicava a presença de alguém que antes observava a rua. **[4]** Passando por mais um volume, um novo jardim, dessa vez com uma mesa e duas cadeiras que formavam um espaço de estar ao ar livre; nele, uma pequena caixa de correio com o nome "Kimura" indicava a entrada. **[5]**

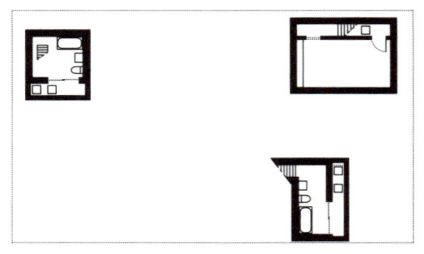

Subsolo

Térreo

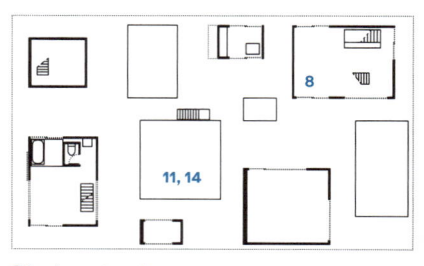

Primeiro pavimento

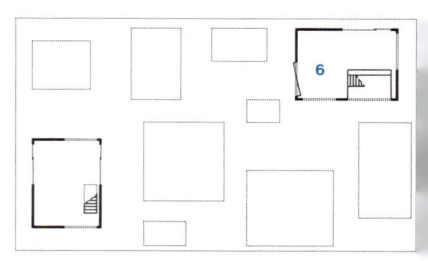

Segundo pavimento

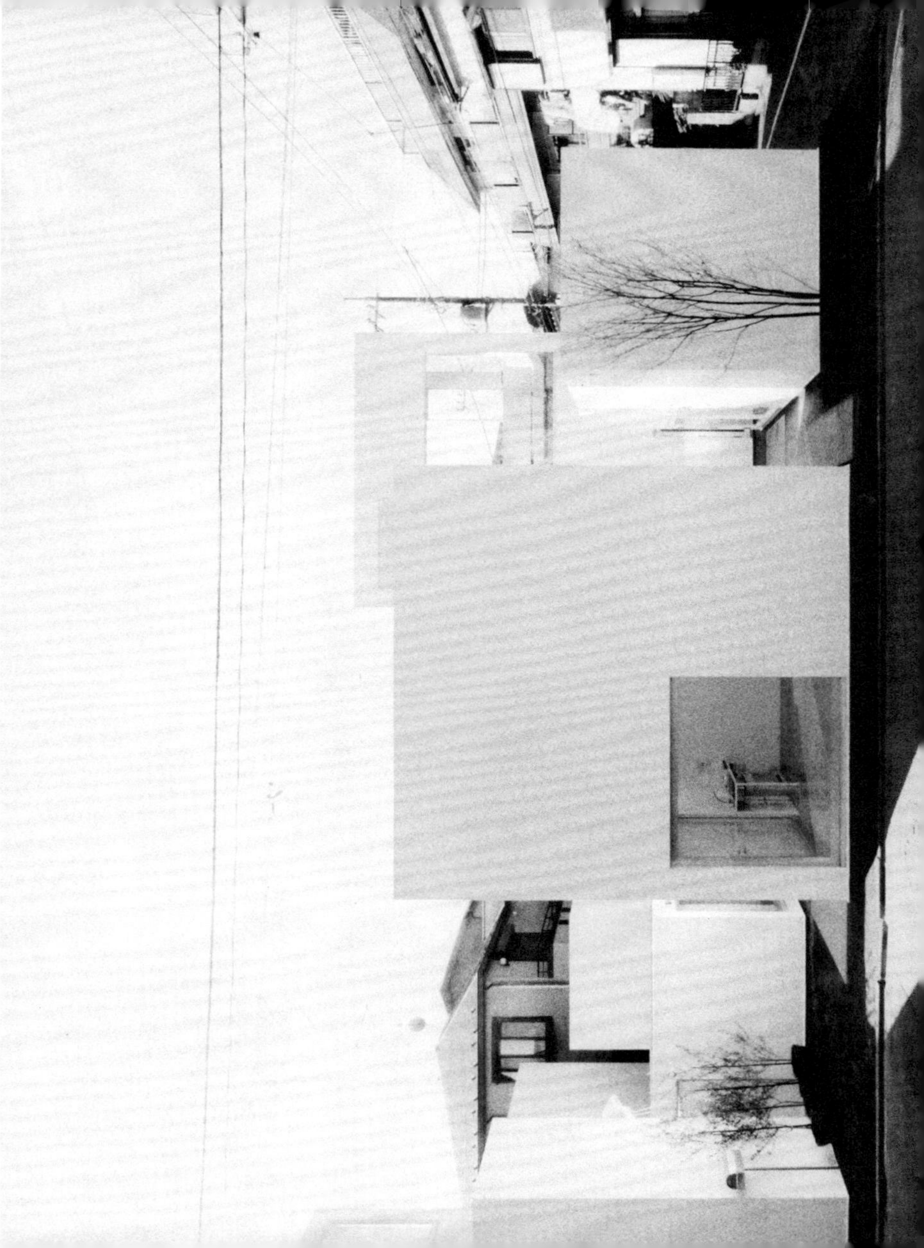

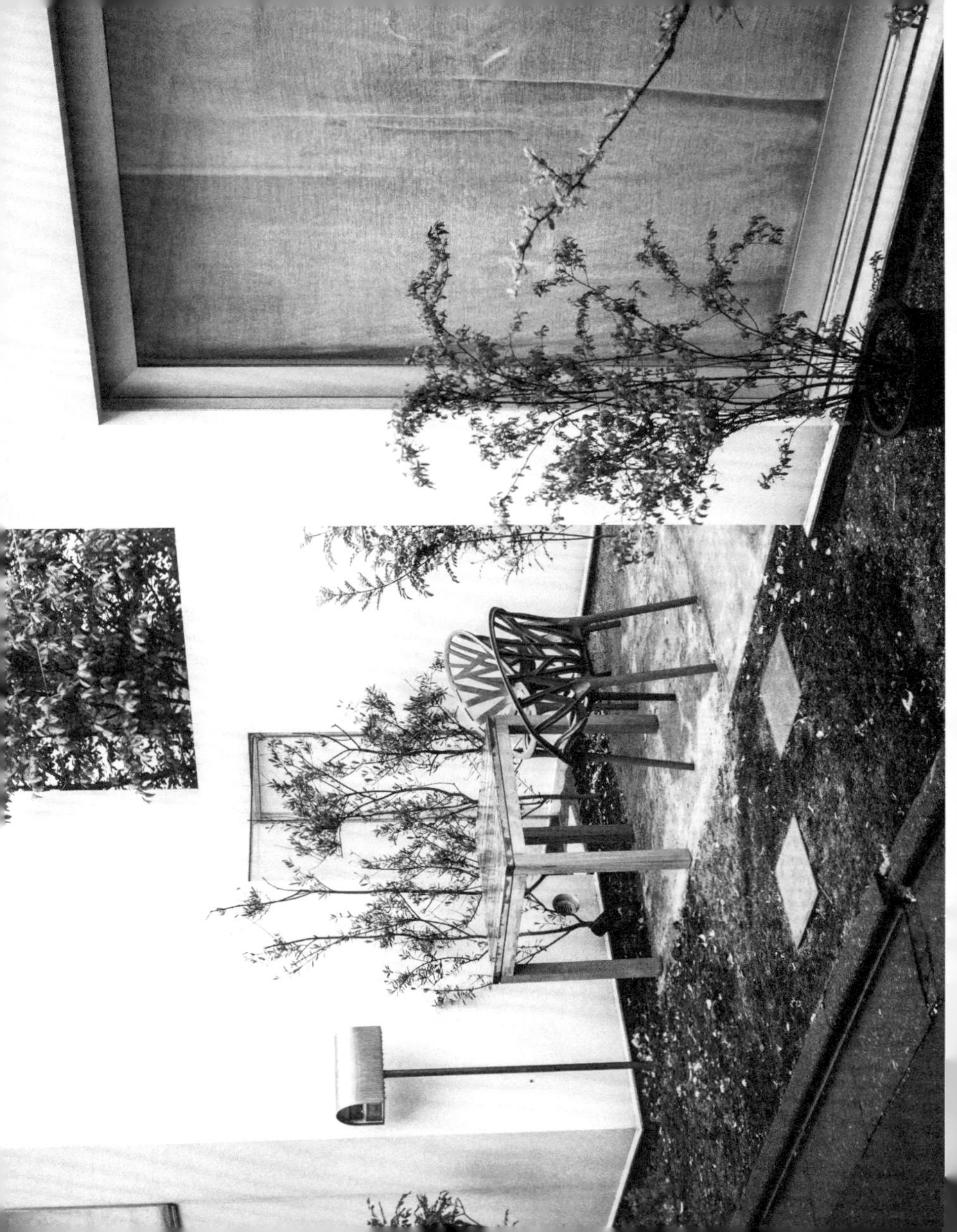

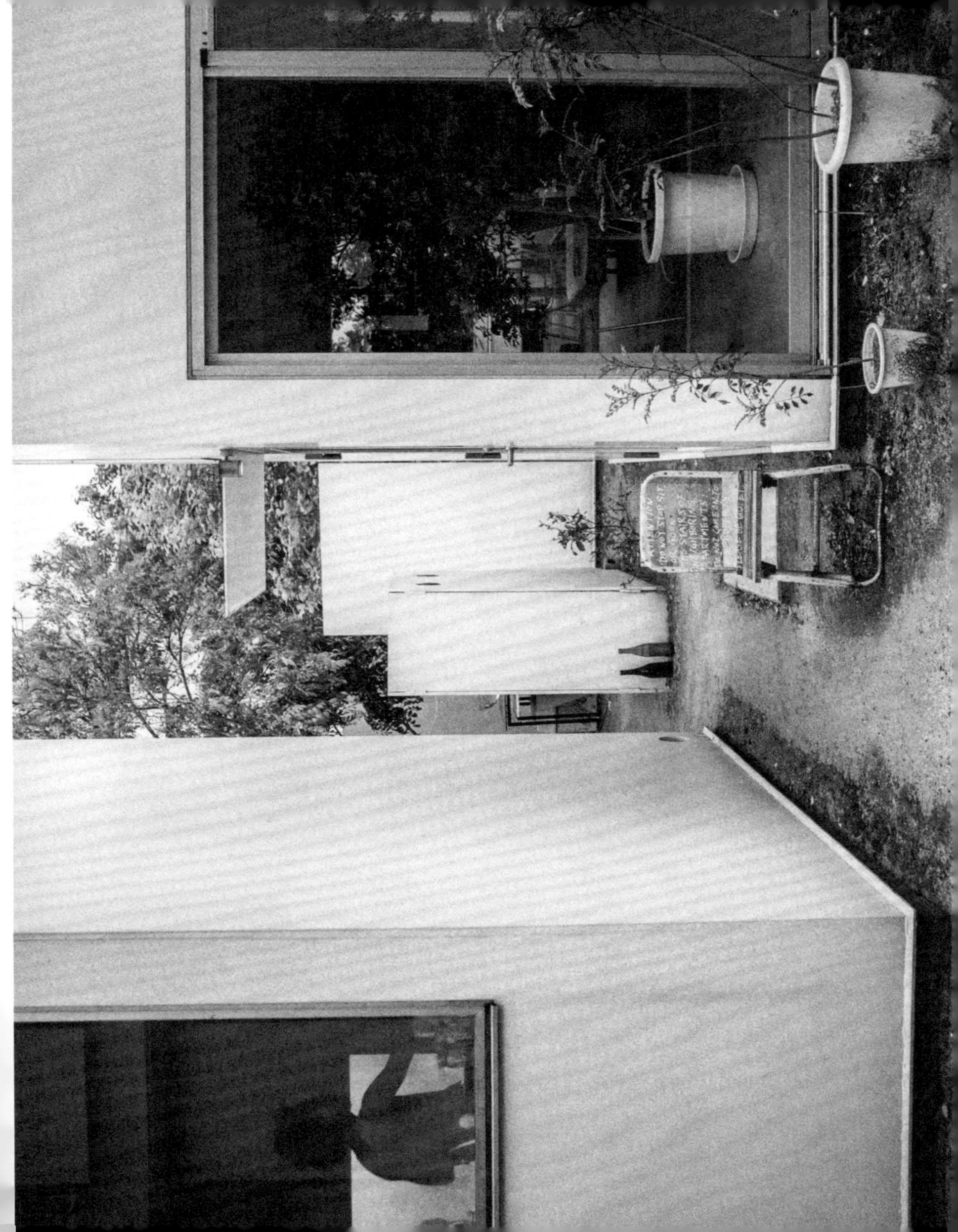

Atravessei um vão estreito entre duas paredes brancas, uma espécie de corredor a céu aberto, e cheguei a outro pequeno jardim, conformado por quatro volumes que o protegem visualmente: o jardim de Moriyama-san. À esquerda, num volume baixo, fica seu dormitório; ao fundo, a cozinha ocupa um volume de dois andares conectados por uma escada metálica, a 90º. **[6]** Pela cozinha, atravessei um estreito corredor com paredes e cobertura de vidro que se conecta à pequena sala de estar, num novo bloco de três pavimentos. **[7]** Subi a escada até o segundo piso; neste percurso, três janelas grandes marcam a presença da cidade e do céu no espaço interior. A desproporção entre o tamanho dessas janelas e a dimensão dos ambientes intensifica o contato com a cidade. **[8]** Nesse cômodo há uma fileira de estantes e móveis abarrotados de livros – ao fundo, uma grande foto do arquiteto Oscar Niemeyer.

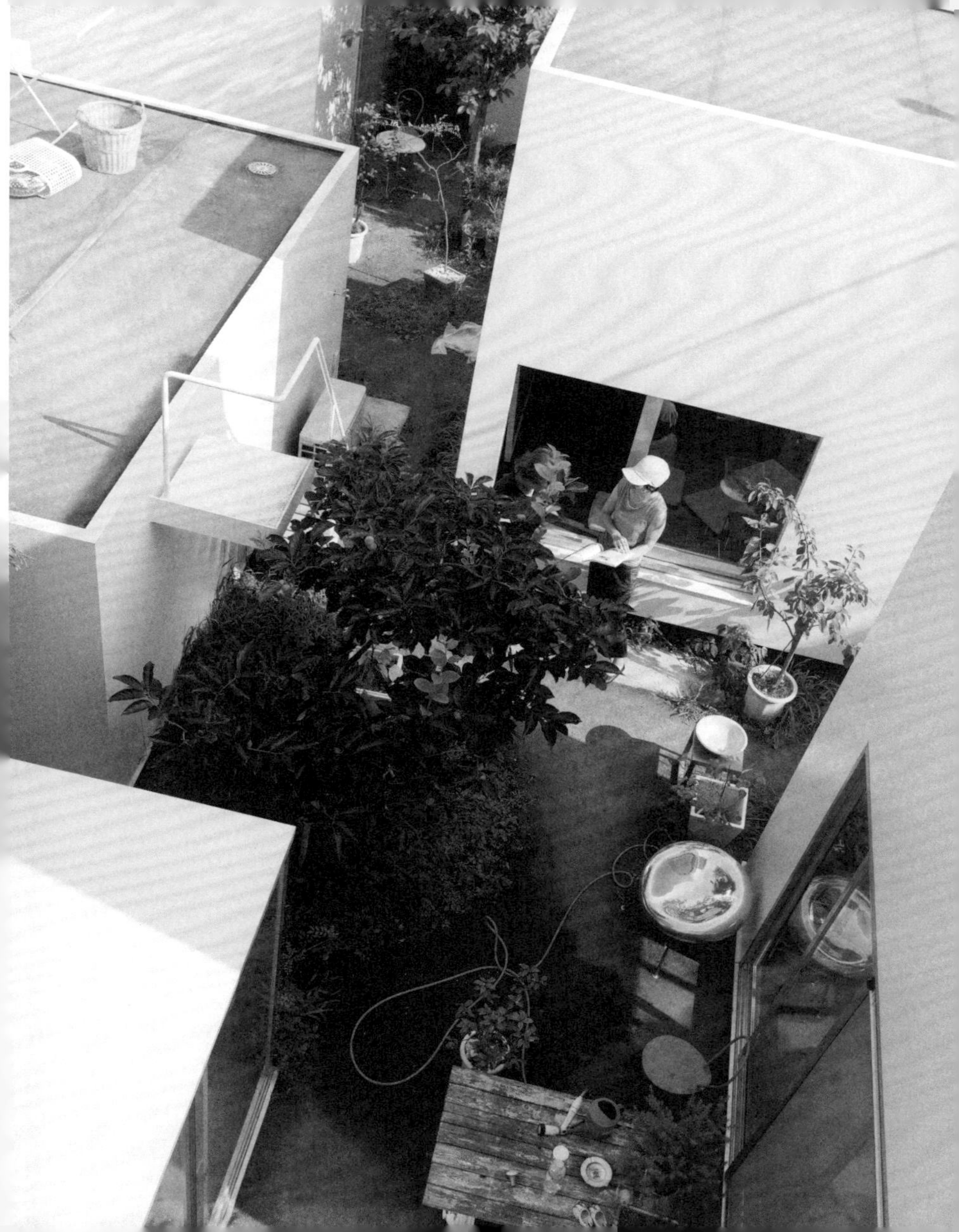

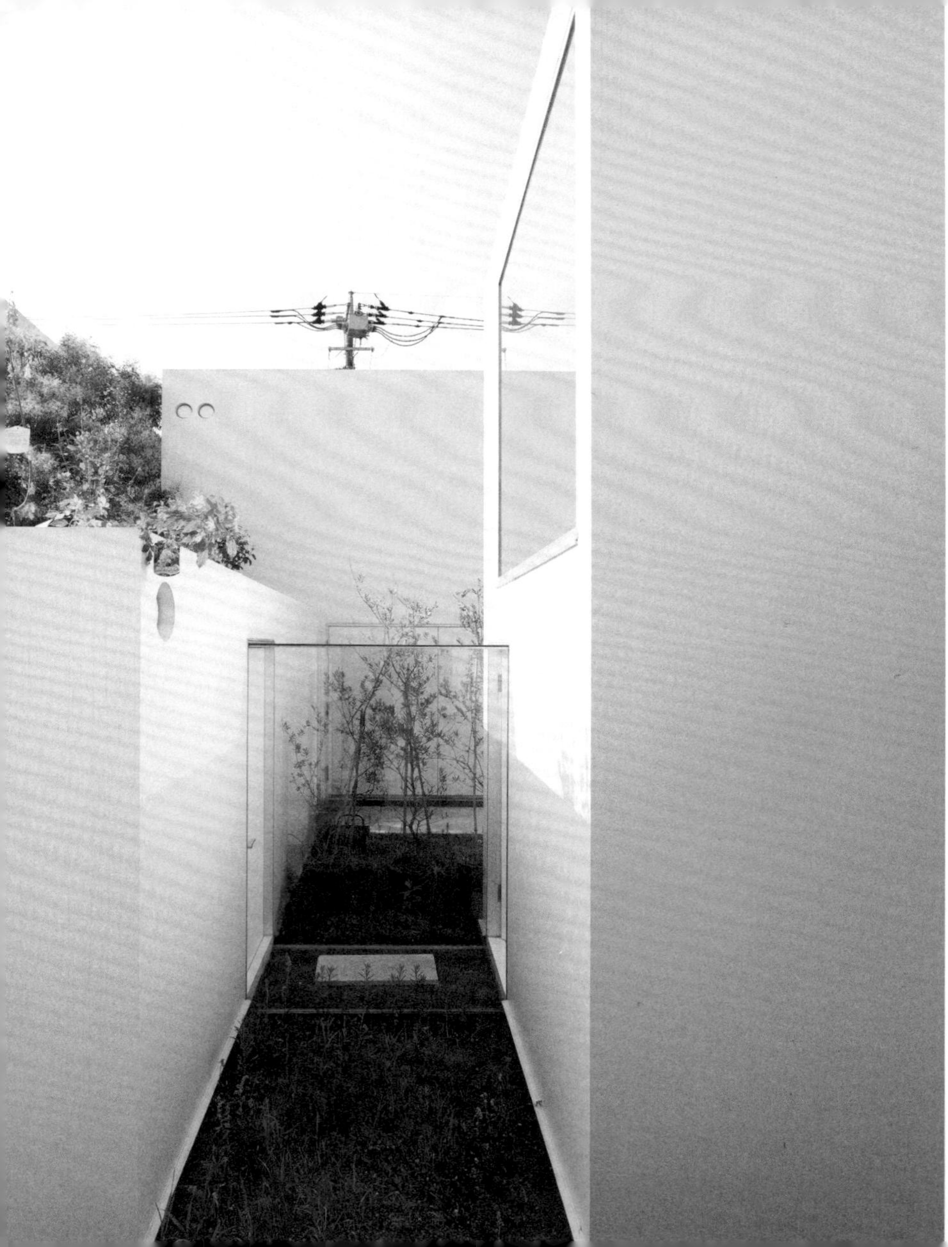

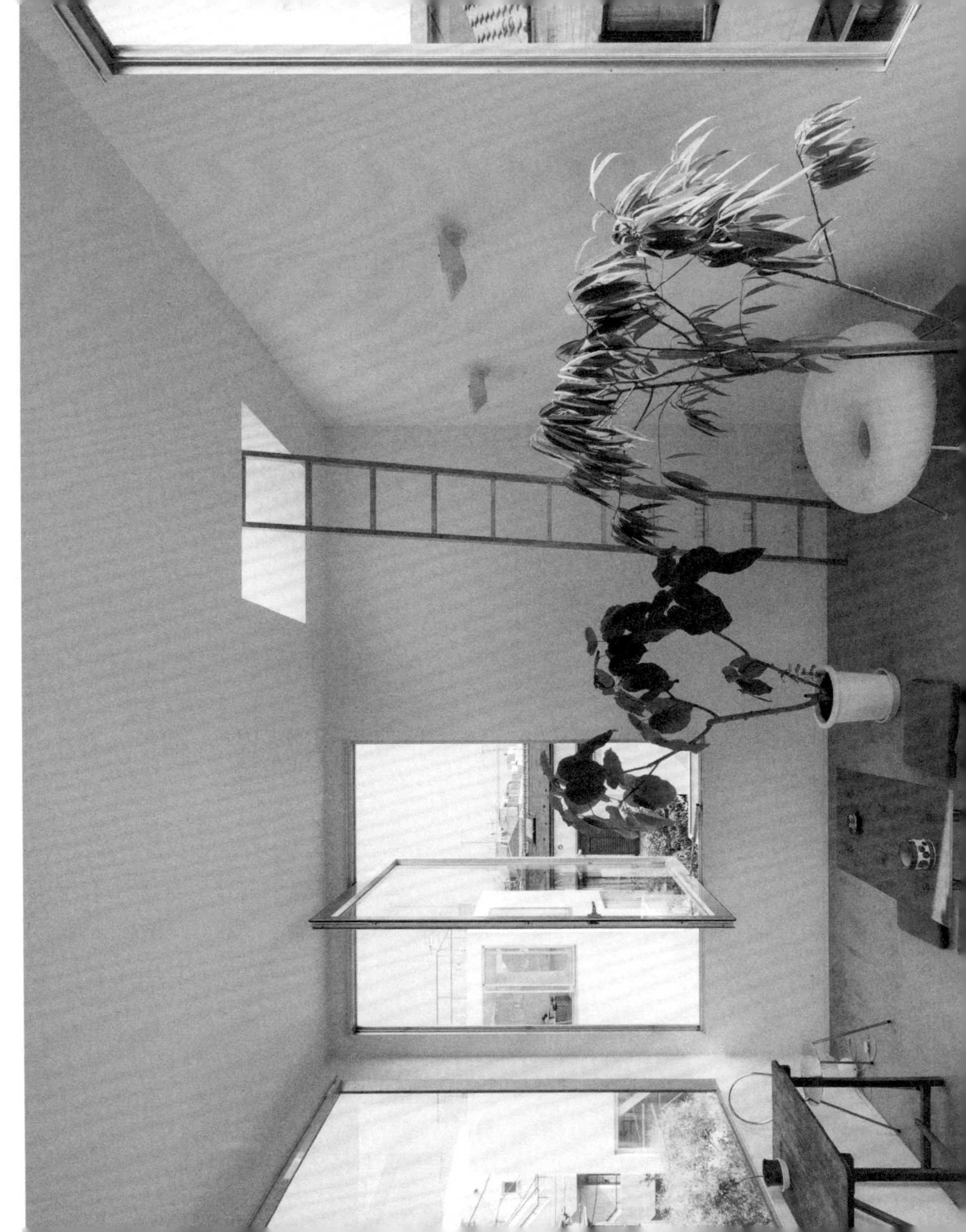

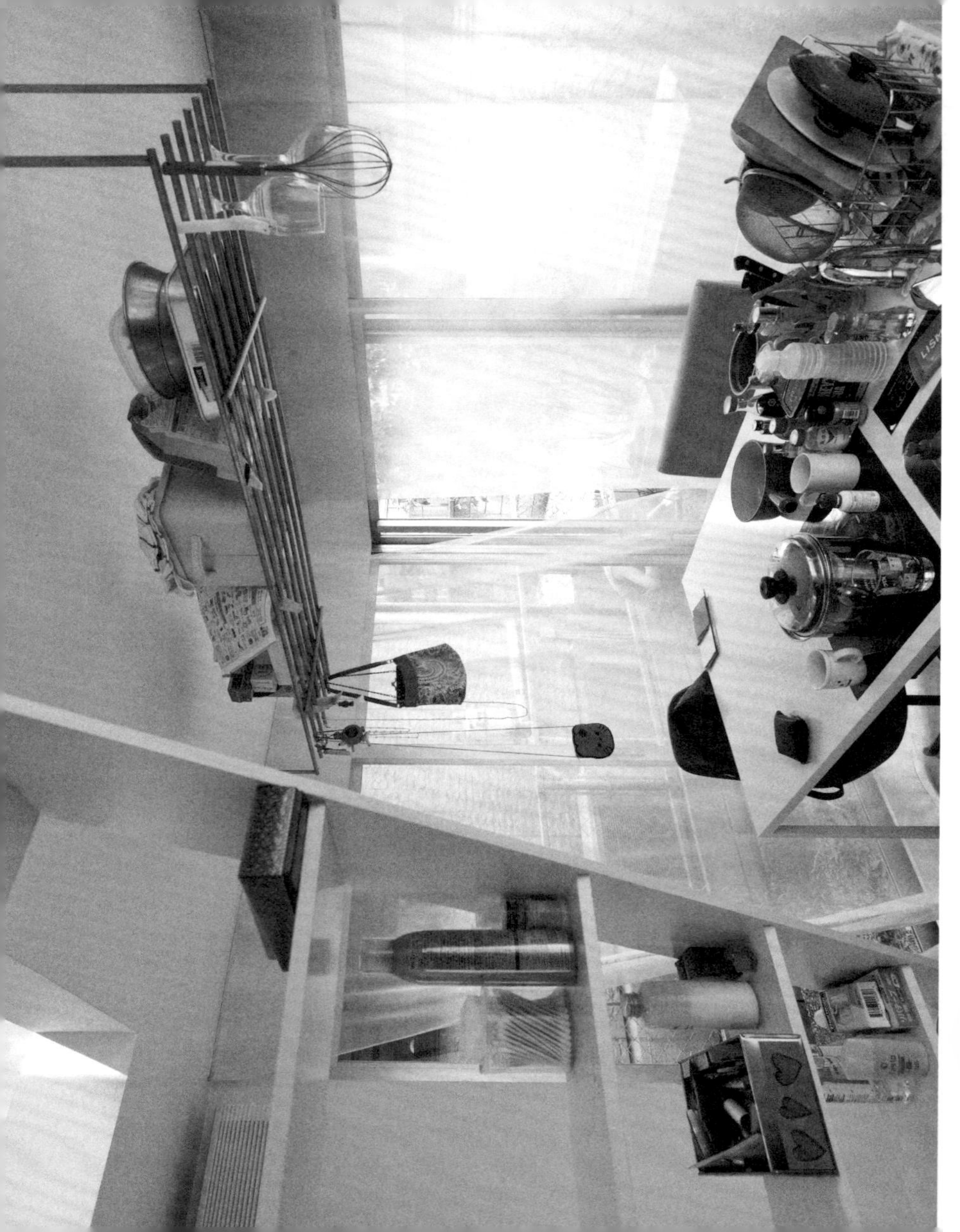

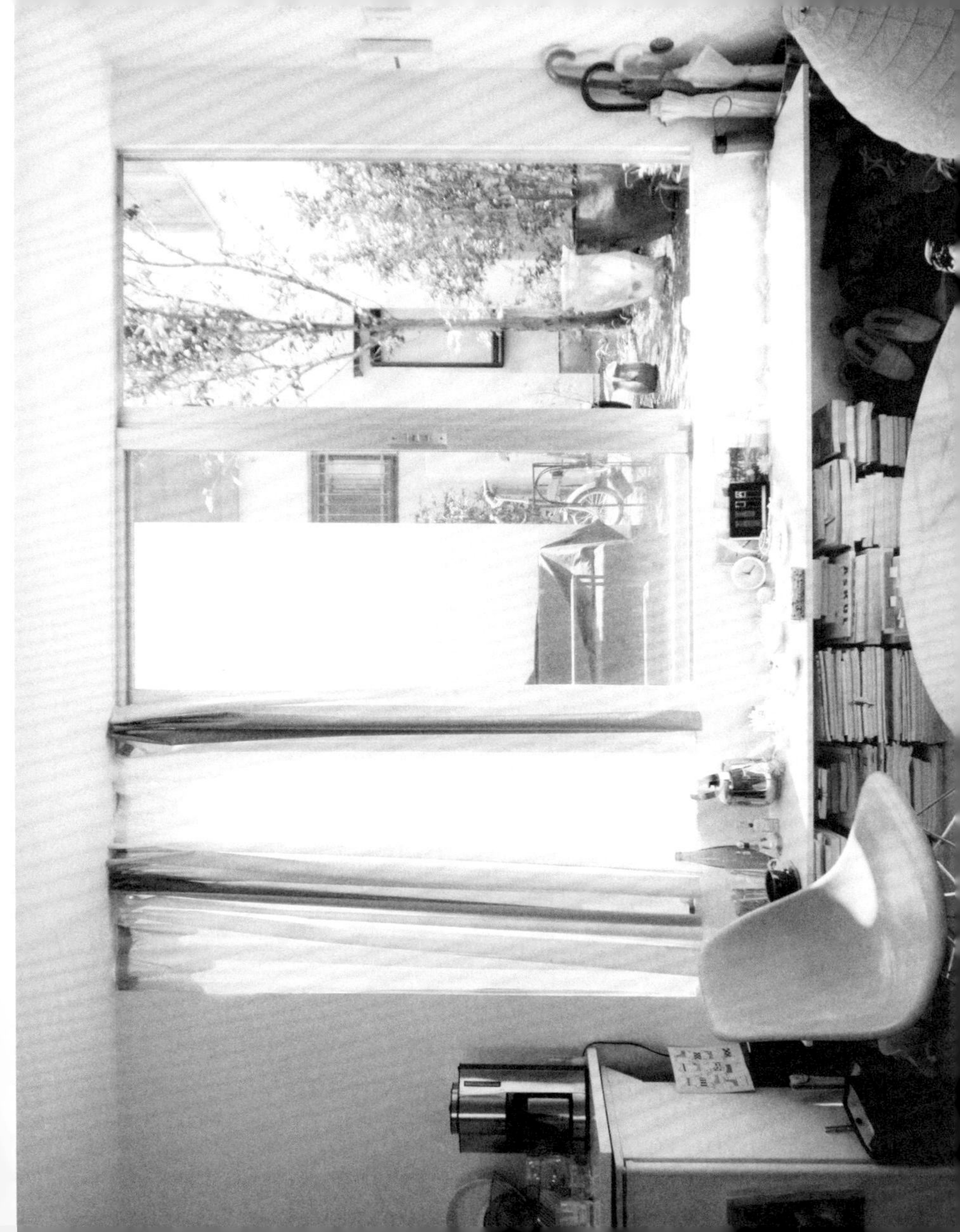

Retornei ao jardim que, além destes três volumes, se conforma pela presença de uma sala de banho completamente envidraçada. Do lado de fora, a céu aberto, uma pequena bacia, a espuma de barbear e a gilete indicam o uso cotidiano daquele lugar. Em cena do filme, vemos Moriyama-san fazer a barba através do reflexo no vidro; escovando os dentes, segue na direção da rua para observar os pedestres. Com um livro na mão, ele anda de um ambiente para o outro, a cortina balança, as árvores movimentam-se. O dia passa; ele senta na janela com os pés para fora, **[12]** desce e senta-se no jardim, sobe no outro volume, deita novamente e volta para o jardim. Moriyama-san passeia pela casa, num vaivém entre o dentro e o fora, onde a luz difusa e homogênea garante uma atmosfera uniforme. **[11, 13, 14]**

No jardim, pequenos quadrados de concreto demarcam a entrada de cada volume, o restante é apenas terra e mato. Os volumes brancos, soltos do chão, parecem flutuar acima do verde. Na maior parte do tempo em que se está na casa, fica-se no jardim. Os objetos espalhados em meio à vegetação remetem ao improviso, à informalidade e a uma vida simples – e o interior parece servir apenas como abrigo.

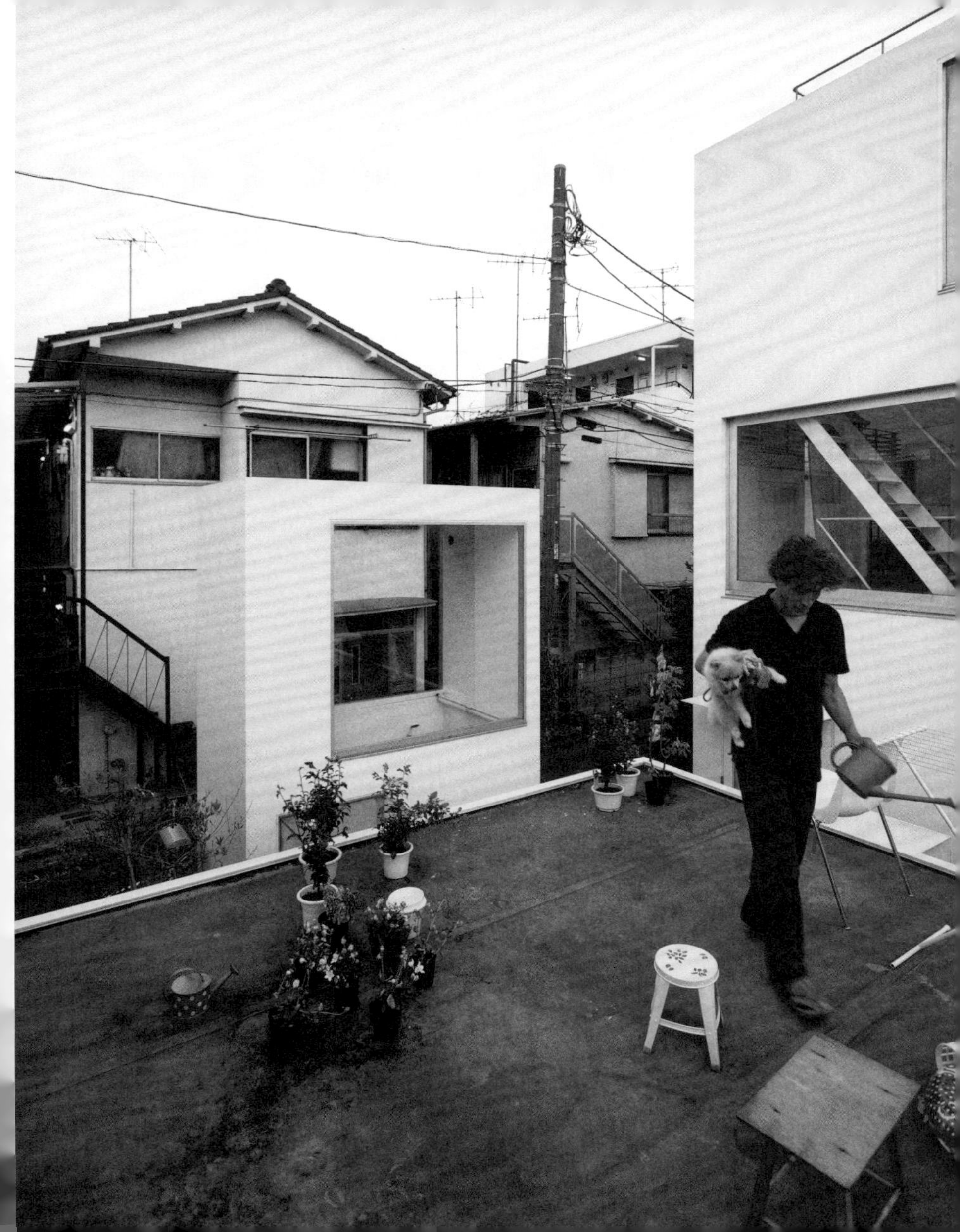

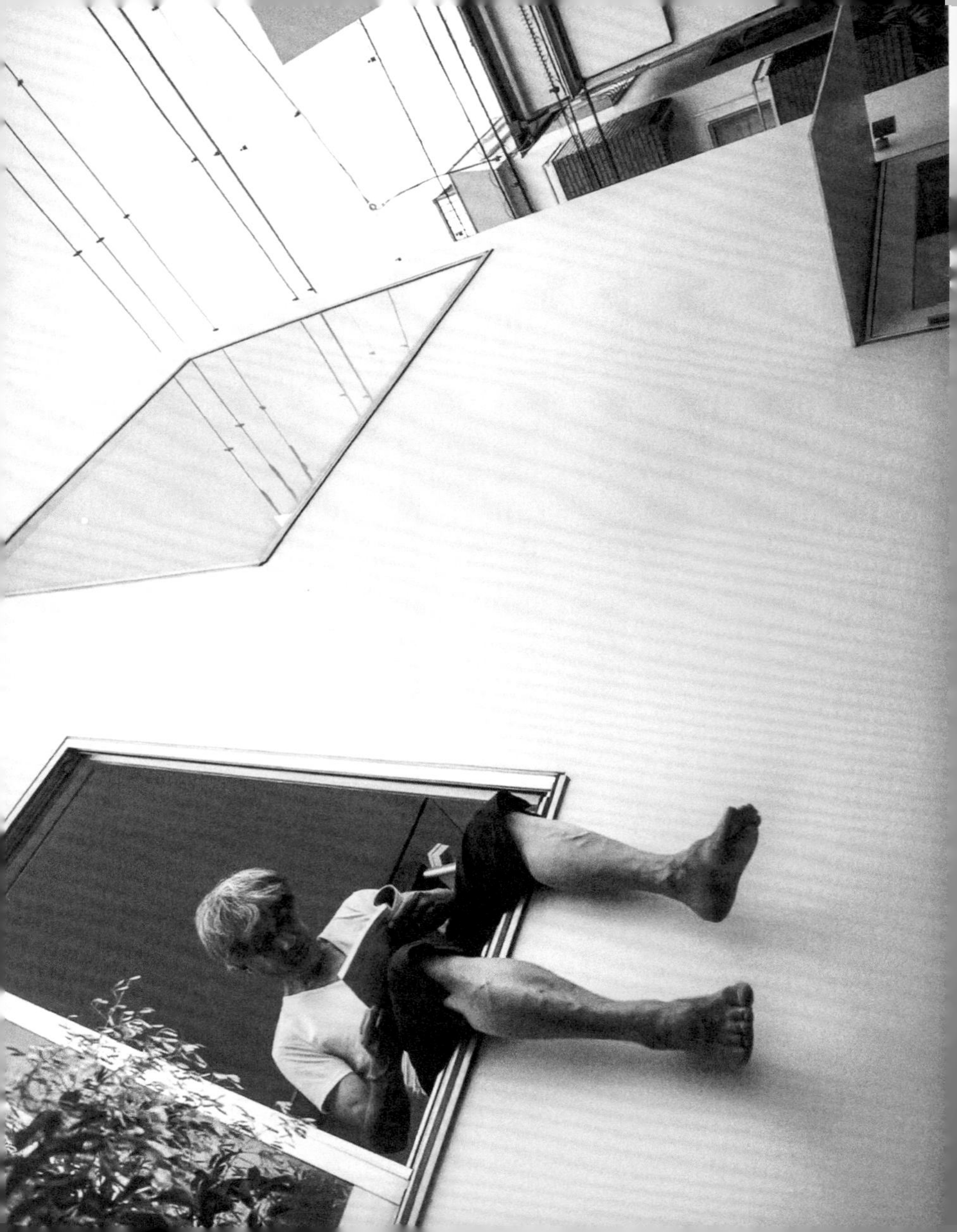

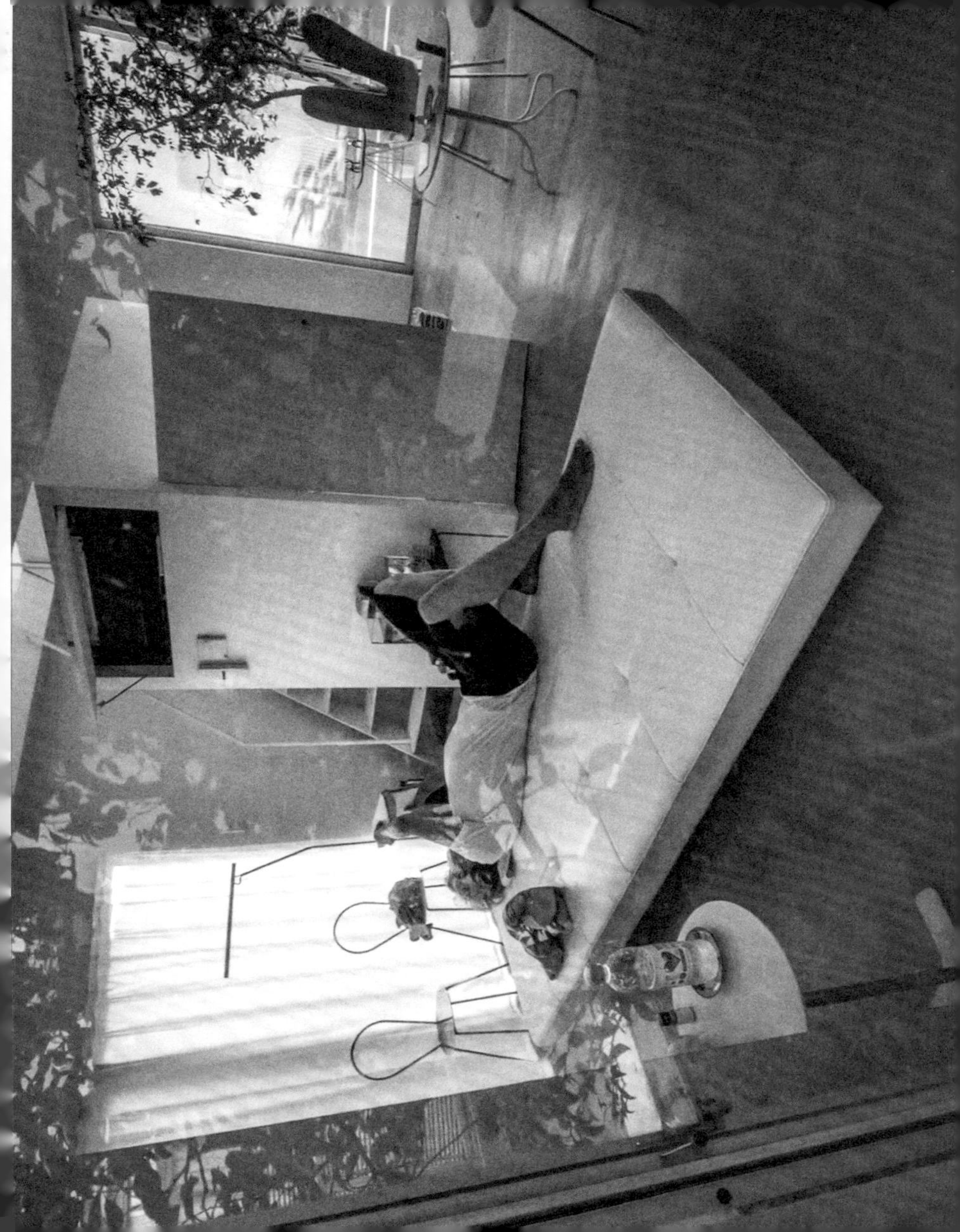

O tempo passa devagar na casa Moriyama; pessoas caminham pela rua, seus habitantes andam pelo terreno como se estivessem num pequeno vilarejo no interior de uma floresta – porém, na realidade estão no centro de Tóquio. Este é o enredo criado especialmente para este morador, que nunca saiu de Tóquio e passou a vida toda nesse lugar pacato. Quando não lê, Yasuo Moriyama ouve música experimental japonesa. Seu único contato com o mundo parece se dar – além dos livros – através de seus vizinhos, locatários dos volumes que ele não utiliza.

O espaço da casa varia conforme sua vontade, cada um dos ambientes-edifícios pode ser utilizado de forma autônoma ou agrupada; assim, se no verão ele precisa de uma sala maior, ele amplia a sua área privada, se no inverno prefere se restringir a um único espaço, ele pode locar as demais construções. O projeto trabalha o tempo todo com a noção de impermanência e com a possibilidade infinita de mudança e transformação. Uma experiência que se baseia no conceito *Wabi-sabi*, uma visão de mundo ancestral japonesa centrada na aceitação da transitoriedade. Segundo esse conceito, a beleza está na imperfeição, na impermanência e na incompletude,[6] o que inclui as ideias de assimetria, austeridade e simplicidade.

6. Conceito derivado do ensinamento budista das três marcas da existência: impermanência, sofrimento e vazio ou ausência de natureza própria.

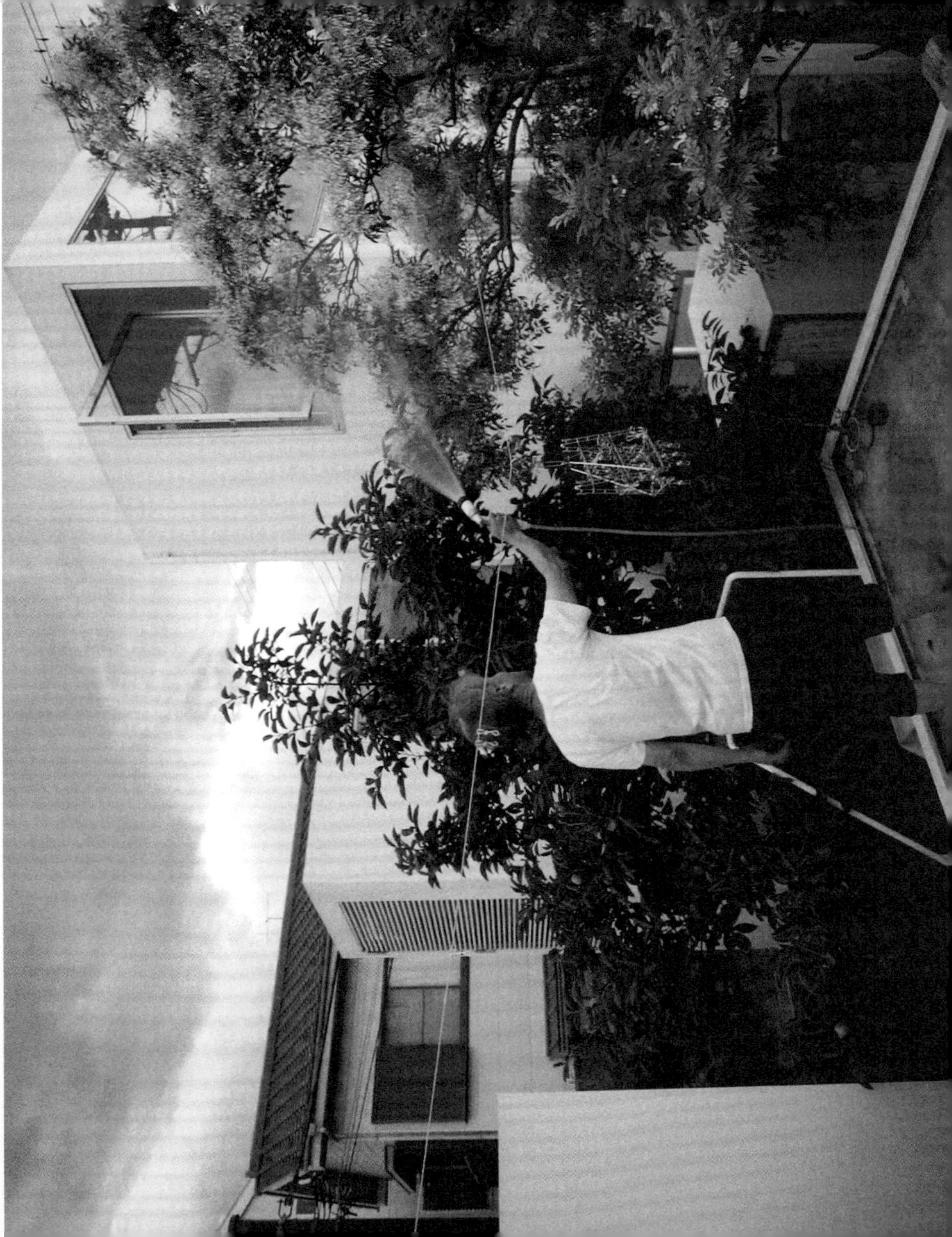

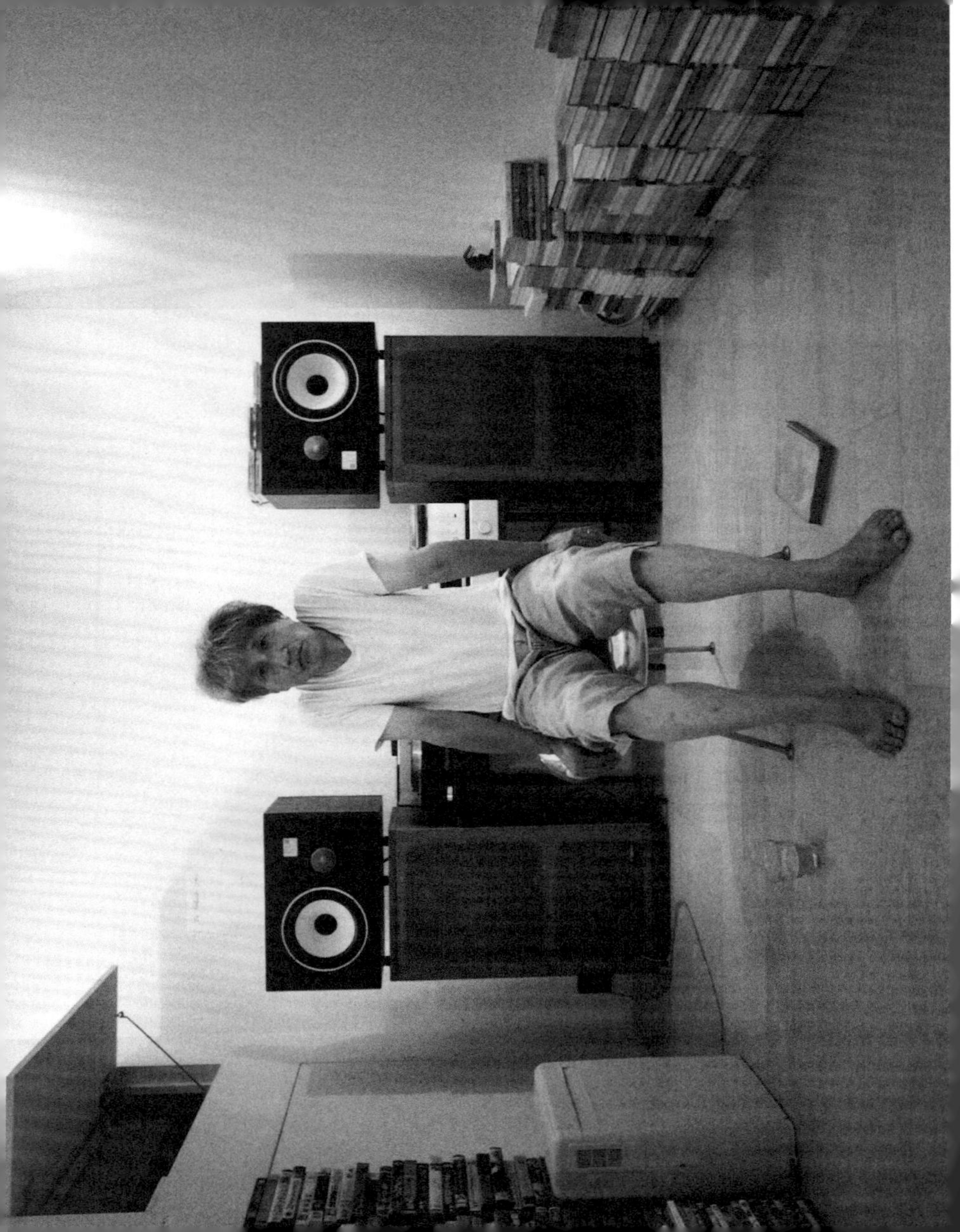

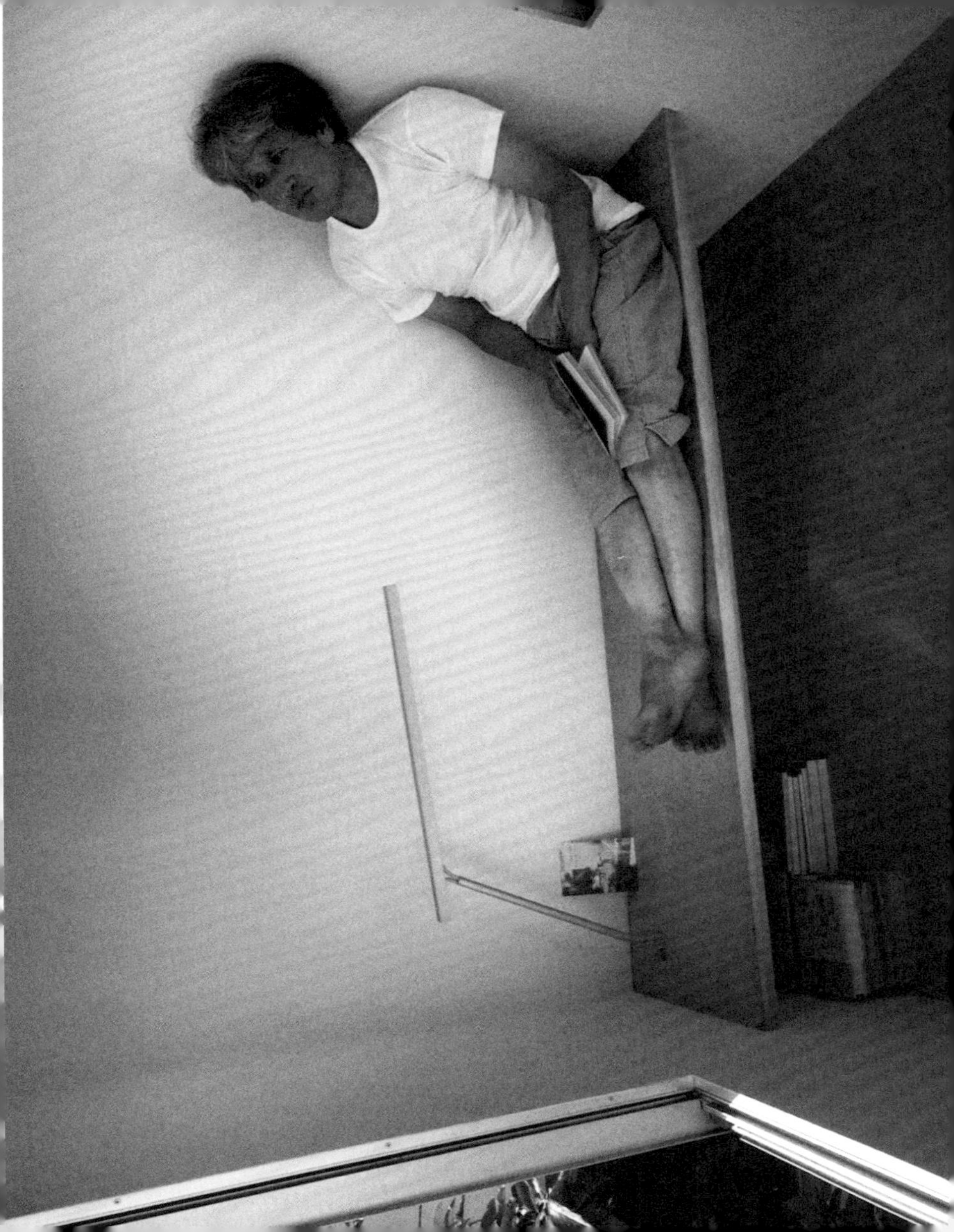

Seguindo um comportamento que se tornou comum no Japão contemporâneo, Moriyama-san parece ter optado por se retirar da vida pública e viver em isolamento doméstico. **[15, 16]** Esse tipo de comportamento difundiu-se de tal forma no país que se cunhou um termo próprio para denominá-lo, o *Hikikomori* (literalmente "isolado em casa").[7]

> Embora uma casa geralmente sirva como espelho do status ou profissão do cliente, a casa Moriyama é definida pela atitude antiprodutiva do seu proprietário. [...] A vida intangível e informal de Moriyama, que se comporta como um *flaneur* doméstico, reflete a ideia de Nishizawa de uma casa como manifestação da "acentricidade": permitindo assim que qualquer lugar se torne o centro. Pode-se dizer que isso cria tanto uma sensação de estar sempre no centro, quanto um senso de multicentrismo. Inspirada pela cidade de Tóquio como um coletivo de organismos vivos, Nishizawa concebeu a casa como uma comunidade de pequenas habitações, desafiando a ideia de propriedade e normas familiares.[8]

O projeto desta casa aparece como uma espécie de redenção e reconexão entre o morador e a realidade. O espaço narra a história de um homem que vive isolado, numa espécie de sonambulismo diurno. Nishizawa protege esse homem da intensidade da metrópole, e o transporta para o mundo da natureza, das sombras, dos reflexos e da fenomenologia, criando uma atmosfera misteriosa que preenche essa vivência *sui generis*.

7. Personagens como Moriyama-san também habitam os romances do escritor Haruki Murakami, como Toru Okada, do livro *Crônica do pássaro de corda*, que passa parte da vida dentro de um poço vazio.

8. OSTENDE, Florence CIORRA, Pippo (Org.). *The Japanese House: Architecture and Life after 1945*, p. 50-52.

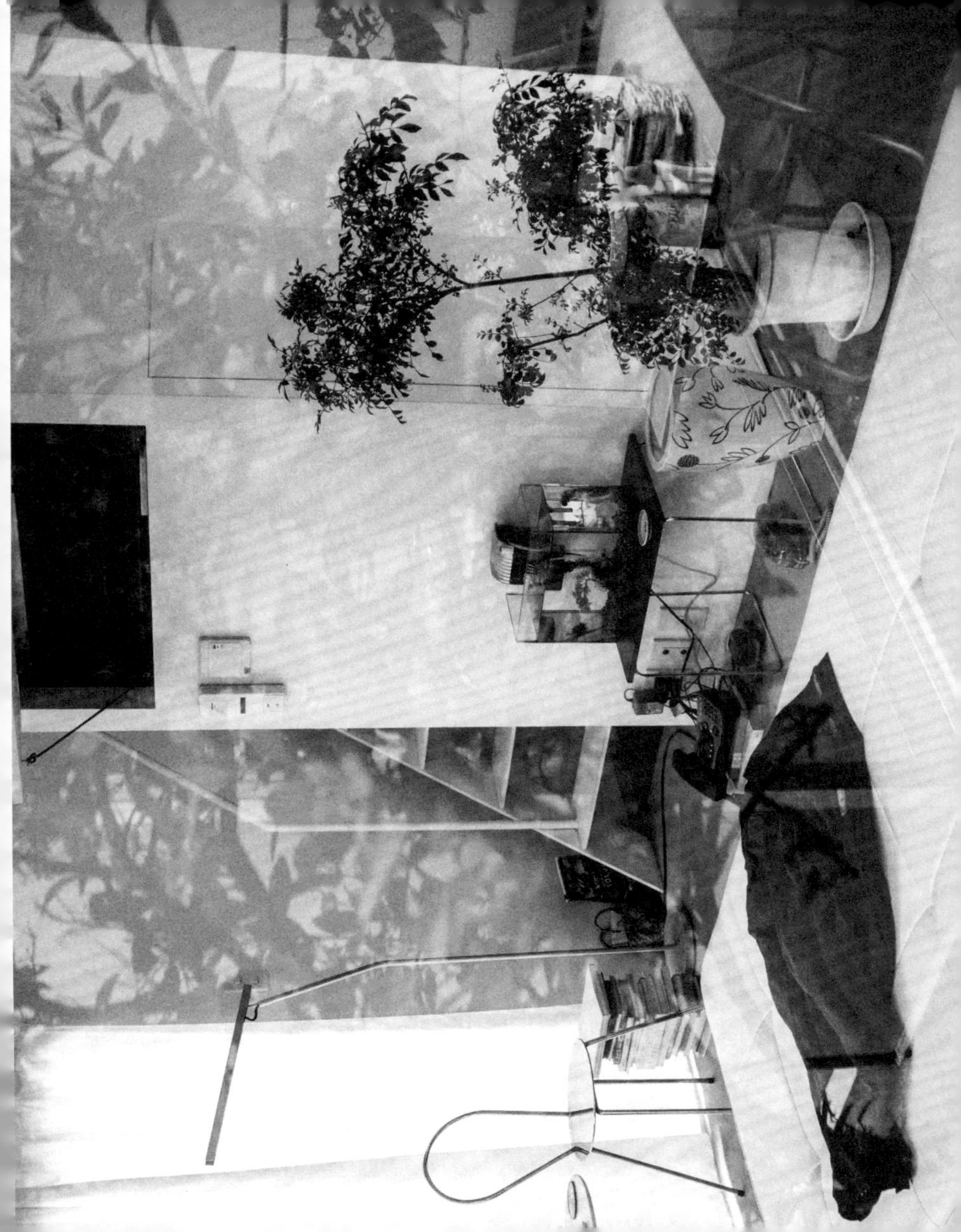

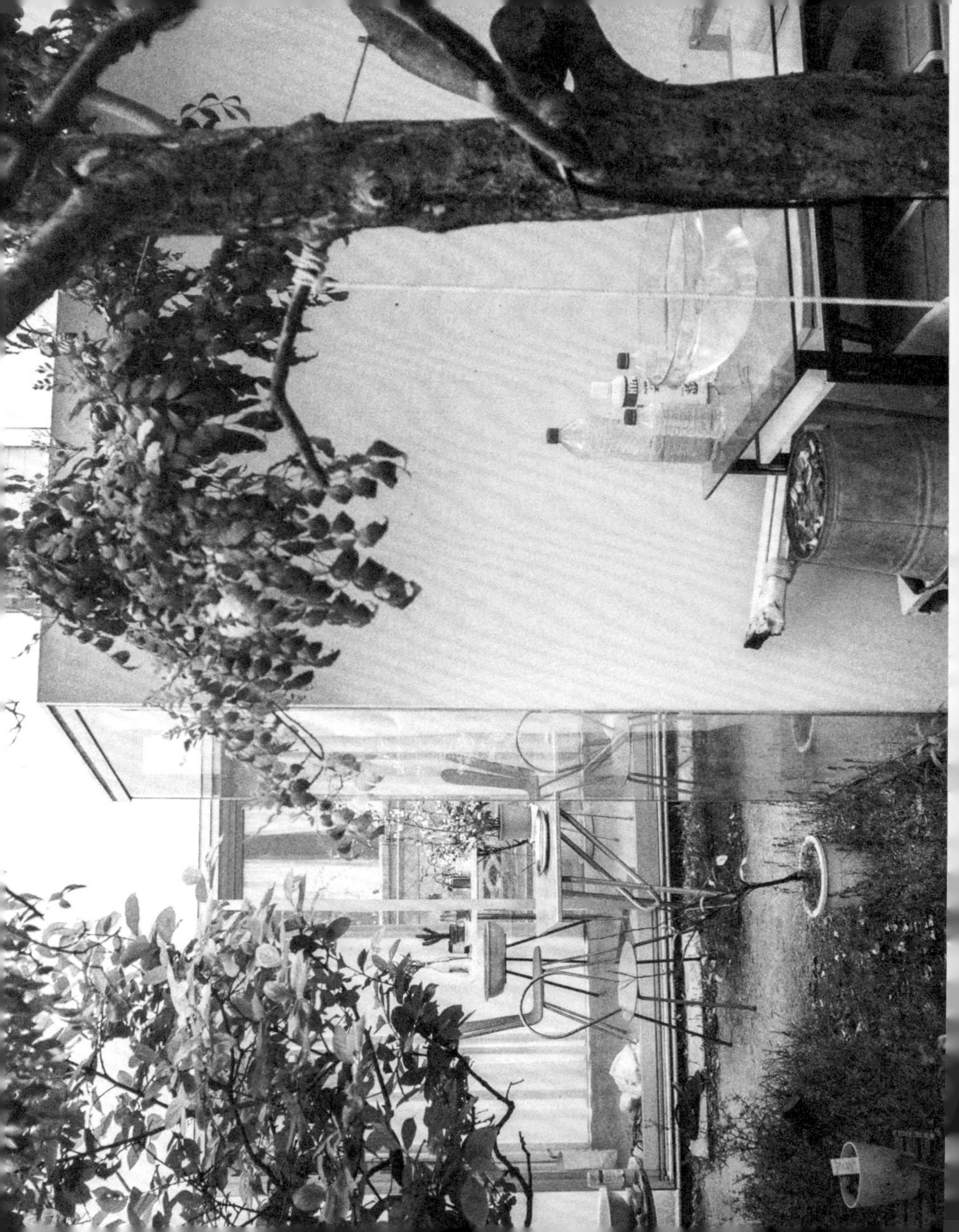

Análise do projeto

> *Para a casa Moriyama, minha primeira ideia foi uma única caixa grande que contivesse todos os ambientes exigidos. Mas, gradualmente, começou a parecer que todo o programa foi abarrotado dentro de uma única grande caixa e, apesar do volume exterior ser amplo, o interior se tornaria muito complicado e fechado. [...] Existem ainda várias questões com a casa Moriyama, mas foi muito libertador quando decidi quebrar essa arquitetura de massa pesada. [...] Com a casa Moriyama, eu finalmente me senti livre do problema de "ir além do quadrado".*
> RYUE NISHIZAWA, Interview: Experience of Architectural Concepts[9]

Na casa Moriyama, a relação entre rua, jardim e interior é o grande tema do projeto. A implantação do edifício proporciona diversos acessos e percursos, sugerindo um uso variável do espaço, consequência do programa de necessidades composto por seis peças autônomas: uma moradia para Moriyama-san e outras cinco para locação, espalhadas pelo terreno e articuladas através de seis jardins. Essa implantação é revolucionária ao propor a dissolução do edifício em vários volumes independentes. Tal disposição permite determinar, individualmente, o tamanho e a forma de cada ambiente, criando uma morfologia diversificada que reproduz o casario do bairro.

A partir da rua existem quatro possibilidades de acesso livres. Em cada um desses eixos visuais, anteparos e paredes opacas garantem a privacidade

9. NISHIZAWA, Ryue. Interview: Experience of Architectural Concepts, p. 66 e 68, respectivamente.

do espaço interior. O arquiteto, através da sobreposição entre volumes e vegetação, cria véus e camadas visuais, desenhando um espaço que se descortina apenas no percurso. Este tipo de espacialidade segue a percepção japonesa do espaço, onde a profundidade está composta por planos, e é percebida através do movimento. Segundo Arata Isozaki, "o tempo e o espaço são absolutos, homogêneos e infinitos no Ocidente, enquanto, no Japão, são moventes, criando uma relação entre si, em permanente estado de interdependência, emaranhados de maneira indissolúvel".[10]

Essa relação indissociável espaço-tempo está contida no conceito japonês *Ma*, que significa vazio. Se no Ocidente o vazio traz a ideia de vacuidade em oposição hierárquica à plenitude da forma, no pensamento budista o vazio é entendido como uma não forma que coexiste com a forma. Um vazio que não é estático e ao mesmo tempo separa e une dois elementos numa zona de coexistência.[11]

No projeto desta casa, Nishizawa articula a construção através desse vazio, materializado nos jardins; assim, dá a liberdade para o usuário passear pelos espaços, e através desse percurso, introduzir na arquitetura a noção de espaço-tempo e de impermanência. O arquiteto complementa essa atmosfera através da sobreposição de planos envidraçados, de reflexos, do movimento das cortinas e das árvores. A experiência resulta num movimento que se equilibra

10. ISOZAKI, Arata. *Mitate no shuho* (A técnica do mitate). Tóquio, Kajima Shuppansha, 1990. Apud LACERDA, Marina Pedreira de. O conceito "ma" para Arata Isozaki: um modo de ver o mundo.

11. Cf. OKANO, Michiko. *MA: entre-espaço da arte e comunicação no Japão*, p. 40.

12. *O romance do Genji* (Genji monogatari) é uma obra clássica da literatura japonesa, escrita pela dama de companhia Murasaki Shikibu nos primeiros anos do século 11. Nestes desenhos pela primeira vez utilizou-se um ponto de observação elevado, que permite a visualização simultânea de diversas cenas e espaços. Cf. OSTENDE, Florence; CIORRA, Pippo (Org.). *Op. cit.*, p. 37.

através da intensidade da luz, que, por sua vez, permanece constante e homogênea em todo o percurso pela casa-jardim. É o branco das paredes exteriores e interiores que reflete a luz de forma difusa e uniforme por todo lugar.

À primeira vista, a planta parece seguir um layout sem qualquer hierarquia. Ainda assim, é possível perceber uma lógica espacial em que se estabelecem núcleos de casa-jardim, criando seis vizinhanças dentro do lote de 22m x 13m. Dois volumes mais altos, cada um com três pavimentos, estão colocados nas extremidades do lote, promovendo privacidade com relação à vizinhança. A altura dos volumes diminui em direção ao centro e cria, dentro do lote, um meio ambiente preservado. Nos fundos do lote, quatro volumes independentes compõem a casa de Moriyama-san, e a circulação entre esses ambientes acontece através do jardim.

Na espacialidade proposta encontram-se outros elementos da tradição japonesa. O *Roji* (jardim de chá) é um deles: espaço aberto, por onde se passa a caminho da sala de cerimonia do chá, como nas ilustrações do *O romance do Genji*[12] do século 11, em que os ambientes se abrem francamente para o jardim, numa arquitetura onde não há demarcação rígida entre interior e exterior, mas uma permeabilidade recíproca. Neste projeto, Ryue Nishizawa utiliza livremente o léxico da tradição, adaptando-o às necessidades da vida contemporânea. Nos jardins da casa, por exemplo, o caráter anárquico e informal quebra a estética tradicional para abrigar um modo de vida contemporâneo, assumindo as mais diversas funções: ora como espaços de estar, ora como uma lavanderia, com um varal, ou até um cinema doméstico.

Aos habitantes, tal arquitetura possibilita novas relações e comportamentos. A Moriyama é uma casa que questiona conceitos de intimidade, de estrutura familiar e de demarcação do espaço público e privado. Sentados no pequeno jardim, estamos cercados por paredes de vidro; de repente, percebemos que estamos no meio da cidade, e que são as paredes do vizinho que demarcam o limite do espaço. A presença da natureza garante a percepção da passagem do tempo, do clima e das estações.

É claro o esforço do projeto para levar o interior, a privacidade e a domesticidade para a rua, em um exercício de expansão, que faz a casa transbordar para a cidade. Como se, a partir do desenho de uma casa fragmentada, o arquiteto quisesse transformar a vida de Moriyama-san, propondo que ele deixe o isolamento em que vive e estabeleça um contato sutil com a realidade. Ryue Nishizawa projeta uma casa que não se adapta à realidade social das grandes cidades, mas que propõe um processo contínuo de destruição e criação, antecipando o interesse de Nishizawa pelo conceito de plasticidade.[13] A casa Moriyama cria a possibilidade de novas relações e comportamentos sociológicos, ao permitir um uso livre e informal do espaço.

13. O conceito de plasticidade defende que a massa do cérebro não apenas se adapta, mas também reage drasticamente às mudanças do ambiente. Neste sentido, o conceito propõe que o indivíduo não seja permanentemente flexível, mas aceite explodir de tempos em tempos, gerando mudanças drásticas. Ver OSTENDE, Florence; CIORRA, Pippo (Org.). Op. cit., p. 51.

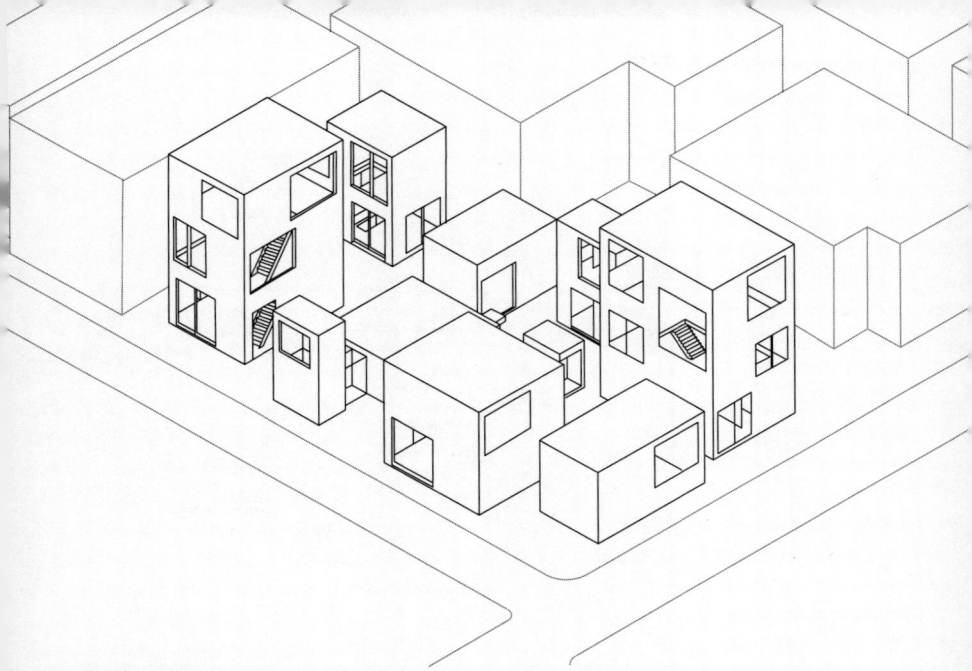

Casa Moriyama, perspectiva,
Tóquio, Japão, 2002

Casa Moriyama, Tóquio, Japão, 2002

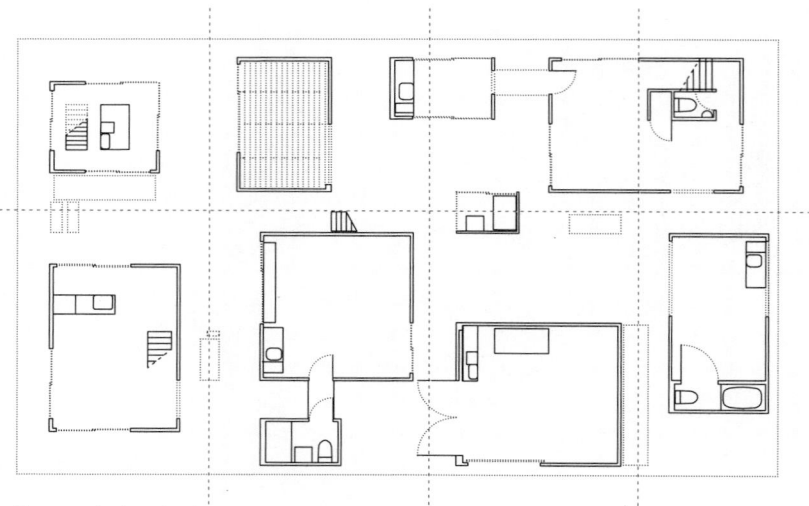

Diagrama de eixos visuais

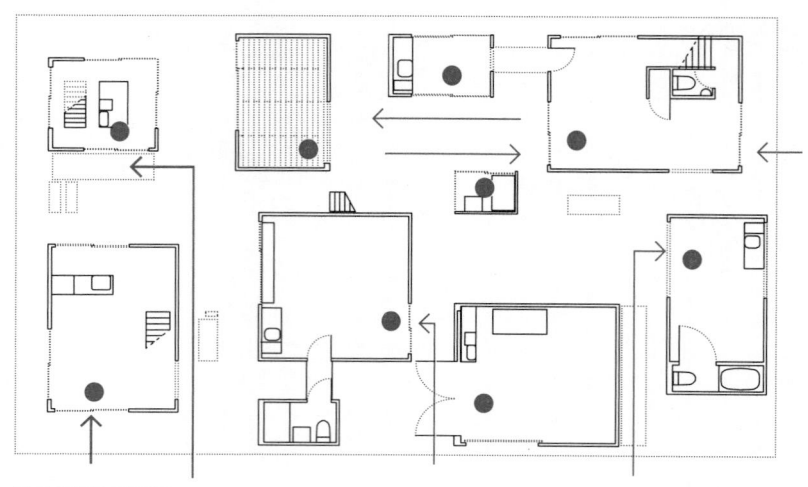

Diagrama de acessos

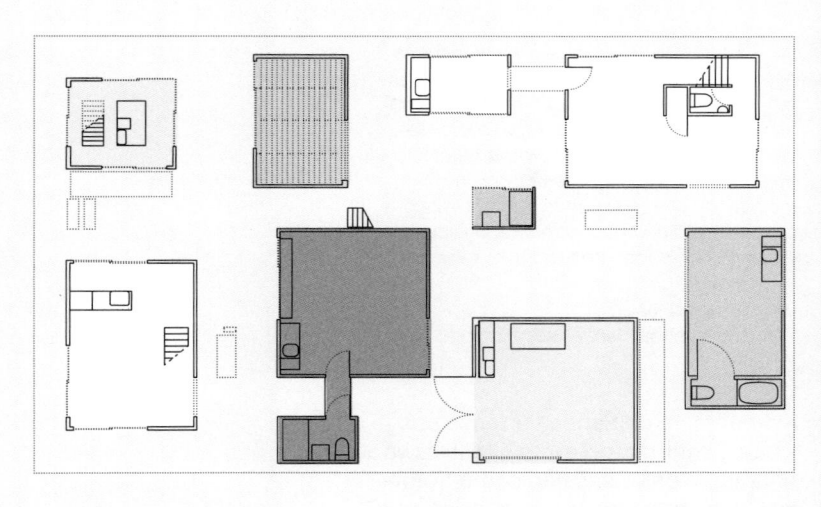

Diagrama de vizinhança

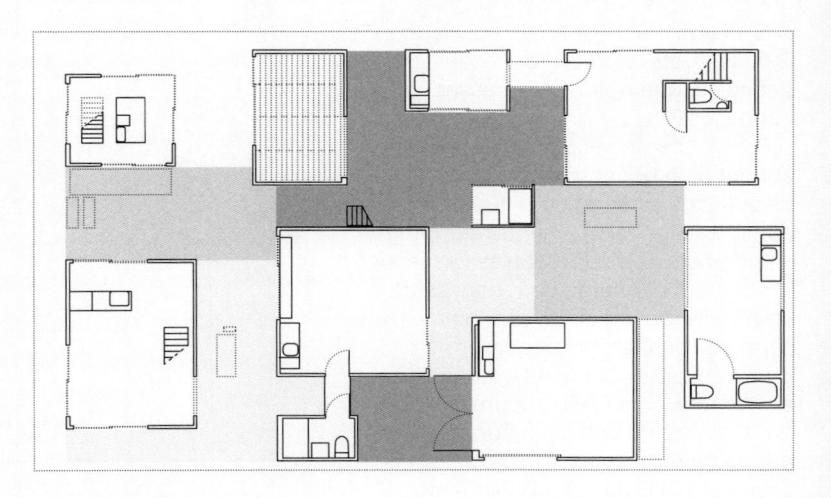

Diagrama de casas e jardim

Estratégias de projeto

Sua construção, no limite, é uma arquitetura negativa, que se alcança através do despojamento: os edifícios procuram desprender da espessura, prescindir da inércia, libertar-se da densidade. O processo produz objetos de aparência imaterial; metafísicos, na medida em que transcendem as convenções cotidianas do mundo sensorial, e oníricos enquanto alojados na fronteira imprecisa que separa o sonho da vigília.
LUIS FERNÁNDEZ-GALIANO,
Sanaa en sueños/Sanaa Dreaming[14]

A arquitetura de Sanaa pertence aos limites, entretanto Sejima e Nishizawa entendem os limites não como fronteiras, mas como conexões. "A existência das conexões não supõe a supressão dos limites: Pelo contrário, é a clareza da linha limítrofe, a precisão de sua definição, que potencializa essas conexões".[15]

Em alguns de seus projetos, o limite constitui-se por corredores que rodeiam os edifícios, criando uma dupla camada, como no Museu de Arte Contemporânea de Kanazawa. Em outros casos, o limite é um elemento sem espessura, uma conexão imediata, sem hiato espacial nem temporal, conforme o Teatro e Centro Cultural De Kunstlinie, em Almere, ou a Casa em um Bosque de Ameixas, de 2003, em Tóquio. Em outros projetos, a exemplo do Centro Comunitário Rolex (2005-2010) em Lausanne, na Suíça, os espaços estão

14. FERNÁNDEZ-GALIANO, Luis. Sanaa en sueños/Sanaa Dreaming (op. cit.), p. 6.

15. CORTÉS, Juan Antonio. Topología arquitectónica/ Architectural Topology, p. 42

Museu de Arte Contemporânea do Século 21, Kanazawa, Japão, 1999-2004

divididos por horizontes topográficos – um vetor gravitacional –, que separam visualmente o espaço e se articulam na vertical.

Criam-se muros sem espessura, estruturas esbeltas, volumes que se decompõem em camadas. Uma arquitetura por vezes constituída de planos transparentes e paralelos, em outras, por planos curvos, numa superposição de sucessivos limites, com reflexos múltiplos que geram efeitos visuais e atmosféricos.

Ao comentar o Pavilhão de Vidro no Museu de Arte de Toledo (2001-2005), projeto do Sanaa, Sejima explica o jogo entre transparência e opacidade:

> Todo vidro é transparente, mas existem tantas camadas curvas que o edifício assume a sensação de opacidade. Não é possível discernir se o reflexo é produzido por uma ou outra camada de vidro, ou se o que se vê é apenas o outro lado do museu. O edifício produz uma sensação completamente diferente de transparência. Você pode ver através dele, mas é opaco.[16]

Ryue Nishizawa e Kazuyo Sejima afirmam muitas vezes que o objetivo principal de sua arquitetura não é a leveza ou a transparência, mas a clareza da organização espacial. O uso do vidro procura evidenciar o conceito e a organização do programa no espaço. Nesta busca pela clareza, os projetos são apresentados como esquemas simples, desenhados com linhas, em que não se definem espessura ou materialidade, e se apresentam de forma direta as relações espaciais fundamentais que os compõem. "O sentido da transparência é criar diversidade de relações. Não é sempre necessário olhar através.

16. GRINDA, Efrén García; MORENO, Cristina Díaz. Campo de juegos líquidos (fragmentos de una conversación)/Liquid Playgrounds (Fragments of a Conversation), p. 19.

Museu de Arte Contemporânea do Século 21, Kanazawa, Japão, 1999-2004

Transparência também significa limpidez, não apenas visual, mas também conceitual".[17]

Pode-se dizer que a arquitetura de Sanaa é fruto de um exaustivo estudo do programa, e que materializa um pensamento diagramático, do qual resulta uma linguagem que combina engenhosidade estrutural e técnica com clareza formal e espacial.

O instrumento fundamental do processo é a planta: desenho onde se estabelecem as articulações, a circulação, a relação entre os espaços interiores e entre o edifício e seu entorno. Esses desenhos muitas vezes partem de um perímetro que é subdividido em uma retícula, ao qual se somam núcleos programáticos e fluxos. Como resultado, criam-se formas perfeitamente articuladas, onde não se revela uma hierarquia. Nesse processo raramente utilizam-se cortes ou elevações, e a volumetria é definida a partir de maquetes em grande escala. A cada projeto desenvolvem-se centenas de opções de articulação do espaço e modelos, num processo quase intuitivo, em que se delineia a melhor estratégia de articulação do programa.

O escritório – galpão industrial ocupado caoticamente por modelos –, revela esse sistema de trabalho: método contínuo, no qual, muitas vezes, o acaso acaba por definir o projeto. O caráter não hierárquico presente no método criativo também se materializa em espaços onde não existem princípios como centros, eixos e pontos focais, resultando em plantas que não apresentam começo ou fim, mas um

17. RUBIO, Agustín Pérez. Feeling at home with Sanaa, p. 17.

Pavilhão de Verão da Serpentine Gallery, Londres, Inglaterra, 2009

movimento que propõe o uso informal dos ambientes. Essa sensação amplifica-se pela presença homogênea de uma luz difusa, uniformemente distribuída, e pelo uso da cor branca ou de reflexos, como é o caso do pavilhão para a Serpentine Gallery.

> Todos estes mecanismos – a repetição seriada de um ambiente, a organização da planta como um *patchwork* de quadrados, a separação dos espaços e sua distribuição aleatória, o empilhamento casual dos pisos, ou a compartimentação da planta mediante uma ou mais retículas – são modos diferentes de gerar o edifício, mas coincidem em sua condição não hierárquica e não compositiva, o que lhe confere uma qualidade de contemporaneidade.[18]

Resulta, deste desenho não hierárquico e da busca pela leveza, a fragmentação da estrutura em vários pontos de apoio, com pilares delgados que se tornam quase invisíveis. Ao invés de esconder a estrutura, os arquitetos a multiplicam, testando seu limite e tornando-a o mais esbelta possível. Isso acaba por reforçar a percepção de espaços e edifícios levemente assentados na terra, construções não sujeitas à força da gravidade, numa nítida sensação de desmaterialização.

Dessa forma, Sejima e Nishizawa convidam-nos a passear numa atmosfera etérea, um mundo de transparência e leveza, onde se constrói uma arquitetura de aparência difusa que responde à constante necessidade de mudança, importante característica da sociedade contemporânea.

18. CORTÉS, Juan Antonio. Topologia arquitectónica/ Architectural Topology (op. cit.), p. 38.

Pavilhão de Verão da Serpentine Gallery, Londres, Inglaterra, 2009

Casa em Coruche **Manuel Aires Mateus**

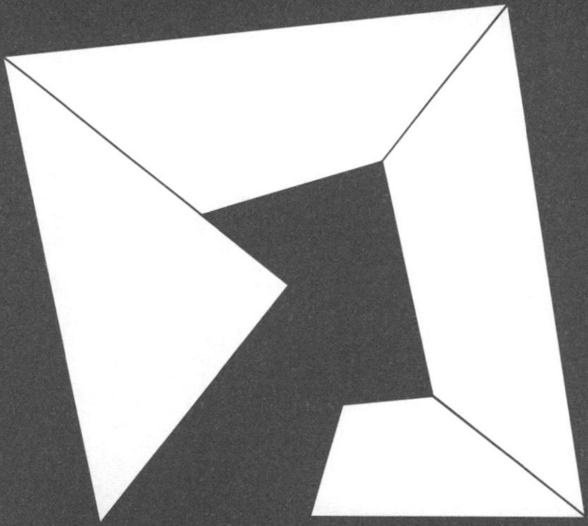

Escritório de Manuel Aires Mateus, Lisboa, Portugal

Segundo a ata do prêmio Pessoa, concedido a Manuel Aires Mateus em 2017, a arquitetura do escritório Aires Mateus, liderado por ele e seu irmão Francisco, "parte de uma recolha de formas e materiais vernaculares portugueses, [...] conseguindo estabelecer uma continuidade entre passado e atualidade".[1] Fruto de uma visão própria e singular da arquitetura, a obra desses arquitetos não busca rupturas diretas com o legado da arquitetura portuguesa ou da arquitetura clássica, mas seus princípios são adequadamente filtrados pela herança moderna e pós-moderna, até materializarem-se numa arquitetura contemporânea. Tal aproximação tem origem no Inquérito à Arquitectura Popular em Portugal, esforço realizado na década de 1950 pelo Sindicato Nacional dos Arquitetos – SNA para a catalogação extensiva da arquitetura vernacular do país.[2] O Inquérito revelou aos arquitetos modernos portugueses, a existência de um *modus* pragmático de construir do qual eles poderiam tirar partido para a construção de uma identidade própria, como alternativa à linguagem modernista baseada no uso do concreto, grandes vãos, grandes aberturas e pilotis. A partir de Fernando Távora, essa identidade, evocada pelo Inquérito Português, permeia, ao longo dos anos, o pensamento de diferentes gerações e escolas de arquitetos portugueses.[3]

O escritório desenvolve projetos em diversas escalas: desde desenhos urbanos, como o Centro de Desenvolvimento em Patrimônio e Atividades Culturais (2006), em Benevento, na Itália; centros culturais e comunitários, como o Centro Cultural de Sines (1998-2005) e o Centro de Convívio em Grândola (2011-2016), em Portugal; museus, como o Pôle Muséal de Lausanne (2015), na Suíça; ou a Faculdade de Arquitetura de Tournai (2014-2017), na Bélgica. Em meio a tantos projetos icônicos, foi através das casas unifamiliares que puderam iniciar uma fecunda pesquisa sobre a questão do limite na arquitetura. ▶▶ Para os Aires Mateus, a arquitetura se constrói a partir do desenho de um limite expressivo que confere traços ao que é vazio, ou seja, é a existência indispensável do perímetro que outorga identidade ao espaço. Nos seus projetos, esse limite deixa de ser uma parede ou um plano, e assume características espaciais; tornando-se um espaço que contém, separa e define duas realidades.

1. LIMA, Rosa Pedroso. Manuel Aires Mateus vence Prêmio Pessoa 2017.

2. Entre os arquitetos que realizaram a pesquisa destacam-se Fernando Távora e Francisco Keil do Amaral (então presidente do SNA) que, na década de 1940, repudiaram as ideias do regionalismo pitoresco ligadas a princípios nacionalistas e populistas da ditadura do Estado Novo. Assim, propuseram a documentação no campo da arquitetura tradicional portuguesa, buscando fontes mais puras e coerentes para a formação de uma arquitetura moderna que intitularam de *terceira via* ou *nova modernidade* e que, segundo Távora, constitui-se como alternativa tanto ao mimetismo historicista do movimento nacionalista da Casa Portuguesa, como à ideia moderna de criação de uma linguagem arquitetônica universal.

3. O escritório foi citado pela revista *2G*, em 2001 (Barcelona, n. 20), como parte da nova geração de arquitetos portugueses que nasceu nos anos 1960 e começou a trabalhar nos anos 1990. Segundo o arquiteto João Belo Rodeia, essa geração evidencia a procura por uma ideologia de projeto que se relaciona com outras áreas do conhecimento, como a arte, e com uma dimensão cultural global. Ver RODEIA, João Belo. Línea de tierra: presentación de una nueva generación de arquitectos portugueses/Ground line: Presenting a new generation of Portuguese architects.

4. CARVALHO, Ricardo. Sobre la permanencia de las ideas. Una conversación con Manuel y Francisco Aires Mateus/On the Permanence of Ideas. A Conversation with Manuel and Francisco Aires Mateus, p. 6.

Nesse sentido, a casa em Alenquer (1999-2002) talvez marque a mais importante inflexão de seu trabalho. O projeto parte da relação entre uma construção preexistente, em ruínas, e uma nova. Da casa antiga, apenas as espessas paredes perimetrais de desenho irregular foram recuperadas, como muros, e passaram a delimitar o espaço exterior da casa. Dentro desse perímetro, implantou-se de maneira autônoma uma nova construção geométrica ortogonal. Como descreve Manuel Aires Mateus no livro *Living the Boundary*, surge, entre as duas fachadas, um espaço intersticial que possibilita a coexistência de dois tempos: o tempo lento da ruína e sua transformação livre, e o tempo compacto, matemático e preciso da arquitetura. O arquiteto volta ao tema ao ser entrevistado por Ricardo Carvalho:

> Entendemos [os muros em ruínas] como parte integrante da casa e como matéria do projeto; corrigimo-os onde foi necessário, demos o mesmo acabamento branco do conjunto e levamos até eles o piso interior da casa. E é isso que confere ao espaço intersticial entre a casa e o muro um caráter particular, a sensação de se estar não entre duas construções, mas entre dois tempos de uma mesma construção.[4]

Casa em Alenquer, Alenquer, Portugal, 1999-2002

Cobertura | Primeiro pavimento | Térreo

Corte 1 | Corte 2 | Corte 3

Casa em Alenquer, plantas cobertura, primeiro pavimento, térreo e cortes 1, 2 e 3, Alenquer, Portugal, 1999-2002

Com o projeto da **CASA EM ALENQUER (1999-2002)**, o limite tornou-se uma questão essencial na criação do escritório, o que marcou o início de uma trajetória autônoma, conforme evidencia o catálogo da exposição *Aires Mateus: Arquitectura* do Centro Cultural de Belém, Lisboa (2005), que se inicia justamente com essa obra. Ao percorrer os projetos de cinco casas, desde Alenquer até Coruche (2007-2011), é possível identificar uma pesquisa em que o limite, para além de uma ideia, torna-se um sistema em si, com características e espacialidade próprias – elemento abstrato, independente e determinante na materialização da arquitetura.

Casa em Alenquer, implantação, Alenquer, Portugal, 1999-2002

Casa em Alenquer, Alenquer, Portugal, 1999-2002

Na **CASA DE ALVALADE (1999)** inicialmente, os arquitetos procuraram marcar um lugar, em meio a uma paisagem infinita, com um grande quadrado que contivesse em seu interior o programa entremeado por espaços abertos. A intenção era desenhar a casa a partir das linhas das construções autóctones de paredes muito grossas. Com isso, criou-se a possibilidade de *habitar* essa espessura mural, transformando-a numa circulação ou abrigando, ali, funções de serviço. A espessura que percorre todo o interior cria um espaço labiríntico que permite independência aos vários ambientes da casa.

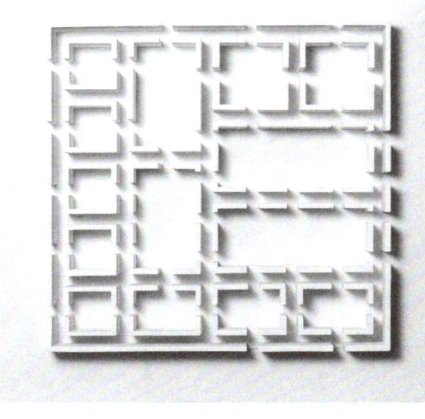

Casa de Alvalade, maquete, Alentejo, Portugal, 1999

A **CASA EM AZEITÃO (2000-2003)** ocupa uma antiga adega reabilitada. A ideia desse projeto consistiu em manter intacta a integridade da edificação original. Para isso, parte do programa do térreo foi introduzida na *espessura* de uma nova parede – escadas, cozinha, lavanderia e banheiros. No piso superior, as áreas privativas – quartos, banheiros e um estúdio – surgem como volumes brancos, independentes, que *flutuam* sob o telhado em duas águas, num equilíbrio *impossível* que libera o chão para o espaço principal da sala inferior. Esses ambientes se abrem para a circulação periférica junto da fachada, pensada como um sistema que suporta a carga desses *recintos flutuantes*, para subverter a noção de gravidade e dar autonomia à intervenção em relação à preexistência.

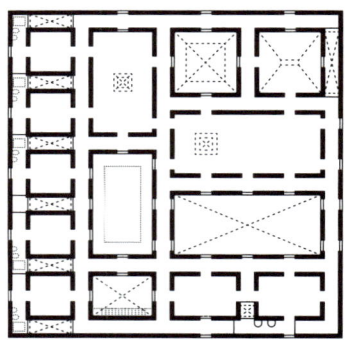

Casa de Alvalade, planta, Alentejo, Portugal, 1999

Casa em Azeitão, Azeitão, Portugal, 2000-2003

Casa no litoral do Alentejo, Grândola, Portugal, 2000-2003

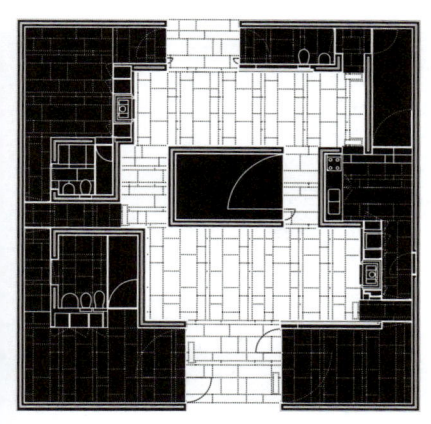

Já a **CASA NO LITORAL DO ALENTEJO (2000-2003)** é um volume regular e cego, de planta quadrada, pousado em meio à paisagem local. Duas grandes aberturas, opostas, dão acesso a um espaço intersticial, moldado pelo programa que habita as paredes e a periferia.

Casa no litoral do Alentejo, planta, Grândola, Portugal, 2000-2003

No projeto para uma **CASA EM ALCÁCER DO SAL (2003)**, os arquitetos dão início às experiências com os *espaços arquetipais*, produzidos como moldes para o espaço. A maquete exprime conceitualmente o resultado dessa operação que produz *volumes extraídos*, materializando o vazio.

Casa em Alcácer do Sal, diagramas, Casa em Alcácer do Sal, Portugal, 2003

Casa em Monsaraz, Reguengos de Monsaraz, Portugal, 2007-2018

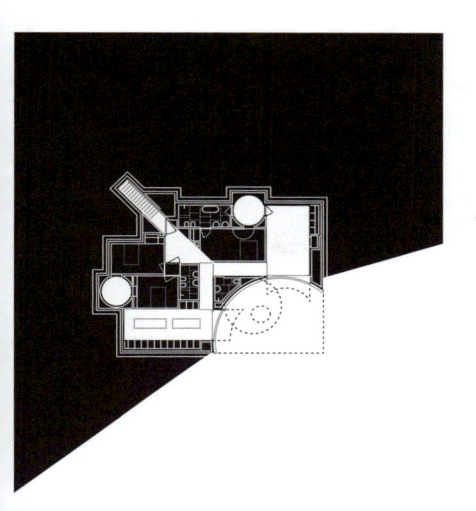

Casa em Monsaraz, planta, Reguengos de Monsaraz, Portugal, 2007-2018

A **CASA EM MONSARAZ (2007-2018)** surge semienterrada, em continuidade com a topografia local. Ao se destacar da terra, a construção se abre para a paisagem por meio de um átrio, conformado como um molde de 1/4 de cúpula – como a instalação *Radix* –, que realiza a mediação entre o interior e o exterior. Sobre o vazio, uma abertura redonda zenital central é um implúvio na cobertura verde.

Neste capítulo, veremos como a casa de Coruche sintetiza vários dos elementos descritos até aqui: as formas abstratas e arquetípicas e o limite espesso e habitado. No entanto, destaca-se o especial interesse na aplicação de um método de projeto realizado exclusivamente por subtração.

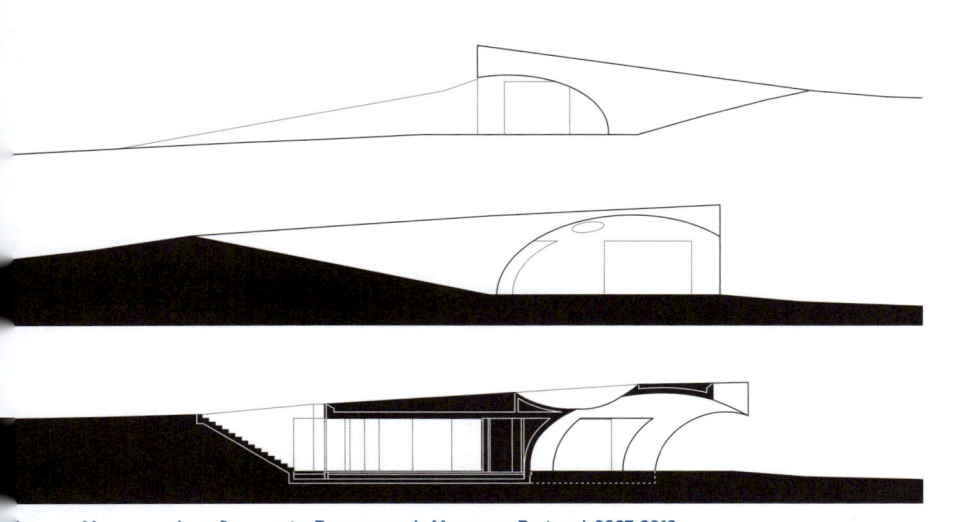

Casa em Monsaraz, elevações e corte, Reguengos de Monsaraz, Portugal, 2007-2018

Escritório Aires Mateus
Manuel Aires Mateus e Francisco Aires Mateus

O escritório Aires Mateus, estabelecido em 1988 na cidade de Lisboa, Portugal, foi idealizado pelos irmãos Manuel e Francisco, ambos formados pela Faculdade de Arquitetura da Universidade Técnica de Lisboa, no final dos anos 1980. Com grande reconhecimento internacional, o escritório tem sido protagonista de diversas premiações, como os prêmios da X Bienal Iberoamericana de Arquitetura e Urbanismo – Biau (2016), em São Paulo, pelos projetos da Sede Corporativa do Grupo EDP (2008-2015), em Lisboa, e Casa no Tempo (2010-2014), em Montemor-o-Novo; o prêmio Enor (2006), em Vigo, Espanha, pelo projeto da Centro Cultural de Sines (1998-2005), no Alentejo; o Prêmio Valmor (2002), pelo Edifício da Reitoria da Universidade Nova de Lisboa; e, finalmente, Manuel Aires Mateus recebeu o prêmio Pessoa (2017), pelo conjunto da obra.

Como integrante de importantes mostras, o escritório participou da Bienal de Arquitetura de Chicago com a instalação *Ruin in Time*, em 2017, e da Bienal de Arquitetura de Veneza, em 2010, com a exposição *Voids*, que discutia a importância do limite no desenho do espaço. Desde então, a cada edição da Bienal de Veneza, o escritório apresenta novos trabalhos *site specific*. Em 2012, expuseram a escultura-instalação *Radix*, um molde de cúpula dourada colocado ao final do Arsenale, junto ao canal – *Radix* era o negativo de um espaço arquetípico. Na mostra de 2016 *Reporting From the Front*, a instalação *Fenda* propunha uma espécie de gruta cuja luz abria e fechava durante o percurso do visitante, mudando a escala de apreensão do espaço. Em 2018, a instalação *Field* exibiu um jardim que se materializava como elemento abstrato, corpo sem forma que retoma a ideia do espaço como resultado de uma interação entre limites e nossa percepção.

Além de universidades portuguesas, os arquitetos lecionaram em Harvard, nos Estados Unidos, entre 2002 e 2005, e na Accademia di Architettura em Mendrisio, na Suíça, desde 2001. Antes de abrir seu escritório, colaboraram com o arquiteto Gonçalo Byrne, de 1983 a 1988, com quem, afirmam, aprenderam a iniciar um projeto a partir do entendimento do lugar e de suas preexistências. Outra herança dessa colaboração refere-se a compreensão da arquitetura como uma disciplina que trabalha com o tempo, e que entende o presente apenas como um estrato temporal de uma construção que permanece para além da vida humana.

Exposição *Voids*, Bienal de Veneza, 2010

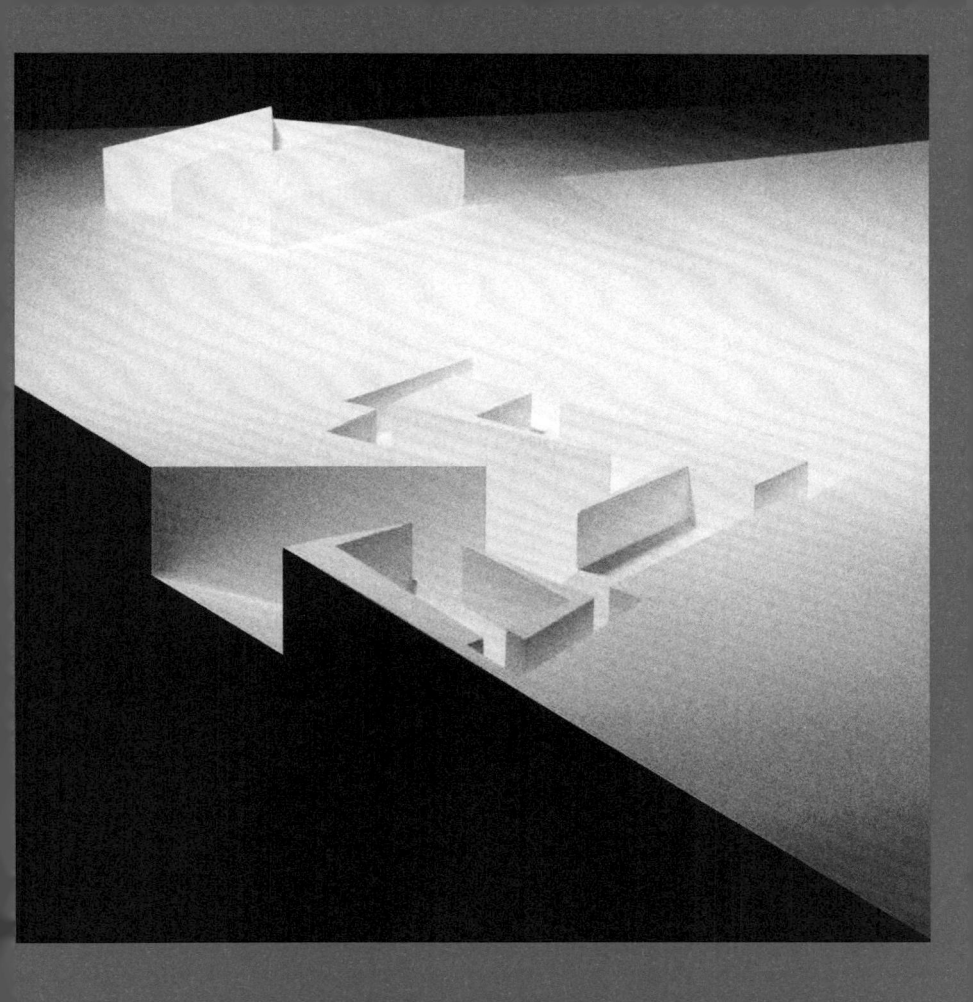

CASA EM CORUCHE

LOCALIZAÇÃO
Coruche, Portugal

DATA DE PROJETO
2005

DATA DE CONSTRUÇÃO
2007

AUTOR
Manuel Aires Mateus

COLABORADORES
Humberto Silva, Francisco Caseiro, Franziska Pfyffer e Marina Acayaba

ÁREA
297,30 m²

PROGRAMA
Sala de estar
Seis dormitórios
Lavanderia
Depósito
Pátio exterior

ESTRUTURA
Concreto

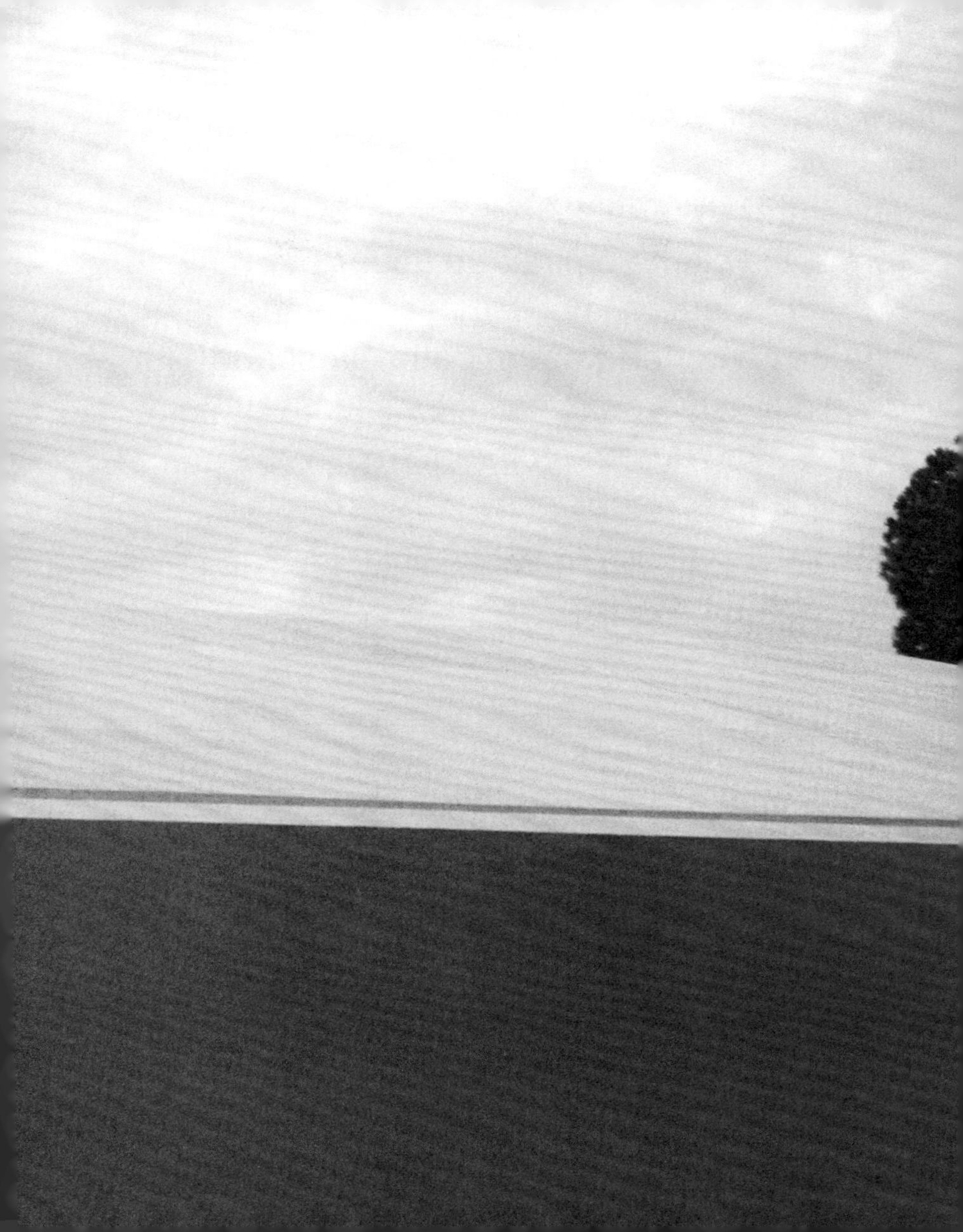

Procurava-se nesta casa um *sabor tradicional*. Leu-se nesta ideia um preconceito de forma. Procurou-se encontrar o limite de existência de uma forma. O volume em quatro águas é tornado abstrato, monomatérico, branco, paredes e cobertura. Um pátio é rasgado deixando a memória das arestas.
Nesse pátio abrem-se também os vãos dos quatro espaços principais: cozinha, sala, quarto principal e uma sala de crianças, para a qual dão as alcovas.

A casa tem formas reconhecíveis e acabamentos tradicionais, brancos com chão em soalho à antiga portuguesa. Os espaços de transição desenhados entre os espaços principais e o muro exterior terão outros acabamentos que se descobrirão na obra.

[Casa em Coruche – memorial justificativo do projeto, escrito por Manuel Aires Mateus e publicado por Ivo Sales Costa no website Arquitectura.pt]

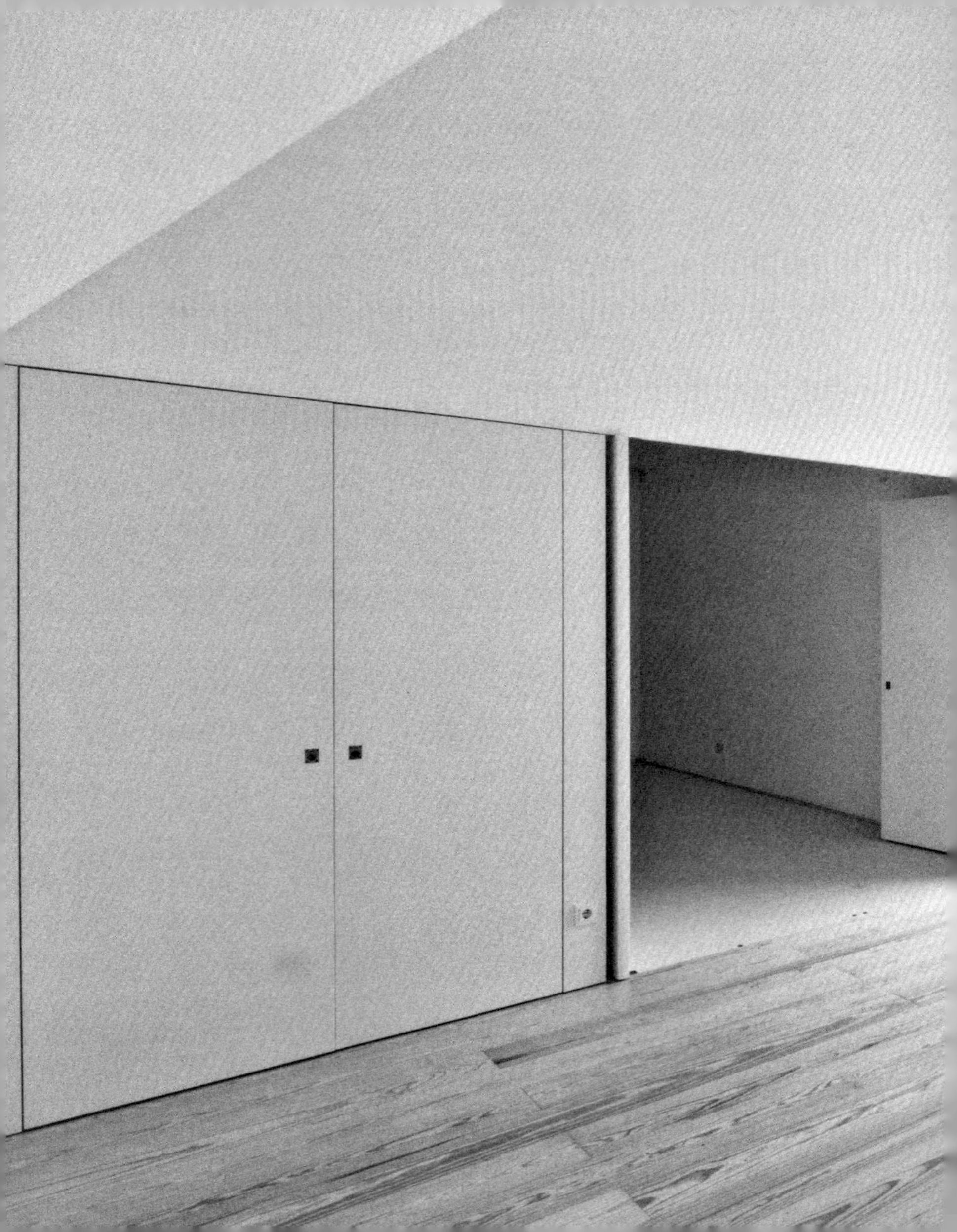

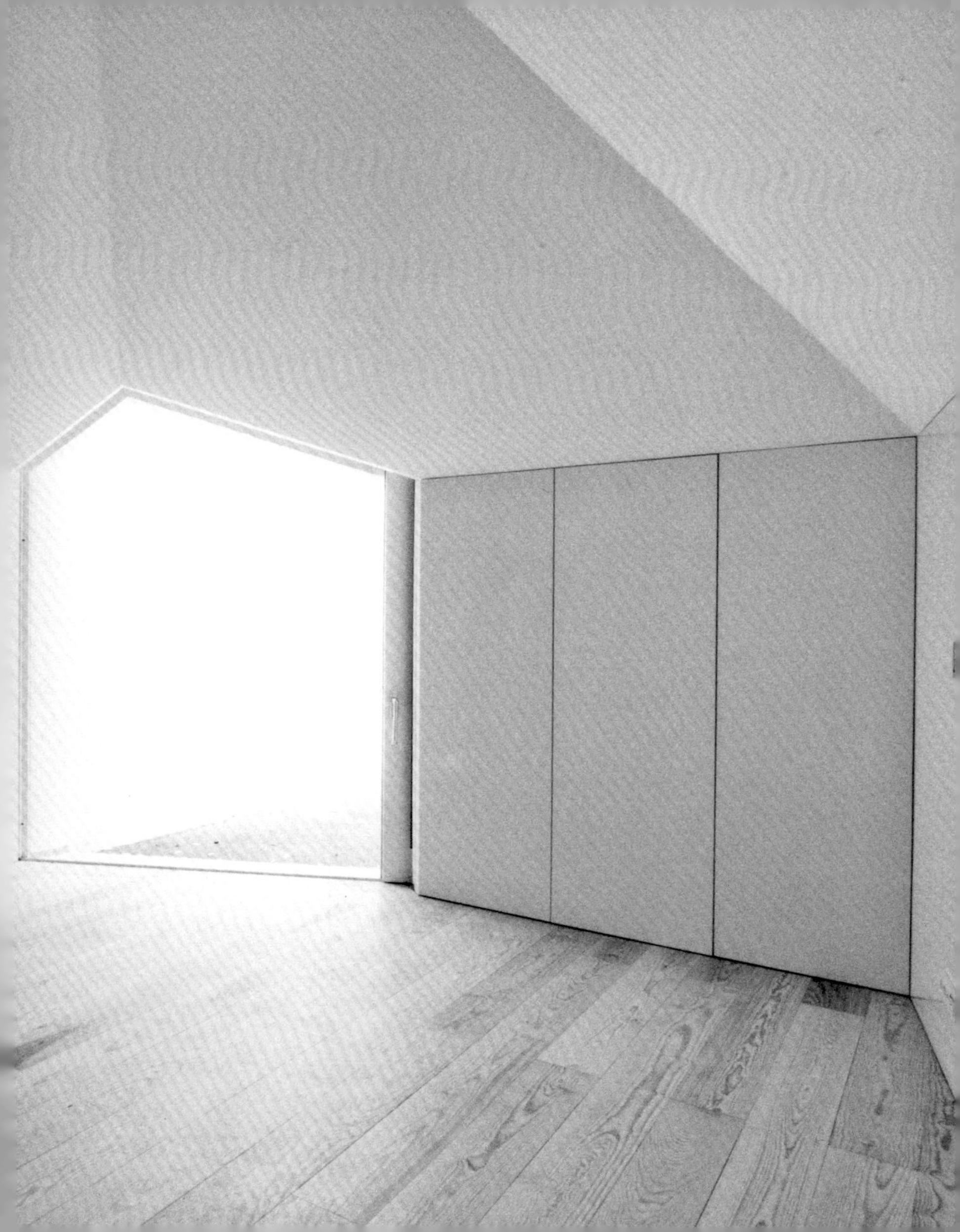

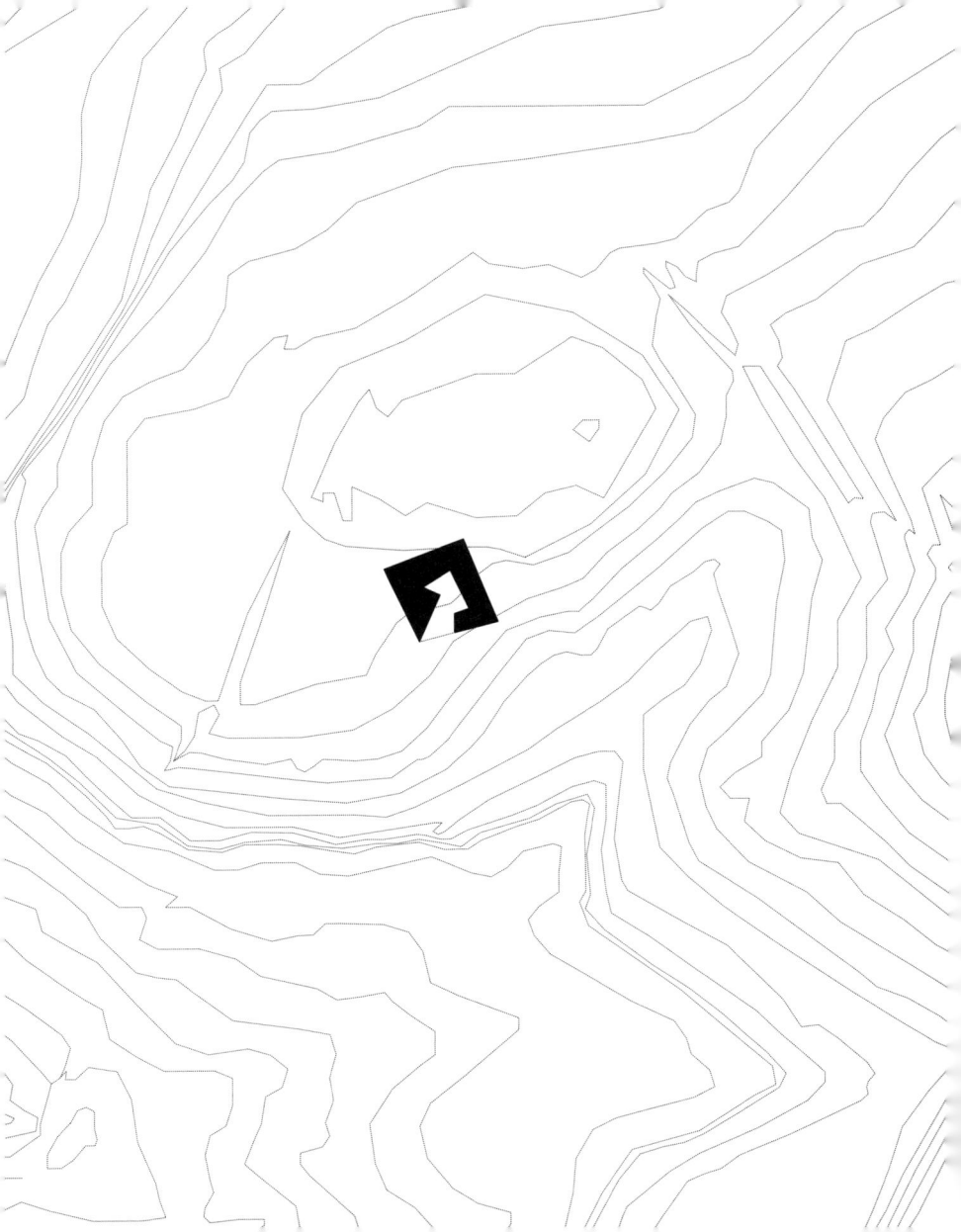

Plano-sequência

Em um dia de temperatura amena, em maio de 2018, visitei a casa de Coruche. Situada no Alentejo, região de extensas planícies secas, o acesso à construção é feito pela rua do Açude, no povoado de Foros do Rebocho, vizinho ao vilarejo de Coruche. O lugar é determinante para a compreensão do projeto, que revela elementos da arquitetura vernacular alentejana, reinterpretados na síntese da linguagem contemporânea. Segundo o Inquérito Português,

> um franco sentido de horizontalidade domina na arquitectura vernacular meridional do país; os volumes apresentam-se nítidos, bem recortados, o leite de cal concede aos volumes definição bem acentuada; as manchas do casario recortam-se com nitidez no horizonte ou nos fundos das searas ou de restolho.[5]

Dessa memória regional, surge como premissa uma forma: o volume arquetípico da casa em quatro águas, branco, de paredes espessas e poucas aberturas. É a partir dessa imagem que o arquiteto inicia seu projeto, e passa a trabalhá-lo como um objeto abstrato.

Do portão ao fim da estrada, não foi preciso caminhar mais que 100 metros até se destacar, ao longe, a horizontalidade daquele elemento exógeno em meio às árvores. À distância, a casa se apresenta como uma volumetria sintética: empenas brancas tratadas de forma radicalmente homogênea, como se fossem uma grande escultura – não há, no edifício, qualquer elemento arquitetônico ou materialidade reconhecível.

5. TÁVORA, Fernando; ROSETA, Helena; AFONSO, João; MARTINS, Fernando; et al. *Arquitectura popular em Portugal*, volume 2, p. 178.

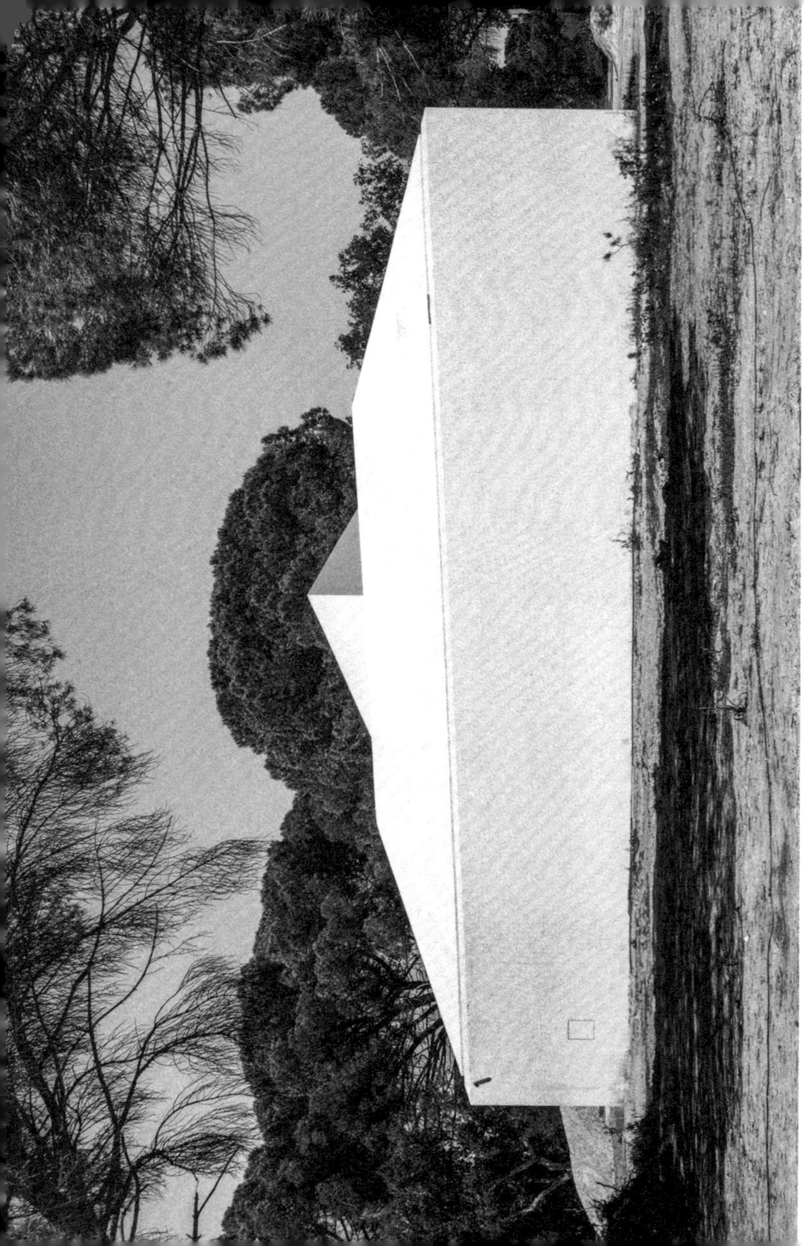

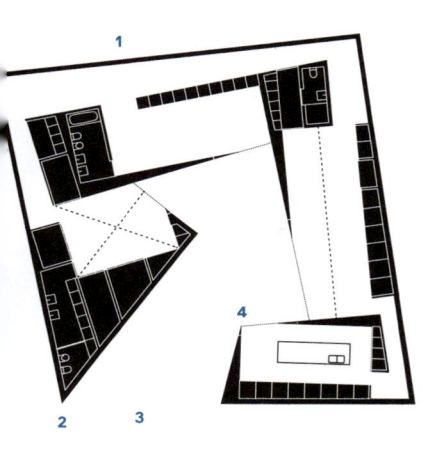

A aproximação acontece por uma quina, **[2]** entre as faces Nordeste e Sudeste da casa, que se encontram à altura de quase três metros e descem em direção às arestas opostas, reforçando os pontos de fuga da perspectiva.

À procura da entrada, fui levada a contornar o perímetro da construção. No percurso, não há qualquer abertura, apenas o maciço alvo e a vegetação rasteira. Ao alcançar o lado Sudeste, uma incisão rompe a densa volumetria e deixa ver o pátio. As paredes brancas abrem-se num átrio, unidas pelo piso, também branco, que delimita o acesso ao espaço doméstico. **[3]**

Já no pátio, a casa se revela, deixando de ser escultura para entrar no vocabulário da arquitetura. Identificam-se quatro aberturas. A inexistência de hierarquia não deixa claro o acesso principal. Em uma dessas aberturas, nota-se uma distorção no alinhamento entre paredes externas e internas, fazendo surgir uma espessura que rememora a materialidade da taipa. Tal destaque evidencia a independência entre os desenhos do volume exterior e do espaço interno, permitindo que cada um deles adquira propriedades singulares – o que resulta em um espaço *entre* os dois lados. **[4]**

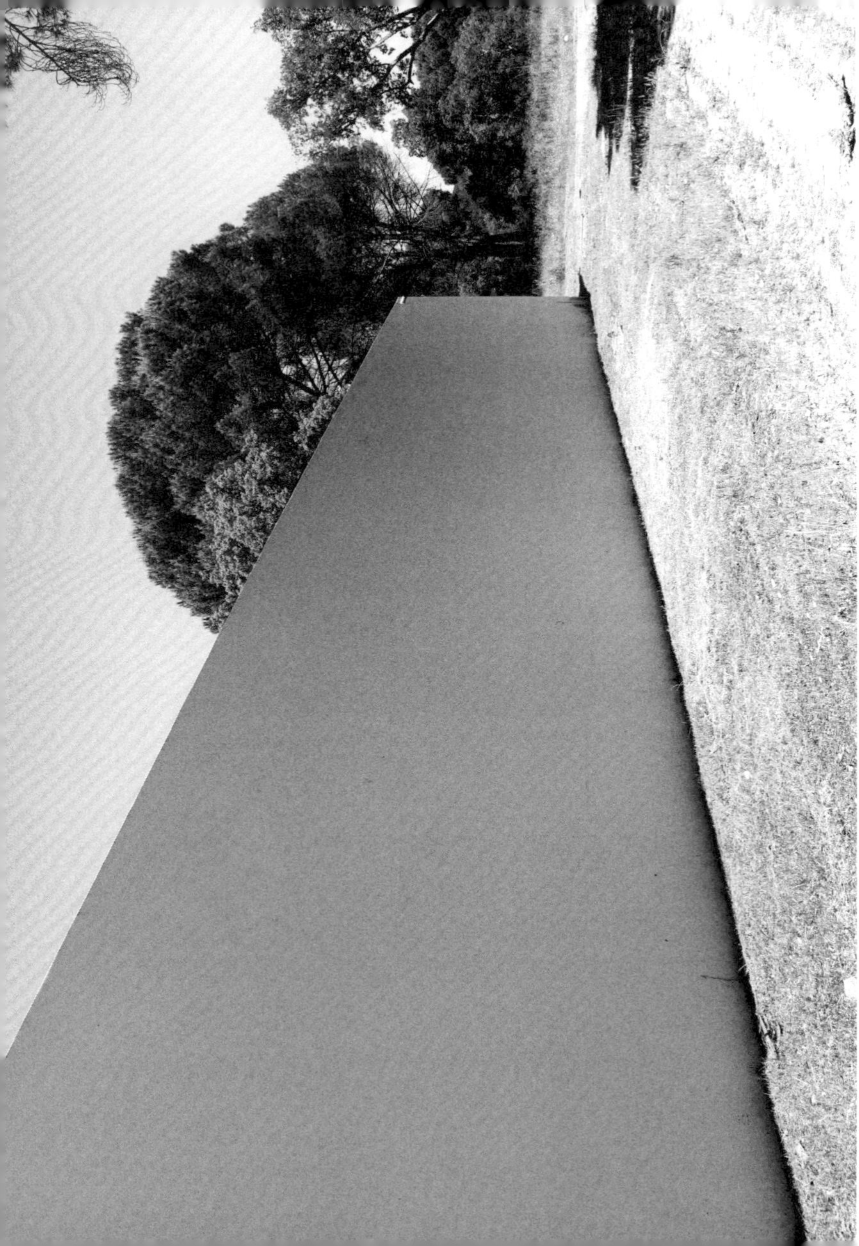

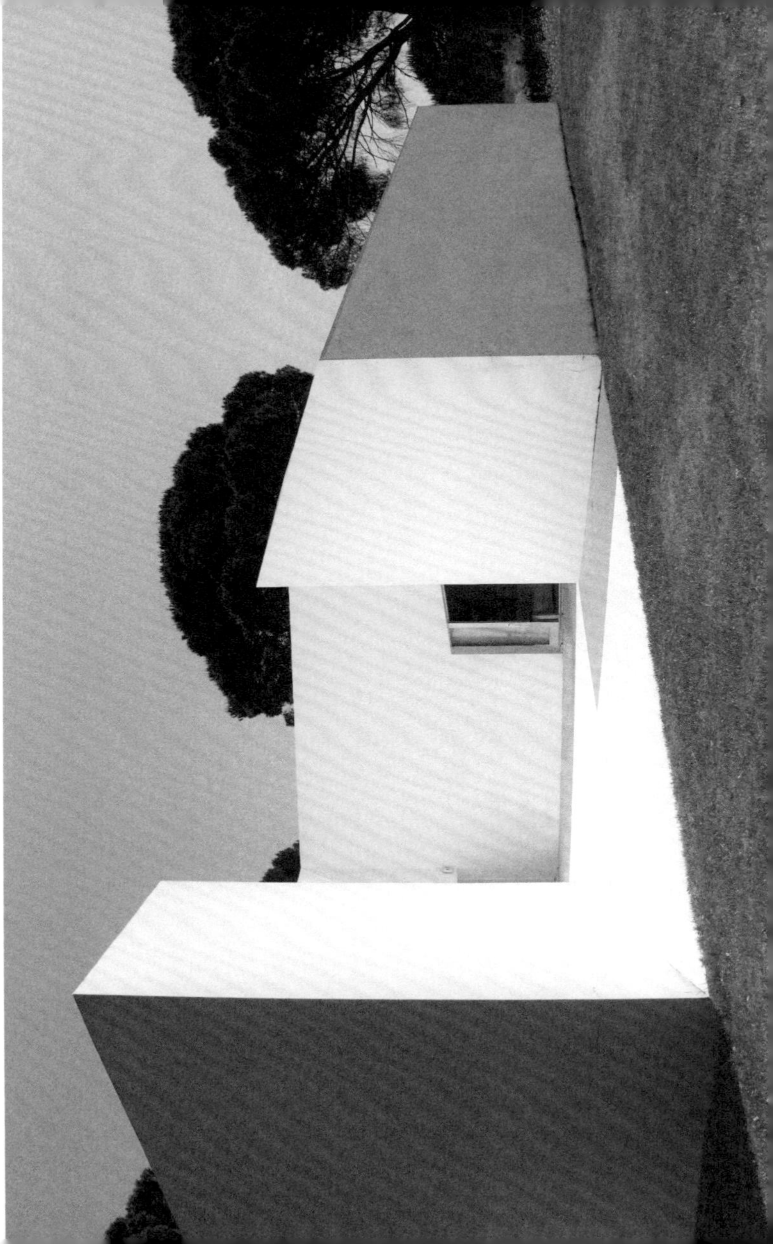

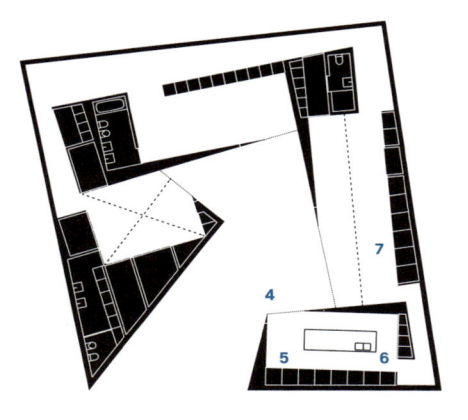

Entrei pela cozinha: espaço de planta retangular e cobertura em formato de abóbada, cuja fotografia da construção permite observar, com clareza, a independência entre o forro em gesso e a inclinação da laje de concreto exterior. **[5, 6]** Armários e bancadas ocupam o interior das paredes. Por uma passagem, tem-se acesso à sala de estar: ambiente disposto ortogonalmente, com planta também retangular, mais alongada, e com cobertura em duas águas. **[7]** Através da porta de vidro desse cômodo, que dá ao exterior, vê-se a paisagem recortada pelo pátio.

5

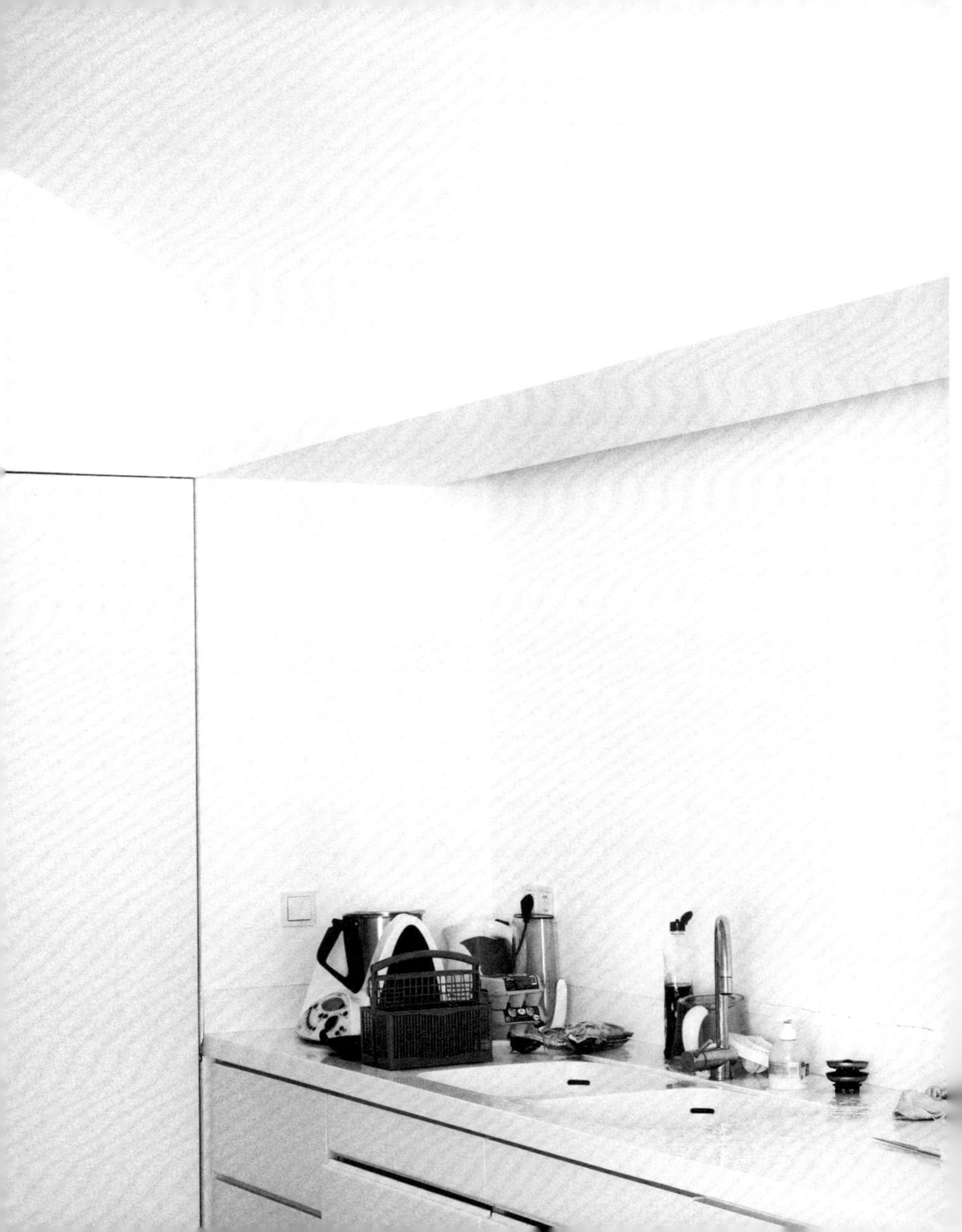

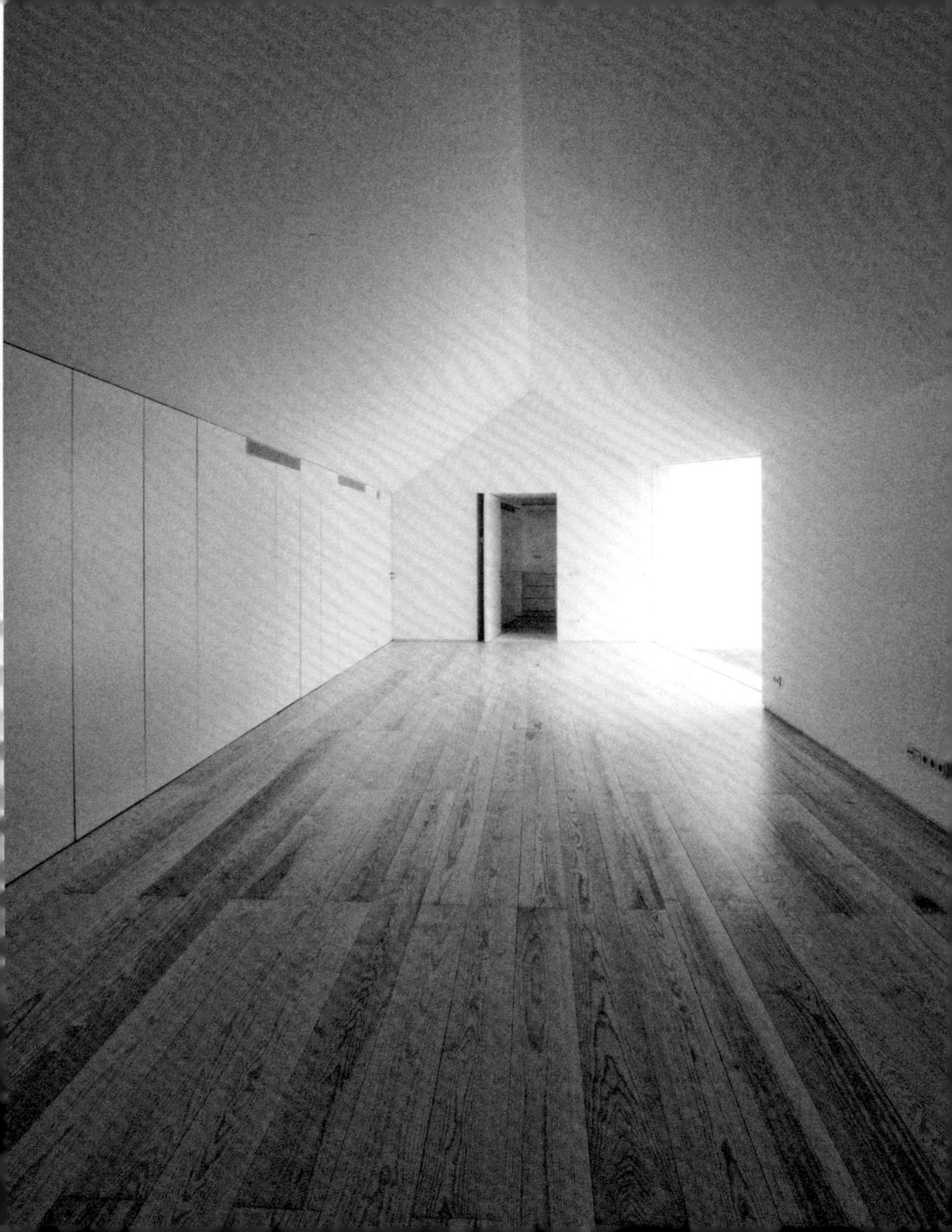

Cruzando a sala, um corredor estreito e escuro, espaço de transição junto ao perímetro cego externo da casa, dá acesso aos quartos e, ainda, serve como circulação secundária. **[8]** Ao final desse corredor, a área das crianças se abre numa sala de uso múltiplo, voltada para o pátio. Junto a ela abrem-se quatros alcovas, cada uma com uma cama. Esse percurso através do corredor é marcado pela alternância entre luz e sombra, e têm-se a sensação de estar percorrendo um diagrama conceitual do projeto.

Os espaços servidores e de transição são escuros, enquanto os ambientes de permanência são claros, abertos para o exterior. A iluminação natural da casa entra apenas através de quatro aberturas, uma em cada cômodo, filtrada e refletida pela volumetria branca do pátio. O piso do corredor em resina branca – cor das paredes – assinala nitidamente sua natureza em contraposição àquela do piso de madeira dos cômodos.

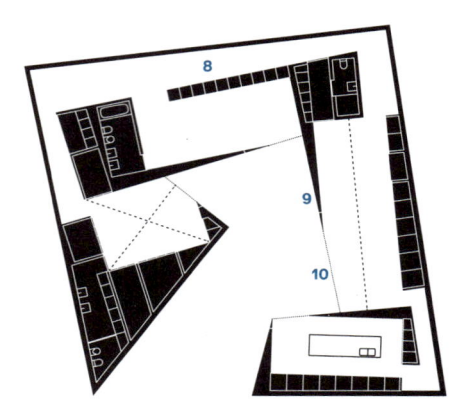

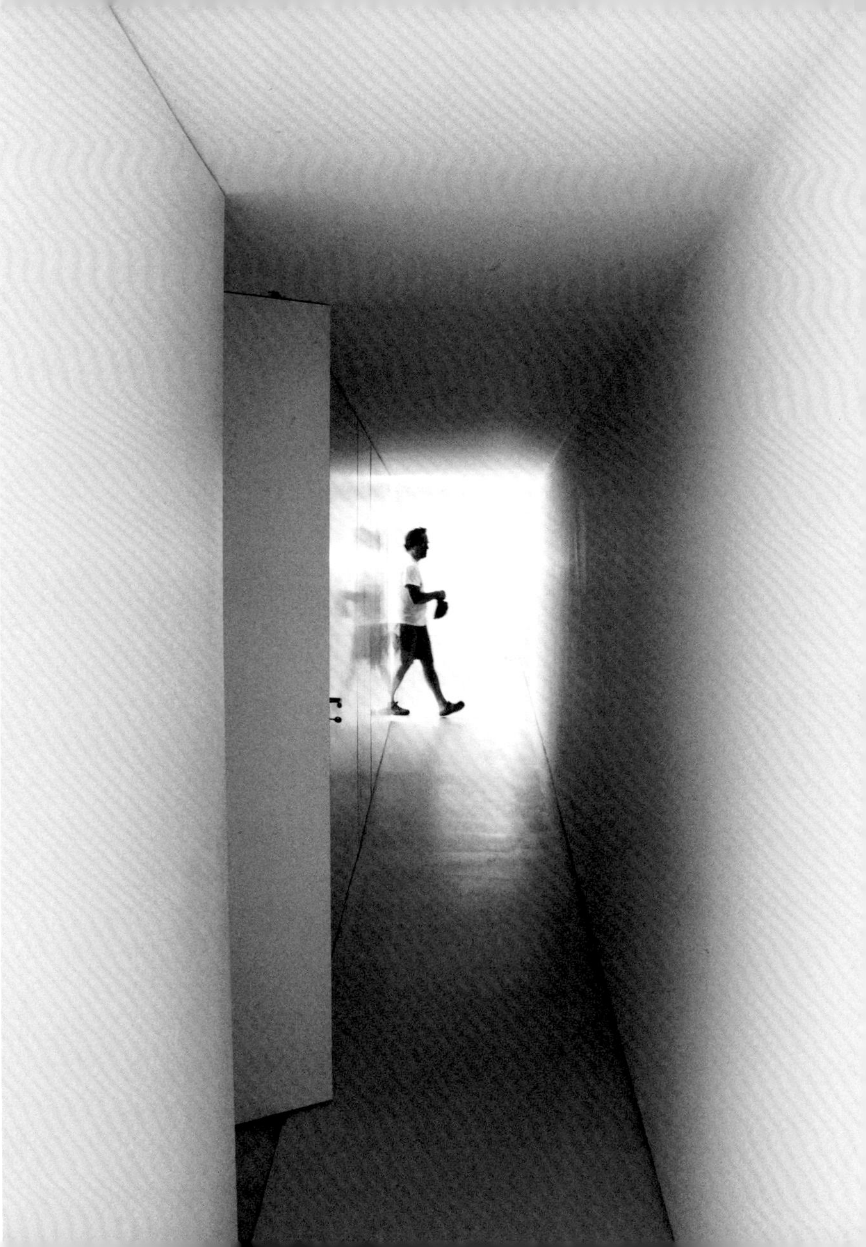

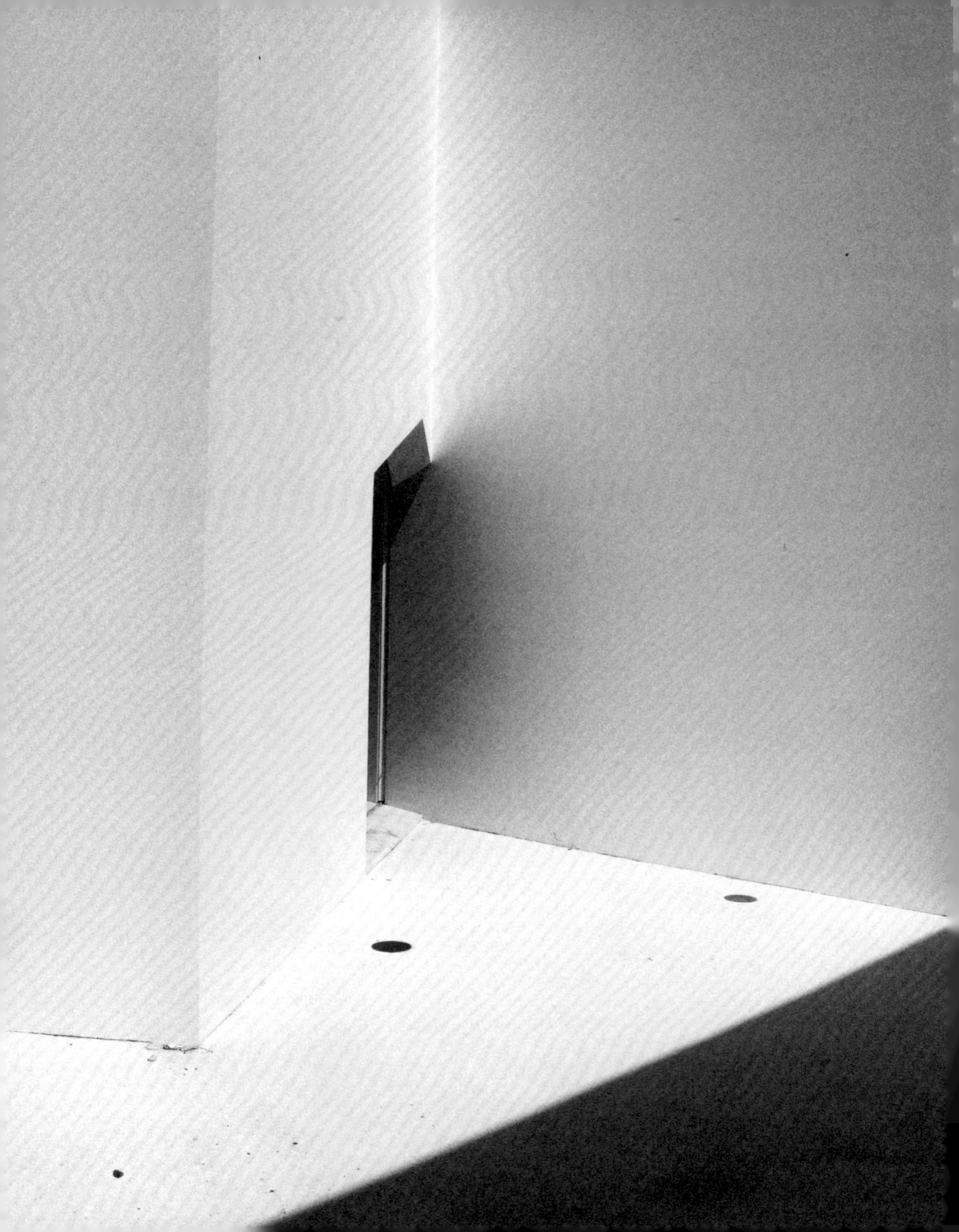

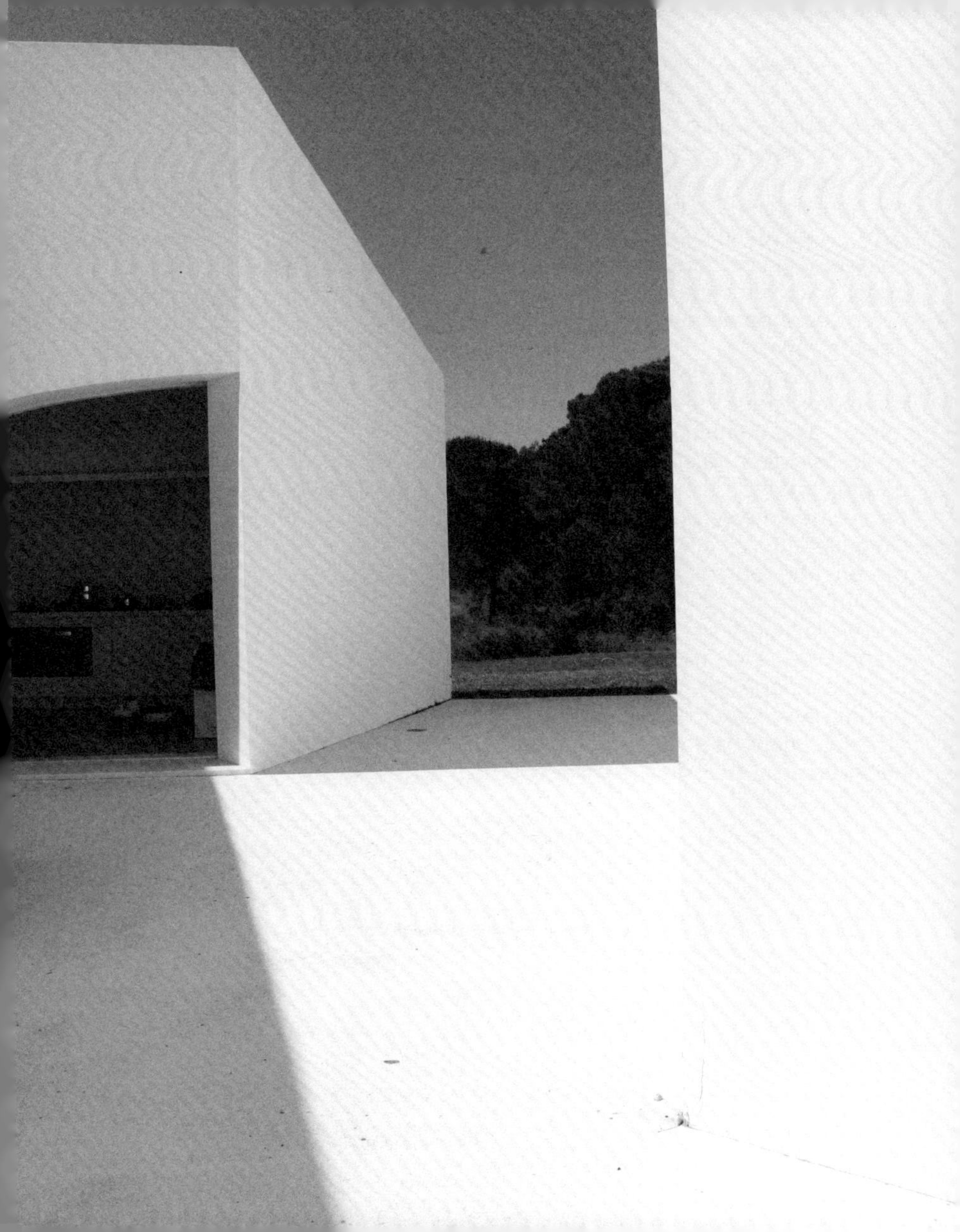

A mediação com a paisagem é realizada pelo pátio central, elemento articulador da vida doméstica, e por onde é possível percorrer as menores distâncias. A luz do meio-dia torna a permanência quase inviável neste espaço. De manhã, pelo contrário, e sobretudo na parte da tarde, a própria construção se ocupa de sombrear a casa, deixando entrar apenas a luz celeste, refletida.

Sobretudo para nós brasileiros, formados com a ideia do vão livre, a quebra de continuidade entre os espaços exterior e interior causa estranhamento. Se na casa de Coruche cada ambiente surpreende por sua singularidade, as coberturas arquetípicas em abóbada ou as quatro águas transmitem, de fato, certo conforto. O corredor e o piso branco têm a materialidade neutra própria do interior de uma parede. Ao final, a sensação é de uma experiência fragmentada por diversas imagens que se sobrepõem, num percurso que transita entre o escuro e o claro.

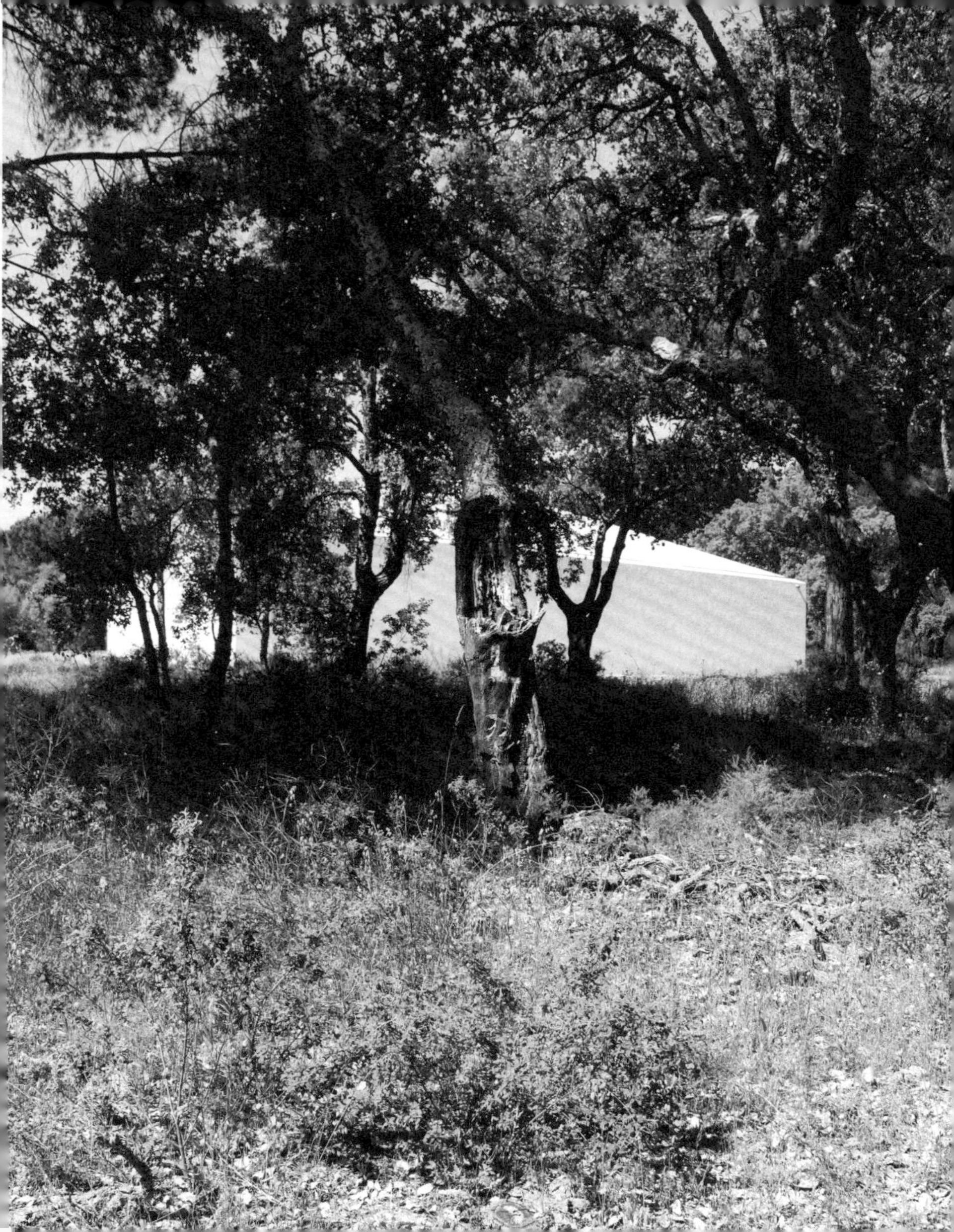

Análise do projeto

> *Duas formas simples e arquetípicas se encontram gerando uma tensão e uma realidade inusitada. Esta operação tem uma sequência muito clara de elementos, que reconheço também de forma clara, e outra parte da operação que provoca estranheza.*
> MANUEL AIRES MATEUS,
> Entrevista com Mateus Aires Mateus[6]

A casa em Coruche serve como residência de fim de semana para uma família. Como tal, o projeto aloja, de forma pragmática, o programa composto por cozinha, sala, quarto do casal e uma área para as crianças – a pedido do casal que ainda desejava ter muitos filhos.

A implantação foi definida mais pela orientação do sol do que pela relação com a paisagem. O estudo de incidência solar realizado mostra que a volumetria sombreia o pátio e as poucas aberturas, sobretudo na parte da tarde, protegendo a casa nas horas de extremo calor e permitindo que permaneça fresca mesmo nos dias mais quentes do ano – elemento recorrente de um legado histórico, conforme descrito neste trecho da *Arquitetura popular em Portugal*:

"A horizontalidade acentuada pela insistência de um só piso em que a faixa branca das paredes separa, com acento horizontal da paisagem, o azul-acinzentado do céu do amarelo-terroso do chão é perturbada na sua brancura pelos raros escuros de portas e janelas".[7]

6. ACAYABA, Marina. Entrevista com Manuel Aires Mateus, p. 241

(anexo desse livro).
7. TÁVORA, Fernando; ROSETA, Helena; AFONSO, João; MARTINS, Fernando; et al. Op. cit., p. 226.

A volumetria parte de uma casa arquetípica de quatro águas, materializada como um maciço sólido e branco. Para Manuel Aires Mateus, os elementos arquetipais permitem que uma parte da compreensão do espaço esteja garantida, já que a referência é reconhecida – o que torna possível ao espectador assimilar uma espacialidade mais complexa e inusitada. Assim, utiliza-se uma ideia preconcebida da casa para introduzir uma falha, um rasgo, uma incisão que desenha o pátio.

A planta deriva de um quadrado com 20 metros de lado distorcido para perder a ortogonalidade e gerar assimetrias, o que permitiu ao arquiteto olhar a casa de forma abstrata e modelá-la através de instrumentos plásticos. A partir dessas distorções iniciais, inclusive na altura da cobertura, o arquiteto passa a trabalhar exclusivamente por subtrações geométricas, em duas operações principais: primeiramente, o pátio central é subtraído, sem tirar a noção do volume exterior – as quatro águas. Desta forma, surgem dois elementos principais: a paisagem, selvagem, do lado de fora do *quadrado*; e o pátio interior, doméstico, o principal espaço de convívio da casa.

A segunda operação escava no remanescente os quatro ambientes de permanência e convívio – cozinha, sala, quarto principal e a sala das crianças. Cada um desses ambientes assume um formato diverso independente – adequado ao uso –, com *tetos* arquetípicos: abóbada na cozinha, cobertura em duas

Casa em Coruche, volume de quatro águas, primeira (pátio) e segunda subtrações (interior), Coruche, Portugal, 2005-2007

águas na sala de estar, cobertura em uma água no quarto principal e cobertura a quatro águas na sala das crianças.

As aberturas desses ambientes para o exterior surgem da tangência entre as duas operações. Quando uma geometria interna extravasa o perímetro do pátio, determina-se a dimensão da abertura correspondente. No diagrama ao lado compreendemos como esta subtração define a entrada de luz no interior da casa, relegando ao restante dos espaços uma condição de penumbra, amenizada por aberturas zenitais.

A partir dessa lógica hierárquica da luz, organizam-se os espaços de convivência e serviço, numa planta formada pela articulação entre essas subtrações – vazios brancos – e os lugares fechados – servidores –, que por não serem subtrações, são massa e habitam a espessura.

Tal estratégia de projeto, perceptível *in loco*, está presente já no pensamento gráfico do escritório, em que os volumes de massa – escuros – são representados, de forma literal, em preto, como moldes. Já o vazio é apresentado em branco, espaço de luz, subtração materializada como espaço positivo. A massa escura – negativa – circunscreve os vazios com borda espessa, grave, habitada pelo programa servidor da casa que media e modula de forma autônoma exterior e interior.

Segundo os Aires Mateus, tais bordas podem ser lidas como um "campo entre" que reage para um lado e para o outro, de forma independente, e fazem com que o limite entre o cheio e o vazio deixe de ser compreendido como um plano. Transformam-se, assim, em fronteiras mais complexas e significativas; muito mais do que a mera separação entre duas realidades.

Uma coisa que defendemos sempre é a liberdade entre um volume e um espaço, dado pelo trabalho da ideia de um campo. Porque a arquitetura não se constrói sem matéria e a primeira coisa na arquitetura que temos que perceber é que talvez aquilo que é essencial é o espaço da vida, mas aquilo que nós construímos é o limite do espaço da vida.[8]

8. ACAYABA, Marina. Entrevista com Manuel Aires Mateus (op. cit.), p. 243 (anexo desse livro).

Casa em Coruche, maquete conceitual, Coruche, Portugal, 2005-2007

Desenhar o volume externo e o espaço interno como operações distintas, autônomas, garante independência e protagonismo à espacialidade, com relação aos aspectos construtivos, como a estrutura e as membranas de fechamento. Os cortes da casa evidenciam infinitas relações entre o vazio e a massa, delimitadas pelo perímetro que pode ou não conter parte do programa.

A definição de um espaço ou volume é alcançada por sua demarcação, moldes ou escavações, em que o conteúdo habita a massa ou o vazio de forma autônoma, adicionado como subtração. O arquiteto americano Robert Venturi aprofundou-se na especulação dessa independência no capítulo "Interior e exterior", do livro *Complexidade e contradição em arquitetura*, publicado originalmente em 1966, ao discutir a relação entre o exterior e o interior do edifício ou a oposição entre o volume, o invólucro mural e o conteúdo. Venturi conclui que, nos projetos em que essa contradição está presente e o conteúdo se expressa de forma autônoma, o espaço chega a sua potência máxima.[9]

Tais operações não são realizadas através de desenhos bidimensionais ou cálculos paramétricos, mas pautadas pelo uso extensivo de maquetes, num processo similar ao da escultura, em que o volume original é cortado e escavado para criar o vazio.

Na distribuição do programa de permanência, não há um critério hierárquico específico, do tipo público/privado. Os cômodos principais se organizam circularmente em volta do pátio, seguindo um percurso que parte da cozinha (mais próxima da entrada) e segue com a sala e os quartos do lado oposto. Sequência essa subvertida ao cruzar o pátio, entre a cozinha e os quartos. Assim, o pátio interno *ancestral* é aquele que protege e determina a extensão e a dinâmica da vida doméstica.

---

9. VENTURI, Robert. *Complexidade e contradição em arquitetura*, p. 89-119.

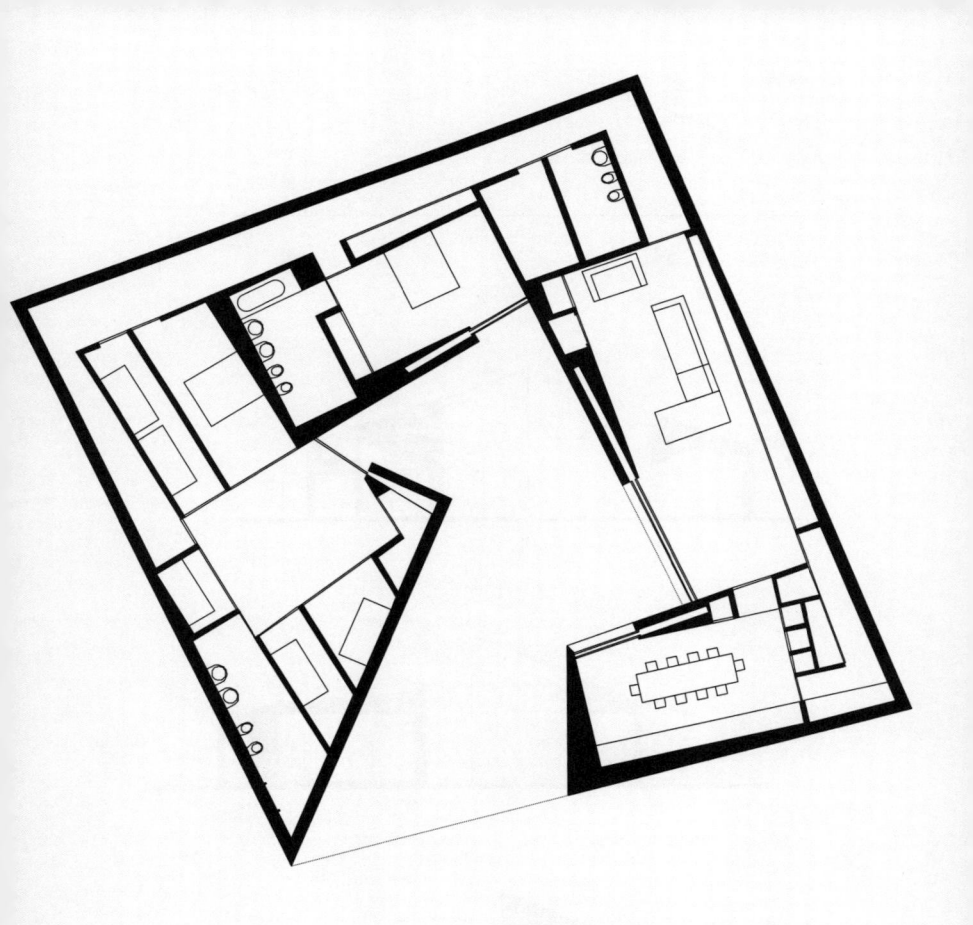

Casa em Coruche, planta, Coruche, Portugal, 2005-2007

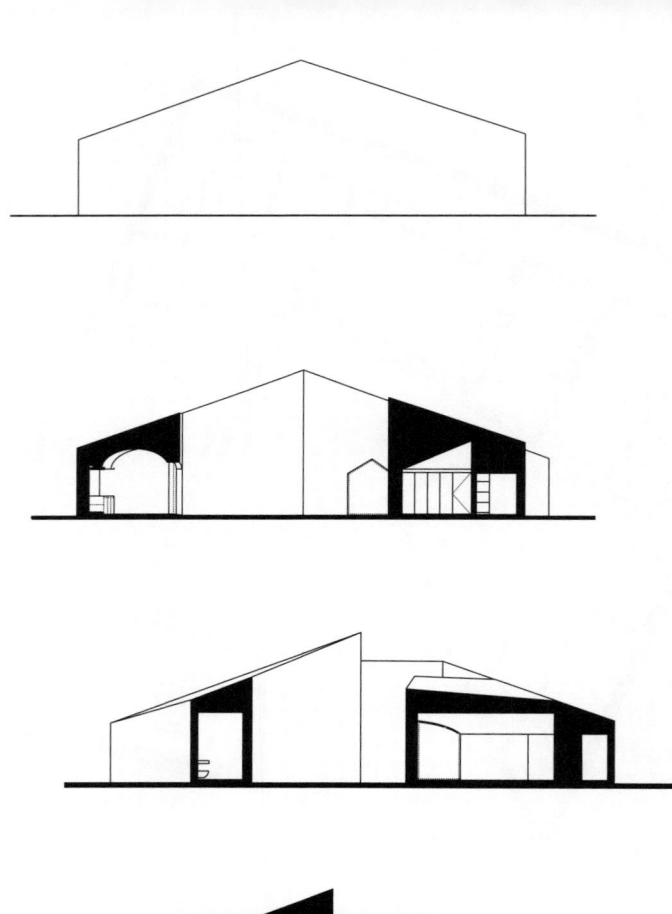

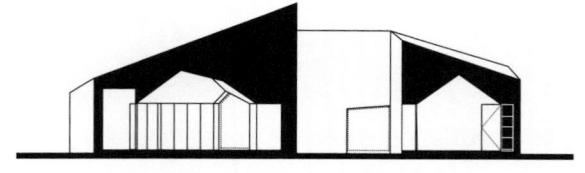

Casa em Coruche, volume total e cortes A, B e C, Coruche, Portugal, 2005-2007

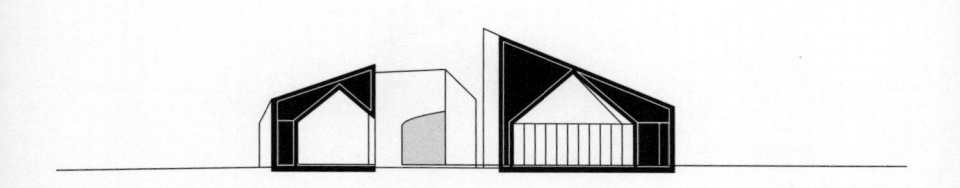

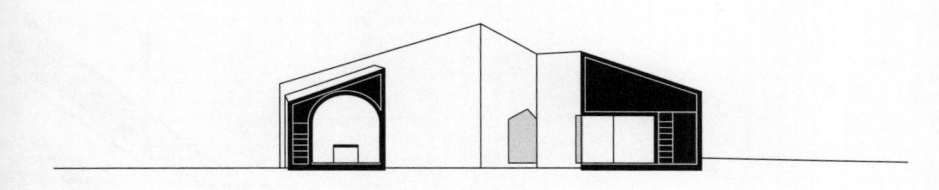

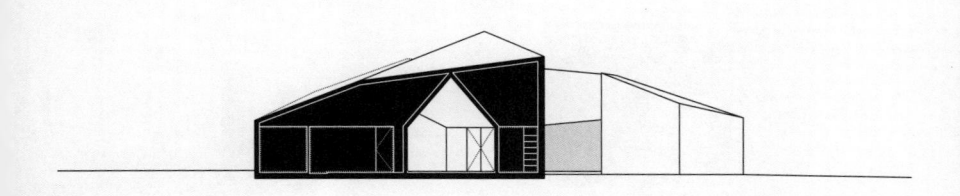

Casa em Coruche, cortes conceituais, Coruche, Portugal, 2005-2007

Centro de Convívio, Grândola, Portugal, 2016

Estratégias de projeto

Passado, presente e futuro fazem parte da consciência, e balizam a existência, de cada homem ou comunidade. A arquitetura lida com a noção de tempo de uma forma particular. A duração do projeto resume-se a um instante mínimo, quando comparado com a idade do sítio em que se intervém, com todos os séculos de história da arquitetura (e aqui eles parecem mesmo coincidir), ou simplesmente com a expectativa de permanência do edifício que se prevê construir. O exercício do projeto representa assim uma espécie de gigantesco esforço de assimilação, durante o qual todos esses tempos são convocados e comprimidos, ensaiando-se uma proposta de interpretação que os articule e da qual resulte uma continuidade legível.

Se a história corresponde, de algum modo, à sobreposição estratificada dos sucessivos presentes, a arquitetura assemelha-se a uma arqueologia da transformação: "o homem destrói uma civilização, mas constrói outra utilizando os tijolos da anterior" (Andrew Wajda).

AIRES MATEUS, Memorial para o Concorso internazionale per la realizzazione di un polo di formazione sui beni e le attività culturali, Città di Benevento

Nas artes, para além do clássico uso do molde como método de obtenção de um *positivo*, encontramos outros caminhos de construção do espaço a partir do diálogo entre o vazio e o negativo que o contém. Nesse sentido, pode-se dizer que a arquitetura de Aires Mateus se desenvolve num procedimento mais escultórico do que arquitetônico: seu método não é pautado por uma ideia tectônica, construtiva, oriunda de um processo aditivo, mas por uma ideia subtrativa de modelagem do espaço.

As esculturas do espanhol Eduardo Chillida – que se autodenominava o "arquiteto do vazio" –, por exemplo, alternam positivo e negativo com o objetivo de estabelecer, no diálogo entre a luz e a massa que a contém, a expressão própria do vazio.[10] No trabalho

10. MÜLLER, Markus. *Eduardo Chillida*, p. 34.

O quão profundo é o ar (1996), o escultor abre janelas geométricas num maciço bruto de alabastro, preenchendo suavemente de luz o vazio interior para dar vida a um espaço arquitetônico branco finamente acabado, em contraste agudo com a solidez opaca e da forma circundante. Já na escultura *Elogio à Arquitetura IV* (1974), o artista esculpe um maciço geométrico para criar uma espacialidade interior, própria da arquitetura.

No caminho oposto, situa-se o trabalho da artista inglesa Rachel Whiteread, que explicita a oposição entre limite e vazio fazendo uso de esculturas de grande escala que *solidificam o ar*. Na escultura *House*, de 1993, pela qual recebeu o Prêmio Turner Prize no mesmo ano, a artista subverte a noção de vazio ao *preencher* de concreto a totalidade do espaço oco interior de uma casa em três pavimentos, tornando-o sólido.

Segundo Manuel Aires Mateus, os artistas, ao trabalharem a forma pura, potencializam nossa capacidade de visão e de compreensão do espaço. A arte, ao trabalhar com a representação precisa de uma ideia, cria instrumentos de síntese muito férteis para a representação da arquitetura. Os edifícios-molde desses arquitetos, no entanto, além de conferir identidade capaz de *materializar* o vazio em nossas mentes, ganham complexidade própria: o limite deixa de ser uma parede ou uma membrana, e passa a assumir a espessura e a amplitude de um campo habitável. Seus trabalhos, de forte caráter abstrato, são fruto de uma metodologia marcada por uma síntese conceitual, que fixa conceitos fundamentais que garantem que, apesar dos desvios naturais do processo, exista uma coerência entre o resultado construído e o conceito original.

A expressão complexa desse *modus operandi* é garantida pelo próprio sistema de representação gráfica de que se valem os arquitetos: as zonas *escuras* referem-se aos usos servidores, pertencentes ao *maciço*, que por sua vez delimitam os espaços vazios, zonas claras, que abrigam os espaços servidos e de permanência. Tal recurso fica evidente de forma marcante – quase didática – no projeto de 2002 para a livraria Almedina, em Vila Nova de Gaia, em que um corredor central, pintado de preto, dá acesso às salas brancas onde os livros estão expostos. A rigidez do conceito, transmitida para a dimensão da obra, nota-se nas arestas das estantes: pretas, voltadas para o lado do corredor, e brancas, voltadas para o lado das salas, como um corte que de um lado é pele e de outro, carne.

O desenvolvimento de cada projeto é sempre amparado pela confecção de maquetes em grande escala, construídas a partir de blocos de isopor que simulam e testam a construção desses limites. Esses modelos se tornam cada vez maiores para afinar a percepção em escala real do espaço. As volumetrias e os vazios brancos que resultam desse processo exprimem, em sua

Livraria Almedina, Vila Nova de Gaia, Portugal, 2002

imaterialidade, a espacialidade conformada apenas pelas nuances da incidência de luz. A obsessão pelo branco distancia o pensamento do problema material e lhes permite focalizar seu trabalho nos limites do espaço.

> Os processos e os sistemas construtivos são inerentes à arquitetura, e representam um campo de estudo que nos interessa. Acontece que em nosso trabalho esses temas estiveram a serviço de outros valores que nos parecem mais fundamentais, em particular, a clareza geométrica do espaço e dos volumes, que quase inevitavelmente pressupõem a continuidade material das superfícies construídas.[11]

O projeto da Faculdade de Arquitetura de Tournai, de 2017, pode ser considerado a expressão síntese desta arquitetura que perfaz o espaço pelo molde vazio. A obra ocupa o interior de um bloco histórico da cidade, onde coexistem edifícios de diferentes identidades e períodos históricos. O novo edifício fecha a quadra como um grande volume branco, hermético, suspenso e em contraste com os volumes já existentes, determinando um grande vão. O peso neutralizado do volume coloca em xeque não só a gravidade, mas a noção de presença e temporalidade do conjunto.

Esta é outra chave fundamental para compreender a arquitetura dos Aires Mateus: o diálogo entre arquitetura, tempo e memória que, na contracorrente do que propõe a arquitetura contemporânea – associada ao transitório e ao imaterial –, trata a ideia da permanência. No concurso realizado em 2006, para a reconstrução de uma praça em Benevento na Itália, local que recai sobre a ruína de um antigo anfiteatro romano, recuperou-se o formato da praça original, elíptico, restabelecendo sua espacialidade urbana. Como um fóssil, o novo edifício surge como um molde negativo que materializa os vazios de uma realidade anterior àquela, ora inexistente, e reconstituída da única forma possível: na celebração de sua ausência.

O arquiteto Gonçalo Byrne afirma que a história é a disciplina que melhor permite transpor para o projeto arquitetônico a noção de que ao trabalhar a arquitetura, trabalha-se com o tempo. Segundo ele, a arqueologia é especificamente um ramo que assume grande interesse, pois torna visível e tátil uma estratificação formal temporalmente distinta, portanto é, em si mesma, uma possibilidade de premonição do que será a arquitetura. Ele afirma: "Nós estamos a projetar arqueologias. Porque, de algum modo, a arquitetura que estamos a fazer hoje é, para todos os efeitos, apenas um estrato temporal, que permanecerá em alguns casos, enquanto forma erodida".[12]

---

11. CARVALHO, Ricardo. Op. cit., p. 13.

12. NUNES, Elisabeth Évora; LUZIO, Luísa França. Entrevista com o arquitecto Gonçalo Byrne, p. 298.

Faculdade de Arquitetura, ampliação, Tournai, Bélgica, 2017

Assim como o molde dá forma ao vazio, a ruína materializa a memória ao invocar a ausência. Ambos os conceitos habitam a dimensão intangível do imaginário que interfere e amplifica a noção do tempo na arquitetura.

Com o uso de elementos arquetípicos – das formas puras aos tetos em abóbada ou quatro águas –, Aires Mateus dá cognição aos espaços, oferecendo certo nível de compreensão e conforto ao espectador, que busca recuperar através da arquitetura uma experiência coletiva. O espectador é capaz de estabelecer uma relação entre o que ele vê e sua própria experiência, o que possibilita, pelo reconhecimento, a compreensão das complexas espacialidades propostas.

> Nós só conseguimos compreender aquilo que reconhecemos, é um problema de limitação humana. Portanto quando enfrentamos situações que não conhecemos, partimos da montagem de elementos reconhecíveis, e trabalhamos sempre por associação. Portanto, a novidade para nós é reconhecível através da recombinação de elementos que estamos habituados e conseguimos reassociar. Por isso quando falamos de *elementos arquetipais* o que nos interessa é que haja uma parte da compreensão garantida, para que se possa, depois, compreender o todo e assimilar a novidade.[13]

Com seus *moldes* arquetipais e por meio da ativação de processos subliminares, a arquitetura dos irmãos Aires Mateus amplia – ou espessa – fronteiras do campo arquitetônico, num permanente ajuste entre matéria, limite, vazio, realidade e memória.

É a manifestação da ausência – não apenas a subtração do espaço escavado, mas o sentido do vazio – que interessa; um fenômeno não apenas escultórico, mas que especifica o valor da arquitetura. Para Emilio Tuñón a relação entre o tempo e o espaço atemporal e infinito na obra de Aires Mateus nos recorda da finitude de nossa existência, colocando-a em contraste com a larguíssima continuidade do tempo fora de nosso destino individual. A obra evidencia o passo incontrolável do tempo, sobre o qual o arquiteto é chamado a intervir.[14]

13. ACAYABA, Marina. Entrevista com Manuel Aires Mateus (op. cit.) p. 242 (anexo desse livro).

14. TUÑÓN, Emilio. En el corazón del tiempo. Una conversación con Manuel y Francisco Aires Mateus/At the Heart of Time. A Conversation with Manuel and Francisco Aires Mateus.

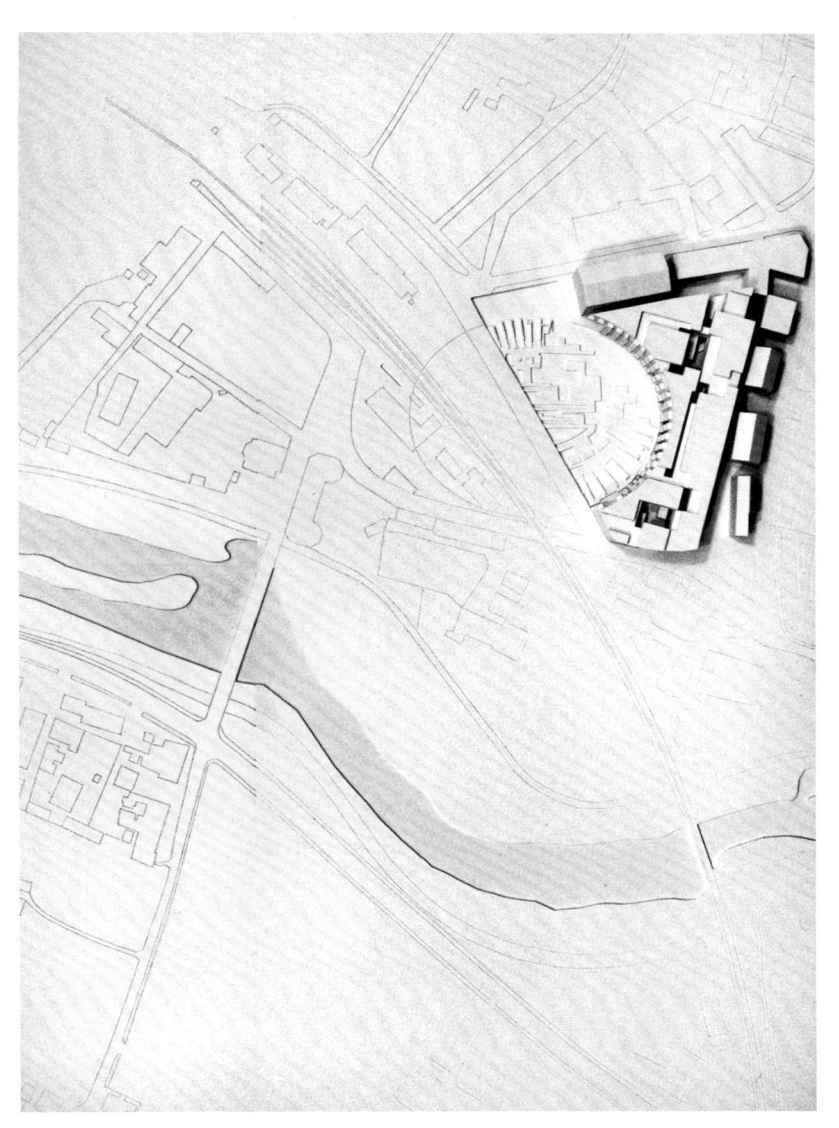

Projeto para praça em Benevento, Itália, 2006

Entrevistas

Entrevista com Mauricio Pezo e Sofía von Ellrichshausen

Concepción, Chile, outubro de 2018

Marina Acayaba: A casa Cien também abriga o escritório de vocês?

Mauricio Pezo: Trabalhamos neste canto, nesta mesa, com a incidência da luz do céu, no centro. Nestes três andares está localizado o escritório; nos outros três, a casa. Neste andar, mais próximo do terreno, fica nosso ateliê de pintura. Então, esta abertura aqui é exatamente esta janela [aponta uma janela na fachada].

MA: Essa casa tem uma tipologia diferente das casas Poli e Rivo?

Sofía von Ellrichshausen: Sim, é totalmente diferente. Nela, não há o espaço perimetral e a circulação é mais concentrada no centro do edifício. Além disso, o tamanho é muito menor. Neste caso, temos uma planta de 6,5m x 6,5m, já na Poli, a planta tem 9m x 9m, o que acaba resultando em uma divisão diferente do espaço, mas que, na essência, segue o mesmo princípio. Na casa Poli, o perímetro espesso abriga as funções secundárias diferenciando-as das funções principais e centrais da casa. Por exemplo, nos armários da casa Cien, que ocupam o perímetro das escadas, exploramos a mesma diferenciação: o desenho baseia-se numa cruz simétrica, na qual os espaços secundários ficam do lado da circulação, deixando livres os espaços voltados para a vista, que ocupam 2/3 do volume total, o que cria toda uma sequência de espaços entre os centrais e as salas auxiliares.

MA: O memorial do projeto conta como o projeto foi pensando para articular um uso polivalente de espaços que abrigassem galeria, residência e escritório: "O edifício funciona como uma casa de verão e um centro cultural, o que estabeleceu uma proposta contraditória: o interior teria que transitar entre um aspecto muito público e outro íntimo e informal".

SVE: A propriedade da casa Poli é compartilhada entre nós e um casal de amigos artistas. Inicialmente, pensamos nela como um lugar para usufruir aos fins de semana; depois, decidimos, todos juntos, criar ali o centro cultural. Então, além do uso entre os casais, a casa passou a abrigar residentes e, por esse motivo, foi chamada de Poli. Como ponto de partida, entendemos que o espaço interior não deveria designar funções, para não determinar os usos – estes, passariam a ser determinados apenas pelos móveis. Então, de certa forma, nós não necessariamente chamamos um quarto de quarto; isto é, se você coloca uma cama, é um quarto, mas se você coloca uma mesa, é um estúdio – o que possibilita a transformação de um espaço doméstico em um espaço público, de caráter mais neutro.

> **MA:** O limite espesso foi desenhado com o objetivo de proteger a casa?

MP: O limite é uma parede feita de duas paredes: duas paredes paralelas muito próximas uma da outra, chamado de parede habitável. Trata-se de uma parede que serve ao propósito de liberar o espaço interior. Nela, colocamos as escadas, os banheiros, a cozinha, a área de depósito e as varandas, garantindo que o espaço central seja neutro – se um deles está ligado à cozinha, não é necessário que seja uma sala de jantar; se você colocar uma cama, torna-se um quarto, então isso permite que a domesticidade da casa desapareça.

> **MA:** A casa Rivo também tem as escadas no perímetro?

MP: Sim, mas lá é diferente porque as escadas estão localizadas apenas de um lado da planta.

> **MA:** A casa Rivo é a primeira de uma série de casas verticais, da qual fazem parte a Poli e a Wolf?

SVE: A Rivo é o primeiro projeto que construímos. No projeto, toda a circulação está situada de um lado, e no lado oposto estão as varandas e os armários; não há senso de perímetro. A oposição definida entre a circulação, de um lado, e os armários e varandas, de outro, determina uma frontalidade na casa, aspecto que na Poli é bem mais ambíguo. Fortalecendo essa frontalidade, a fachada voltada para o Norte tem aberturas maiores; já o lado da escada é mais opaco, com aberturas menores, que refletem o andamento da escada. Cria-se, portanto, uma polaridade, uma oposição muito clara entre um lado e outro. Em certo sentido, ao localizar os espaços secundários no perímetro, como fizemos na Poli, garantimos que o espaço central esteja vazio. Então, é claro, elas são irmãs, porque têm o mesmo DNA, mas de certa forma são completamente diferentes na maneira como os espaços são concebidos.

> **MA:** Observando o trabalho do escritório percebemos que existe uma lógica entre os projetos que parece formar séries que experimentam repetidas tipologias.

MP: Não utilizamos a ideia de tipologia em nosso trabalho porque a encontramos sobrecarregada demais com a conotação da história. Estamos muito mais interessados na noção de formato como um conceito mais genérico para uma sequência espacial ou um sistema espacial, uma figura, que define uma direção e um campo de ação. Nesses termos, as casas Poli e Rivo, entre muitos outros projetos, respondem à mesma lógica de concentração e extensão vertical: são volumes compactos, com reduzida projeção no terreno, que se desenvolvem verticalmente. Já na casa Cien, trabalhamos com um formato duplo, o pódio e a torre; há também programas mais complexos como a casa Solo, em que trabalhamos com esse mesmo formato duplo, porém invertido, sendo a parte inferior menor e a superior maior, fazendo com que a volumetria seja reconhecida como uma plataforma, uma extensão horizontal. Todas essas descrições, extremamente genéricas, falam sobre uma tendência do espaço, não sobre a função desse espaço, que está associada a noção de tipologia. Portanto, podemos dizer que não pensamos nos termos de tipologia. Os projetos que seguem lógicas similares apresentam soluções que buscam resolver um mesmo interesse: o de garantir a neutralidade do espaço interior.

SVE: Gostamos muito dessa noção de tendência. A casa Poli não é um cubo, mas tem uma tendência à percepção cúbica, e portanto está mais próxima da ideia de um cubo. É por isso que ela tem, em sua essência, a semente da não frontalidade, mesmo que haja distinção entre suas fachadas – por exemplo, a relação entre as aberturas e a orientação solar ou a posição das varandas em relação ao vento – existe uma equivalência marcante entre todos os lados. Nesse contexto, temos desenvolvido essa investigação de maneira bastante rigorosa, buscando a substituição da noção de forma pela noção de formato. Isto porque, desde o início de nossa carreira, desconfiamos da ideia, que alguns artistas e arquitetos compartilham, de que a cada vez que se inicia um trabalho, começa-se do zero, da página em branco; para nós, isso é impossível. Sendo o autor sempre a mesma pessoa, não é possível interromper um raciocínio que está sendo processado e iniciar um totalmente novo que depende, unicamente, de novas condicionantes. Entendemos que existem sempre sobreposições e que, a cada novo projeto, continuamos a desenvolver os mesmos raciocínios – muitas vezes não conseguimos esgotá-los em um ou mais projetos e, por isso, precisamos de uma extensão maior de tempo. Desenvolvemos, portanto, a noção de projetos que parecem fazer parte de uma série, em que um é a continuidade do outro; uma família ou uma série de ideias que pertencem umas às outras e formam uma variação contínua.

> **MA:** Então, a cada novo projeto, vocês procuram melhorar ou alterar pequenos elementos?

SVE: Sim, ao longo do tempo. É claro que cada projeto representa um caso específico que segue circunstâncias não determinadas por nós. Nós apenas articulamos essas circunstâncias segundo nosso próprio interesse e, ao fazê-lo, descobrimos aquilo que estávamos procurando. Por exemplo, exploramos certa solução que se encaixa bem a um caso específico; uma vez que essa solução se esgota, tentamos algo diferente – também queremos aprender algo novo com tudo isso.

MP: Eu imagino que isso seja um dos aspectos mais fascinantes de qualquer processo criativo. Você pode ter certas maneiras de realizar uma pesquisa e estender esse entendimento de um caso para o outro, mas há um momento em que é impossível prever em qual projeto essas ideias e pseudorespostas se esgotam, e você não sente mais a necessidade de explorá-las – ou porque elas já são conhecidas, ou porque ao longo do caminho você descobre algo que é muito mais interessante, e entra em uma direção impossível de prever.

> **MA:** O trabalho do escritório parece caminhar para uma direção que enfatiza os aspectos estruturais, ou sempre foi assim? Pergunto isso porque os elementos estruturais estão mais e mais visíveis, como na casa Nida.

SVE: Existem projetos mais discretos nos quais não existe nenhum esforço estrutural ou outros mais expressivos. Ambos seguem um mesmo princípio, e não acho que isso seja uma evolução, mas uma manifestação diferente de um mesmo problema. Em cada projeto há uma estrutura integral da qual nada pode ser retirado, tudo faz parte de uma mesma entidade que resolve com um único sistema estrutural todo o conjunto. É claro que na casa Solo você pode reconhecer mais pilares e vigas, enquanto na casa Poli mais paredes e aberturas; como sistema, as duas são muito similares.

Trata-se, portanto, de um sistema espacial ou de uma linguagem do espaço cuja gramática é sempre a mesma. Nós chamamos isso de gramática espacial, que é precisamente aquilo que não se vê, aquilo que fazemos em nossas pinturas: elas não são imagens de projetos propriamente ditos, mas falam da percepção do espaço.

Eu acho que todos os nossos projetos possuem isso, mas eles também possuem uma tradução material para isso, e é justamente essa tradução material que os torna diferentes. Você poderia dizer, então, que, em termos de abordagem, nossos projetos seguem uma mesma gramática, porque as circunstâncias são tão diferentes que a tradução se torna também diferente.

> **MA:** Nesse sentido, qual foi a primeira abordagem no projeto da casa Poli? Existe um conceito original que se mantém válido durante todo o seu desenvolvimento?

SVE: Nós, ao contrário de operarmos por gestos, metáforas, conceitos ou partidos, operamos de acordo com muitas pequenas ideias que se acumulam e fazem sentido em um determinado período de tempo, funcionando como solução até o momento em que se esgotam, um momento de colapso que tem a ver com a própria complexidade da arquitetura.

Nós não acreditamos que é possível fazer uma espécie de diagrama genérico que reflita um conceito inicial sem pensar na materialidade ou no detalhe da janela que está desenhada, isso seria muito reducionista.

Nós procuramos manter a arquitetura como algo múltiplo, simultâneo e, portanto, mais complexo. É também por isso que não participamos de concursos de arquitetura, porque nós nunca temos um slogan ou uma maneira sintética de explicar nossos projetos. Por exemplo, para explicar o projeto da casa Poli, nós poderíamos falar da intenção do perímetro, da espessura desse perímetro, ou de sua presença cúbica muito abstrata na paisagem, mas não é só isso, ou isso não funciona de forma linear: são vários conceitos simultâneos.

Assim, quando nós começamos um projeto novo, procuramos não tomar nenhuma decisão *a priori*, para tentar visualizar todas as variáveis envolvidas. Essas variáveis são como pequenas bolhas de sabão: você tem todas essas bolhas, e de repente há um momento em que você precisa congelá-las e criar um esqueleto, ou uma maneira de colocá-las todas juntas, mas na realidade esse esqueleto não é importante, o importante é o que ele contém, ou seja, tudo aquilo que está em equilíbrio. Por isso, nunca começamos pelo esqueleto, mas procuramos entender todas as variáveis envolvidas.

Se voltarmos aos croquis iniciais da casa Poli percebemos que já contêm a presença da sala vertical, sua relação com a falésia e com o horizonte. É visível também o conceito do perímetro e do terraço na cobertura da casa, ou seja, é possível visualizar a presença de muitas ideias ao mesmo tempo. Por outro lado, podemos destacar o desejo fundamental de neutralizar o espaço e esconder as funções de modo a corroer o aspecto programático. Na verdade, o momento mais difícil são os primeiros meses em que estamos tentando entender tudo para não fazer um movimento reducionista, mas sintético – ou seja, resumir essas várias ideias sem criar uma hierarquia.

> **MA:** Portanto, a partir do equilíbrio de que falou, não se podem fazer mudanças aleatórias, já que tudo segue um pensamento lógico que articula essas várias ideias.

MP: Sim, eu diria que sim. Não se trata de um processo linear; por isso não somos fiéis à coerência de um processo que pareça linear, como o processo do Peter Eisenman, por exemplo, em que é visível e legível a consequência de cada passo. Em nosso caso, não enxergamos o processo como uma linha, mas como um círculo, que se percorre múltiplas vezes – para cima, para baixo, para trás e para frente. Portanto, apesar do resultado da casa Poli parecer lógico e claro, isso não significa que tivemos essa claridade desde o começo – na verdade, o início foi caótico e confuso. É por isso que nunca mostramos nosso processo, não é nele que estamos interessados.

> **MA:** Mas vocês falam muito sobre o processo de raciocínio que pode ser entendido como um processo de projeto.

SVE: Nós nunca falamos sobre processo, falamos sobre métodos. Achamos que o resultado desse processo, em si, já é rico o suficiente, e que não precisamos adicionar mais informação para explicá-lo.

> **MA:** Mas podemos falar que existe uma linguagem e um método, ou melhor, ideias que juntam todas as bolhas mencionadas?

MP: Tão complexa é a realidade, porque tão complexa é a vida, que seria pretensioso acreditar que uma ideia pode se impor a qualquer realidade. Acreditamos, nesse sentido, que a complexidade de determinada circunstância informa suas próprias intenções.

> **MA:** Como vocês conduzem as disciplinas nas faculdades de arquitetura em que ministram cursos?

SVE: Ensinar é um pouco diferente. Lá, nós temos nossos próprios métodos, nossas próprias ferramentas.

> **MA:** E para trabalhar em conjunto, vocês criaram uma linguagem comum?

SVE: Exatamente. Quando ensinamos, podemos compartilhar uma maneira de resolver um problema: tenta-se estreitar o problema, para realmente se concentrar naquele pequeno aspecto que queremos treinar, um modo de pensar e articular um problema. Por isso, também desenvolvemos um método de ensino que cria uma discussão direcionada.

> **MA:** Então como vocês propõem um problema?

MP: Essencialmente, nós produzimos armadilhas às quais os alunos devem reagir. No início, trabalhávamos com uma metáfora sobre buracos: nela, os alunos cairiam em um buraco e, ao sentir que estavam presos, seriam forçados a reagir àquelas determinadas circunstâncias – que, na verdade, é uma maneira de treinar a capacidade de resolver problemas com meios arquitetônicos.

Com o tempo, nós substituímos a noção de buraco pela noção de teia de aranha. Nesse ponto, tentamos armar uma teia na qual, assim como uma mosca, os alunos ficam presos, congelados pelas circunstâncias e, de certa forma, apreciam a paisagem – diferente do buraco, a rede nos permite olhar todas as direções.

Talvez de forma perversa, nós prevemos que os alunos irão morrer em algum momento; eles estão lá relaxando, e nós somos a aranha que espera para comê-los. Nesses momentos, de prisão, nós acreditamos que os alunos ficam conscientes dos preconceitos e passam a ver as coisas como elas são. Conseguimos, assim, remover o excesso de informação e criar uma espécie de silêncio.

MA: Em classe, vocês nunca mostram outros projetos como referência?

MP: Não, e isso é parte do silêncio. Atualmente, todos os projetos tendem a ser informados por referências. De certa forma, em nossa opinião, um excesso de referências, consequência muito óbvia da mídia. Por isso, criamos essa abordagem da teia de aranha ou do que chamamos de *Naïf Intention* (intenção ingênua), ou ideias que pertencem a um momento em que a história não era importante. Esse conceito se aproxima dos conceitos do monge medieval Nicolau de Cusa. A prática teológica e filosófica de Cusa explica como a ignorância nos aproxima de Deus, já que esta nos permite um aprendizado genuíno, reflexo da realidade e da singularidade do próprio ser. Assim, de algum jeito, o que estamos tentando fazer com nossos alunos é exatamente isso: em nossos estúdios, não lemos nada, não nos referimos a nada, não utilizamos livros ou figuras de história; estabelecemos relações apenas baseadas nas circunstâncias, ou seja, no silêncio – não no ruído ou na música.

Não se trata de não estar interessado, porque estamos muito interessados naquilo que há no mundo – exposições de arte, filosofia e literatura –, mas não usamos isso como uma ferramenta ou um instrumento: eles fazem parte de um pano de fundo.

MA: E em Adolf Loos, vocês prestaram atenção?

MP: Muitas pessoas fazem um paralelo entre nosso trabalho e o conceito de Raumplan, desenvolvido por Loos. Eu diria que isso é um conhecimento disciplinar que faz parte da história da disciplina, mas que não são instrumentos que podem ser utilizados para produzir uma realidade nova, porque eles são um vetor que aponta para o passado, e nós estamos tentando fazer um projeto que aponta para o futuro. Dessa forma, não consigo ver a real conexão. Estamos tão interessados em Loos quanto estamos em Machu Picchu ou em uma casa antiga na Grécia que encontra uma solução inteligente ao se adaptar à topografia. Acreditamos que é possível fazer um projeto sem conhecer a história da arquitetura.

> **MA:** Um dos temas que discuto em meu trabalho trata do conceito de fronteira ou da borda que separa e define a relação entre o interior e o exterior. Nos estudos dos projetos contemporâneos percebe-se que, diferente do que apontava o movimento moderno, esses limites se tornam cada vez mais densos e espessos.

SVE: Na casa Poli, por exemplo, ao utilizar essa fronteira como um lugar habitável, cria-se um campo ou um espaço entre o exterior e o interior, um novo lugar que gera uma nova percepção dessa relação exterior-interior. Assim, tudo o que está entre depende de como você o qualifica. Olhando para a planta e para os cortes dessa casa, percebemos, por um lado, como alguns lugares interiores tornam-se, na sequência, exteriores; por outro lado, existem momentos em que esses espaços se relacionam de maneira equivalente com o exterior e o interior, criando uma sobreposição por vezes neutra, por outras, oposta.

MP: Em meu entendimento, a percepção desse limite é relativa. Por exemplo, no mapa de um país existe uma linha que determina suas fronteiras. Tecnicamente essa linha é mais ampla e acaba definindo um espaço, um espaço neutro, entre. Na nossa arquitetura, por causa do clima, temos sempre bem marcada essa diferença entre o exterior e o interior, e revelamos essa distinção de forma clara.

Na casa Solo, por exemplo, exploramos essa relação através da reversibilidade dos espaços, algo que nos interessa como definição espacial. Esse espaço pode ser uma sala de estar e aquele outro um terraço, mas se deslizamos as janelas, mudamos a identidade desses espaços, o que torna tudo relativo. Procuramos, portanto, formas de desestigmatizar o uso dos espaços, e para isso criamos espaços que não seguem a convenção usual, favorecendo o uso espontâneo.

Muitos de nossos projetos têm, especialmente observando as plantas, interesse na proximidade dos espaços entre si e como eles podem modificar um ao outro. Na casa Poli, a mesma varanda pode ser entendida como uma maneira de expandir o interior para o exterior, como uma área protegida ao ar livre, ou ainda como uma maneira de afastar o exterior e se proteger de uma chuva.

> **MA:** A partir disso, o que se cria é uma grande ambiguidade nos espaços.

MP: A percepção da casa Poli realmente é muito ambígua: isto é uma varanda ou uma parede grossa? Quando nos aproximamos, percebemos que é uma escada. Ou seja, o espaço se determina pela percepção.

> **MA:** Vocês podem explicar o conceito de *finit format*?

MP: *Finit format* é um campo de ação. Não se trata de um tamanho específico, mas de um fator com uma direção, que pode criar inúmeras variações. Partimos de figuras com uma lógica interna e com uma estrutura espacial clara, que define a identidade da peça, a qual se adicionam os fatores de direção. Por exemplo, esta peça é claramente um "L", adicionando a ela janelas, atribuímos a ela um valor arquitetônico; caso contrário, seria apenas um volume abstrato. Até agora, nós realizamos cerca de nove ou dez experiências com esse conceito, fundamentalmente uma maneira de pensar sobre identidade e criar uma ferramenta de pensamento espacial.

O formato é determinado por dois parâmetros básicos: tamanho e direção, relativos aos limites do objeto em si. Dentro dessa definição geral, aceitamos que pode ser explicado como uma adição de fatores tridimensionais. Partimos então do princípio de que existem três dimensões X, Y, Z, e que cada uma delas pode ser dividida em três tamanhos S, M, L. Assim, três dimensões elevadas a três tamanhos chegam a 243 formatos. Por isso o chamamos de um *formato finito*. Sabemos, no início, a quantidade de variações, e calculamos um intervalo grande o suficiente para que a identidade do formato se mantenha reconhecível.

MA: E esse conceito é utilizado como ferramenta de projeto?

SVE: Nunca. Ele é mais um exercício para entender como se constrói a identidade de um formato e o momento preciso em que algo se torna diferente. Há um momento em que você reconhece um formato e diz "isso é uma torre", e de repente esse formato não é mais uma torre, e você recupera a importância do pódio ou a relação com o chão. Ou seja, essa é uma maneira de sistematizar ou de tentar entender, de forma consciente, quando a transformação do formato acontece. Por isso, novamente, não se tratam de tipologias, mas de um formato, com a mesma estrutura interna, porém com a ideia de percepção e de espaço completamente diferentes.

Entrevista com Manuel Aires Mateus

Lisboa, Portugal, maio de 2018

Marina Acayaba: Esta pesquisa trata do tema do projeto da casa como campo de experimentação na arquitetura. Para isso, escolhi três casas projetadas entre os anos 2002 e 2007: a casa Poli, dos chilenos Pezo Von Ellrichshausen, a casa Moriyama, do Nishizawa, e a casa em Coruche, projeto no qual participei quando trabalhei neste escritório, em 2006.

Manuel Aires Mateus: A essa altura, a casa de Coruche, para mim, foi uma oportunidade de explorar um tema de grande interesse: a ideia de partir de uma forma claramente reconhecível, como a da casa arquetipal de quatro águas, e trabalhar o projeto apenas por subtração geométrica. A primeira operação foi subtrair o pátio central sem perder a noção ou a dimensão do volume; depois, subtraíram-se quatro partes principais: a cozinha, a sala, o quarto principal e o quarto dos miúdos – tudo foi subtração. Como operação, o interessante desse processo consistia na ideia de construção da subtração, não só pela montagem de uma operação que nos desse a sensação da subtração, mas por corresponder verdadeiramente, do ponto de vista intelectual, a uma subtração. Utilizamos também a ideia do reconhecimento, da memória, do domínio do comum para criar um chão comum que nos permitia olhar para a casa de forma abstrata e trabalhar apenas com a ideia do negativo.

As formas dos espaços interiores também são formas claramente reconhecíveis. Portanto, havia a história da memória não só no volume exterior, mas também na memória da espacialidade de todos os espaços: a forma da cozinha, a forma da sala, a forma dos dois quartos são espaços claramente reconhecíveis, tal como volume, e que fazem uma intersecção com o outro vazio que é a primeira subtração; e isso acabava por montar tudo o que eram as aberturas. Além disso, respondíamos de forma muito pragmática ao programa: uma cozinha, uma sala e um aspecto curioso, que era a possibilidade de muitos filhos; portanto, nós fizemos aquela sala que era uma espécie de sala central para os miúdos, e depois abrimos alcovas por toda a volta.

Outro tema que muito nos interessou no projeto era uma clara ideia geométrica. Nesse sentido, o projeto tem uma geometria que se apoia sempre nos pontos principais da sua força, vai a cumeeira para abrir o pátio, faz uma série de construções que geometrizam todo o projeto.

> **MA:** Será que as ideias do arquétipo e da memória, por tratarem também do campo da imaginação, ampliam a noção do espaço para além do espaço material, criando uma nova dimensão, onde matéria e imaginação se combinam?

MAM: Repara, não é apenas isso. Há aí uma questão muito interessante. Nós só conseguimos compreender aquilo que reconhecemos, é um problema de limitação humana. Portanto quando enfrentamos situações que não conhecemos, partimos da montagem de elementos reconhecíveis, e trabalhamos sempre por associação. Portanto, a novidade para nós é reconhecível através da recombinação de elementos que estamos habituados e conseguimos reassociar. Por isso quando falamos de *elementos arquetipais* o que nos interessa é que haja uma parte da compreensão garantida, para que se possa, depois, compreender o todo e assimilar a novidade.

Há muitos anos, li uma entrevista do chef Ferran Adrià que deixa essa ideia muito clara. Ele dizia que gostava de evocar nos sabores de sua cozinha suas memórias e experiências culturais adquiridas, tornando o sabor mais amplo: assim, deixava de ser só um sabor e passava a suscitar infinitas possibilidades dentro da memória de cada um. A partir daí, havia um confronto entre a realidade e a qualidade da experiência, justamente nessa distância entre o mundo cultural e o mundo real. Em arquitetura, temos um pouco essa ideia; essa distância entre a memória e a realidade confere, a mim, uma resposta.

A arquitetura trabalha com princípios muito básicos: portas, janelas, chão, teto. Passada essa etapa, aquilo que se chama arquitetura, e não construção, é uma visão cultural da montagem desses elementos relativamente simples. Por esse motivo, gostamos de bases reconhecíveis que possam ser confrontadas com outra realidade. Por exemplo, eu tenho uma ideia preconcebida sobre a realidade, mas quando a realidade me causa um impacto, a própria possibilidade da realidade se destrói, tensionando a ideia preconcebida e ampliando a possibilidade da experiência.

Em Coruche, através da forma arquetipal, utilizamos uma ideia preconcebida de casa para introduzir uma falha, um rasgo; ou seja, utilizamos algo que conhecemos muito bem, criando a possibilidade de reconhecimento de algo que nunca vimos. Com os espaços interiores, foi um pouco a mesma coisa: alguns espaços possuem formatos que reconheço, mas não são espaços confinados; eles não acabam, e se interceptam com aqueles criados na primeira operação de subtração. Dessa forma, duas formas simples e arquetípicas se encontram gerando uma tensão e uma realidade inusitada. Esta operação tem uma sequência muito clara de elementos, que reconheço também de forma clara, e outra parte da operação que provoca estranheza e amplifica a distância entre essas questões, criando uma aderência à casa que possibilita a construção de uma tipologia nova. Essa estranheza também se materializa na diferença entre o espaço interior e o exterior: não existe simetria ou paralelismo entre esses espaços, o ponto de tangência deixa de ser uma parede, e ganha distância e espessura como se fosse um campo.

Uma coisa que defendemos sempre é a liberdade entre um volume e um espaço, dado pelo trabalho da ideia de um campo. Porque a arquitetura não se constrói sem matéria e a primeira coisa na arquitetura que temos que perceber é que talvez aquilo que é essencial é o espaço da vida, mas aquilo que nós construímos é o limite do espaço da vida. Como no provérbio chinês, o que interessa é o conteúdo líquido do copo, e o que determina a forma é a matéria que o envolve; na arquitetura, isso também existe. E o que nós gostamos de imaginar? Gostamos de pensar que há uma tensão, e o que nos interessa é jogar com essa liberdade, com um campo que reage a um lado e a outro. As paredes são campos que podem, por exemplo, ter funções secundárias, como a infraestrutura. No caso da casa em Coruche, usamos essa confluência para localizar o programa secundário na distância entre os quatro espaços principais e a forma exterior, conferindo liberdade ao espaço.

Esse conceito está presente na instalação *Voids*, produzida para a Bienal de Arquitetura de Veneza de 2010. Nela, mostramos, a partir de oito casas, a independência entre o volume e o espaço; e a ideia de que o limite não é um plano, mas um campo, é muito interessante de trabalhar.

MA: É o peso desse campo e da matéria que potencializa o espaço ou o vazio. É por isso que nos desenhos feitos pelo escritório, vocês preenchem o campo com o preto, conferindo peso à matéria?

MAM: A ideia do preto nasceu há muitos anos, como uma necessidade de controle. Em determinado projeto, temos que evitar distrações e nos concentrar naquilo que é importante a cada escala. Por isso, quando desenhamos, assinalamos com o branco os espaços principais e com preto o que circunda esses espaços. Depois, podemos repetir essa operação no desenho de um banheiro, sublinhando o espaço que nos interessa.

Em 2005, quando fizemos a grande exposição no Centro Cultural de Belém, aconteceu que nós, de alguma maneira, mostramos essa representação publicamente, mas ela já estava presente como forma de investigação e como garantia de que, com as naturais evoluções de um projeto, houvesse um controle que garantisse deixar viva a ideia inicial, a coerência do trabalho; pois essa representação sintetiza o partido, e mostra quais são as alterações possíveis, e quais não são, dentro da lógica de determinado projeto.

MA: Essa representação já está presente nos primeiros desenhos e croquis de um projeto, ou ela aparece depois, como síntese de uma ideia, como um diagrama?

MAM: Seguramente, para nós, o mais importante não é partir de uma ideia. Um projeto é um processo, e essa ferramenta faz parte do próprio processo de investigação; e essa investigação, por sua vez, pode chegar onde for – no início, nós não temos certeza do que queremos, nós vamos nos aproximando do projeto.

Como neste desenho, que mostra o que me interessa para o espaço de um quarto para um pequeno hotel. Nesse ponto, já sei que esse é o espaço principal (branco), e que tem uma zona de banho e que tem uma zona de vestir (preto); nesse desenho, já penso que eu preciso desenhar a espacialidade, preciso desenhar o limite e preciso construir o limite. Porque uma coisa que a arquitetura já ambicionou duas vezes na história era não ter limites, era que o limite fosse virtual; a primeira vez, nas grandes exposições de 1900, e agora mais uma vez com o virtual. Mas para mim, nada disso é real, a construção é sempre limitada a coisas com impacto relativamente claro, e isso é importante. Eu construo a partir daquilo que não posso negar que existe, a matéria; portanto, eu uso a matéria, eu a reforço, não permito que ela tente ser menos – ela tem que ser mais, mais forte, maior –; este para mim é o caminho.

> **MA:** Mas quando você faz uma arquitetura que não evidencia o método construtivo, que é toda branca ou monolítica e na qual não se veem os elementos construtivos, você cria mais um aspecto de ambiguidade.

MAM: Sim, existe outro nível de ambiguidade nisso, nos interessa mais a ideia da relação do homem com seu limite, com sua conformação.

> **MA:** Existe então sempre a vontade de ampliar o espaço, de deixá-lo denso e defini-lo através de paredes grossas ocupadas.

MAM: Para nós, a espessura não é uma condição; estamos interessados no espaço, na independência e na liberdade da forma. Por isso, criamos um campo *entre* que reage a um lado e a outro.

> **MA:** Quais arquitetos te interessam mais?

MAM: Me interessa, no trabalho de [Francesco] Borromini, a liberdade da espacialidade, da ideia, da possibilidade do espaço como infinito.

Já arquitetos como [Andrea] Palladio, [Karl Friedrich] Schinkel e [Ludwig] Mies van der Rohe representam, para mim, a inteligência da geometria como forma de trabalhar arquitetura. Dos arquitetos vivos, [Álvaro] Siza interessa por sua liberdade espacial e pelo desenhar do espaço através do movimento; e [Peter] Zumthor, por seu uso de materiais, o aspecto matérico de seu trabalho.

> **MA:** Ao aspecto construtivo, você se refere?

MAM: Sim. É a capacidade de compreender o verdadeiro efeito da materialidade, que nos interessa cada vez mais como investigação. O Zumthor, nesse contexto, é um arquiteto que, de alguma maneira, tem enorme clareza sobre a proposição da construção.

> **MA:** E isso tem alguma influência na materialidade de seus projetos, que estão mudando...

MAM: Hoje, nos interessa a relação do tempo, ou seja, o que quer dizer o tempo em arquitetura. Também nos interessa a ideia de que a precisão da arquitetura não é necessariamente milimétrica. Nós tínhamos a obsessão da esquina que toca milímetro por milímetro positivo com negativo; hoje, percebemos que esse rigor na arquitetura muitas vezes é a definição das regras que permite àqueles que vão construir, estender seu trabalho; e que essa combinação e essa extensão do trabalho do próprio modo de fazer arte confere imensa qualidade à arquitetura. Agora, usamos concreto, madeira, tijolo. São tecnologias com graus de descontrole, não há um tijolo igual ao outro. E então, essa ideia de que vamos somando esses lados da condição humana nos interessa porque tem uma relação diferente com o tempo e com a condição humana; é aí que fazemos nossa investigação.

> **MA:** E qual projeto é esse?

MAM: A casa de tijolo.

> **MA:** O quadrado é muito recorrente no trabalho de vocês.

MAM: Esses são os projetos feitos em lugares que não existem limites. Quando não se tem limites, você faz a forma mais clara: um quadrado ou um círculo.

MA: Sua arquitetura tem uma relação direta com a arte?

MAM: A relação com a arte nos interessa por vários motivos: um deles é exatamente a precisão que o artista deve ter, ele tem que ser um homem preciso, não há alternativa, aquilo é exatamente o que é, ou não é nada. Na arquitetura, escapa-se muito a esse conceito. Para nós, o projeto deve ser exatamente o que é, não tem desculpa.

Outro motivo consiste no fato de os artistas refletirem sobre questões da forma pura: por exemplo, o trabalho de Richard Serra sobre a tensão no espaço; ou o trabalho de Eduardo Chillida sobre o negativo; ou ainda o de Rachel Whiteread sobre a ideia da espacialidade invertida – todos esses trabalhos potencializam a nossa capacidade de visão, de compreensão do espaço.

MA: O trabalho da Rachel Whiteread materializa o vazio, ou seja, o oposto do que vocês fazem...

MAM: Nós também já construímos o vazio. No projeto de Benevento, um projeto para uma praça romana, reconstruímos exatamente o molde daquela praça, como se fosse uma Whiteread numa escala gigante. Assim, conseguimos repor a escala da dimensão do teatro sem a necessidade de construir um sitio arqueológico, mas através do seu negativo, do vazio. Nosso trabalho talvez seja o contrário do trabalho da Rachel, suas obras clarificam nossa noção de espacialidade.

MA: Como seus edifícios resistirão ao tempo?

MAM: Quando começamos a construir nossos edifícios, eles não tinham tempo; agora, eles são construídos para o tempo. Eu tenho uma ideia de que a arquitetura é a arte da permanência, aquilo que fica é a arquitetura. Por isso, gosto de imaginar que os edifícios não servem apenas a uma função. Na história da Europa, por exemplo, os grandes espaços servem a todas as funções: podem ser um convento, um quartel, um hospital ou uma escola, mas no fundo é sempre o mesmo convento, é sempre a mesma espacialidade – é esta a arquitetura que resiste. Nós, cada vez mais, queremos desenhar estruturas que resistam a diversas formas de apropriação. Trata-se de uma ideia mais ampla, de que a arquitetura é a arte da permanência, e para permanecer em outro tempo, pelo sentido construtivo, ela se deve ao sentido intelectual, como ideia.

English version

KNOWING ONESELF, KNOWING OTHERS: DESIGN AS CRITICAL THINKING
Marta Bogéa

Marina Acayaba developed the master's thesis that now results in this publication between the years of 2017 and 2019. As her advisor, I followed the evolution of her thought, which engaged both the sophisticated researcher and the elegant and discerning architect that she is. Her research irradiates her design interests, starting with the theme of the house itself, which is present in much of her office's output.

Her conversation with Manuel Aires Mateus in the series *So far, so near* during the FAU Encontros,[1] which took place in April 2020, when her master's was already finished, gives us a hint that this research is a sort of picture of a certain period that encompasses a broader sequence of events in time.

The willingness to think about her own work through the experience of others, searching for their reasons, is something Marina demonstrated very early on: Fresh from graduating from the School of Architecture and Urbanism at University of São Paulo – FAU USP, in 2006, she started her professional life at the Aires Mateus office in Lisbon, Portugal; the following year she left for an internship at Sanaa in Tokyo, Japan. On her return, in 2008, she founded AR Arquitetos with Juan Pablo Rosenberg.[2]

This research stems from her *know-how* and her interest in investigating the practices that lead each architect, or office, to develop a particular set of procedures that shape their own designing methods. In the aforementioned discussion with Manuel Aires Mateus, the architect thus describes the central question of her research: "How can we come up with a way of conceiving architecture through the understanding of a work methodology?"

The research began with a broad survey of houses designed between 1900 and 2019. A sort of personal selection among so many possible referential projects. In this navigation she arrived at a set of approximately eighty houses, from which she chose about twenty. She did so through a synthesis in which the broader set is presented in a timeline and the highlights through iconography.

This movement led to a sort of overflowing in which, through contact with some historical projects, personal inclinations made her linger on particular works. One moment in particular deserves to be mentioned: during this time of extensive survey, in one of our meetings, our exchange was dedicated to Frank Lloyd Wright, more specifically to the summer house Charles Ross[3] (1902). The interest the author showed in the orchestration of the program – she was intrigued by his procedure, the ways in which adjoining rooms opened up to each other through *corners* – coupled with a careful deciphering of the materiality of the project gave me some clues as to the nature of the research to come. Here emerged one of the features in which, through the analysis she sought to delineate, one could recognize her origins.

The careful choice of three among so many desirable houses required decanting and caution. It ended up being a spiral back in time, demarcating a timely inextricability between thought and action, theory and practice, memory and innovation.

Three houses, two generations: "Alone and yet with you"[4]
After scanning for modern houses, Marina allowed herself to go back to her own origins, selecting as object of analysis houses of architects/offices she had worked with in the beginning of her practice: The house in Coruche, by Manuel Aires Mateus (2005-2007),

and Moriyama House, by Ryue Nishizawa (2002-2005). She then added the Poli House, designed by Mauricio Pezo and Sofia von Ellrichshausen (2002-2005), architects of a generation closer to her own[5] – something she had not yet explored.

In a way, by revisiting two of these houses, Marina revisited herself, making a return to consider the methodology of architects who, despite belonging to another generation, were still quite close to her experience and training. On the other hand, the third house invited new data.[6]

Biographical data are not irrelevant here. Marina goes through time in a particularly intriguing way. The three houses that are the object of her study – works produced at the same time, but designed by two different generations – all came about in the short span of five years between design and construction, from 2002 to 2007. Two of them were built by architects who graduated in the 20th century, and with whom she worked at a very young age, while the third one was built by a duo that, pretty much like her, finished their studies and founded their offices in the 21st century. Observing them juxtaposed in this way allows us to glimpse the threads that connect them, what radically distinguishes them, and also to be surprised at how they somehow outline some common traits: the fragmentation that does not amount to dissolution, the inclination towards concealment rather than pure visibility, and the common materiality edited in an unusual way. The research allows us to perceive aspects that, on the one hand, derive from the still fertile modern soil and, on the other, subvert and reposition the architectural language on completely different foundations.

At this point it's necessary to add further information that is even more biographical, but also relevant, constituting milestones that accompany this narrative: Marina grew up in the Milan house, designed by Marcos Acayaba[7] – a significant beginning that encompasses her childhood memories entangled to this domestic landscape. Among the country's output, the Milan house, which is a very important project in Brazilian modern historiography, is perhaps one of the closest to the Case Study Houses. Pointed out in the introduction and, in a discrete way, in the timeline we mentioned earlier, the house is an intrinsic part of her training as an architect, but it is present from early on, in her movements towards discovering and deciphering the world, because she grew up in it, configuring a series of experiences that, as with all of us and our childhood places, make up a reservoir of possibilities to be accessed throughout our lives. Recognizing that this information deserved to be externalized was one of the achievements of the research, as was recognizing the relevance of her role in the redrawing of the houses for the second edition of the anthology book *Residências em São Paulo 1947-1975* [São Paulo residences, in free translation] by Marlene Milan Acayaba[8] – on one hand, a technical gesture; on the other, a gesture of affection, in which the author takes the time to follow her mother's desire and curiosity.

This recognition is all the more pertinent and possible in the context of contemporary ways of thinking, where affection is also seen as a source of knowledge, in opposition to the illusory framework of scientific objectivity that structured the so-called modern rationality. In a way, it was like talking about her own "Venice", like Marco Polo in Italo Calvino's fiction.[9]

Marina mentions the way cuts are made and the structural exuberance as the foundation for a current of thought in architecture associated with the USP, and for sure her everyday experience with the unexpected volumetry of those nuanced aerial volumes that subvert the regular exterior prism at João Batista Vilanova Artigas' FAU, where she studied, contributed to her savviness, recognizing variety within an apparently serene statement.

In her childhood home as well as in her training school, a unique roof – at FAU, the light grid; in the childhood house, the concrete vault – shelters an endless myriad of spaces that open up within spaces.

Hence her intriguing attention to the common hull, now a volume in total disjunction on account of the openings/ windows, and yet solid, protecting in the same measure as it frames the radical landscape around the Poli House: "The windows are unevenly distributed on all sides, and each one frames a different scene: The vastness of the ocean, the clash between rock and water, the clouds in the sky and the green grass that grows on the cliff. The landscape is not seen as a continuous plane, but as a collage of small paintings at once fragmenting and unifying the image of the ocean."[10] An involucre that holds secret perspectives, gradually unveiled, in inexhaustible crossings and depths.

Depth is a theme that also derives from a sort of *excavation* – an aspect highlighted in the Aires Mateus' method, visibly present in the house in Coruche. Or even a certain void ethereally produced by white glazes, a peculiar feature in Sanaa's production and project analysis: In the Moriyama House the result is a series of volumes with no unifying covering, an unexpected solution that emphasizes both the space in between and the air as materials for architectural composition.

"It would be necessary to understand the methodology governing those forms"[11] is the humble, simple way with which Marina presents the reasons that led her to carry out this research.

First, the technical information for each house is presented along with the project memorial, which represents the voice of the authors themselves explaining what they wanted to achieve; this is followed by a section on the experience of being present in each house, a "sequence shot": A narrative that precedes the analysis of the project, which culminates with the unveiling of the design strategies.

The result is an elaborate research on project methodologies, something quite different from historiographical research, and that could only be carried out by those who really know their way around the techniques of the field. Marina draws meaning from the questions raised by the strategies and methods through which a particular poetic result can be materially achieved.

The book also includes texts by other authors, historians, and critics, especially when presenting the output of each office, which allows us to recognize each house in the broader context of the general production of the architects studied.

Having visited the house before (Moriyama House) or visiting it during the research became imperative for how to go about the projects. The houses in Chile and Lisbon were visited during the research. The Japanese house was accessed through memory and also through film, and it is in a way the one house where the author was able to get to know a little bit of what daily life in the place was like (even if scripted).

Marina Acayaba conveys or stages a tangible experience in the texts capturing her visits. In the Poli House, "The first surprise is the scale of the construction: In the photographs by Cristóbal Palma it looks bigger."[12] In the text about her visit to the Moriyama House, which took place ten years before her Master's, Marina points out her most distinct memory: "The feeling of informality of the space, the plain scale of the house and the fundamental presence of the garden and the sky in the background."[13] "Looking for an entrance, I circled the perimeter. During this route, you cannot spot any opening, only the massive white volume and the undergrowth. On the Southeast side, however, an incision cuts the dense volume and lets you see a courtyard,"[14] she writes, describing the entrance to the house in Coruche.

Being there for oneself and for others allows us to access an experience that is incommunicable by descriptive narrative. It entails an aesthetic knowledge irreducible to reason, an understanding that comes from feeling rather than from intellectual deciphering. Attentive to the enormous challenge of knowing that everything that exists, exists with absolute precision. To use Clarice Lispector's words, she allowed herself to search for the "hidden meaning of things."[15]

The research demonstrates the opportunity for a cadence in which thinking about architecture and doing architecture are inseparable movements, in which the knowledge one seeks benefits from the knowledge of the other. And to this extent, her interest in others – in otherness, we might say – exceeds her work, which is an aspect also valued by her partner. The presence of both researches works in the office's website is a beautiful reminder: The duo knows how to reveal their interests, which in a certain way also reveal a bit of themselves.

Recognizing what has shaped us indicates maturity: letting others echo through us demands a good deal of personal conviction. Revisiting herself, Marina took a long journey into the past: she did so in relation to her maternal and paternal education and her childhood home, as she did in relation to her architectural masters, without ignoring the production of a generation closer to her own.

The document she now presents to us results from the laborious decanting of many elaborate pieces of knowledge that were until then in suspension. Like José Miguel Wisnik's song, "Assum Branco," which draws from Luiz Gonzaga's "Asa Branca," she contributes freely as an author who knows how to innovate and set past legacies in motion.

"That which in me feels is thinking:"[16]
A luminous *terreiro*

"I learned from Manuel how to do that," says Marina at some point in her conversation with Aires Mateus. "It's a copy", he says, smiling like an accomplice; she confirms: "It's a copy, and yet it's different," and returns his smile.

Later on, she says: "You are interested in a language spoken in another place, by another person, in another time, and this is an interest in the language that makes an architecture that brings such distant things together."

She's talking about the influence of Manuel Aires Mateus in her work while evoking a chapel that she came to know after building the Atlantic house.[17]

Marina is perceptive enough to bend time, disrupting its illusory linearity. And above all, she makes it clear that she is well aware that in order to design, it is necessary to summon a collective knowledge through which all the craftsmen, in the singularity of their production, move and reset the language in which they operate.

The dialogue with Aires Mateus regarding the house at Fazenda Mata Dentro[18] brings up relevant aspects of this encounter.

Marina presents the following features of the project developed with Juan Pablo Rosenberg: the recognition that each construction has its own time; the use of the same materials in different ways, such as the clay that shows up both in the *pau-a-pique* of the original house and in the bricks from a local pottery in the new house, which is "earth that changes in expression, but which is always the same material,"[19] as she puts it; the fire pit that evokes coffee farmyards where the sun hits without a tree to give shade, a fire that comes from the earth; the stone wall that marks the common foundation of the two houses; the patio that unites and separates with the water line that crosses it, "dividing the two stories or two moments." In her own words: "These are architectures that use similar materials, but which are clearly from two different worlds."

Aires Mateus then says that he understands architecture as conditions and possibilities: "Often what is needed in a project is to summon up the idea that this is true – the condition of existence cannot just be a condition of existence, it has to be said that this condition exists. And to hold on to this ordinary idea and this ordinary plot and say: this is an extraordinary place! And in Marina's house this requirement is quite evident. This is the condition of the artist, the one who names the object and is able to say: This object is an extraordinary object!"

*

Marina offers us this book in the singular position of one who shares reflections with others. She does so through a systematic research that resulted in her master's thesis, conveying her analysis of the output of other architects. Reading her research while also being attentive to her own architecture points to a common ground, just like the clay on that farm, which reaches different shapes from the same material. To catch her in this cadence brings up a renewed flavor. That is why, while presenting this research, I could not resist inviting the reader to consider Marina's production as well.

Notes

1. "So far, so near." A conversation between Manuel Aires Mateus and Marina Acayaba, mediated by Marta Bogéa. FAU Encontros, April, 2020, https://bit.ly/3OfN1mU&gt.
2. AR Arquitetos, www.ar-arquitetos.com.br&g.
3. See: "Charles Ross Summerhouse," in: Frank Lloyd Wright Trust, https://bit.ly/3wyV8qs&gt.
4. A song inspired by another song, "Asa Branca," which was written by Luiz Gonzaga and Humberto Teixeira in 1947. Zé Miguel Wisnik, "Assum Branco". CD *Pérolas aos poucos* (Brasil: Maianga, 2003).
5. Marina Acayaba was born in 1980; in 2008, she partnered up with Juan Pablo Rosenberg (1976) to launch their office, AR Arquitetos. Mauricio Pezo was born in 1973, Sofía von Ellrichshausen in 1976. They founded the Pezo von Ellrichshausen office in 2002.
6. Kazuyo Sejima was born in 1956, Ryue Nishizawa in 1966. They founded Sanaa in 1995. Manuel Aires Mateus was born in 1963; he founded the Aires Mateus studio with his brother Francisco Aires Mateus (1964) in 1988.
7. See: "Milan Residence," in: Marcos Acayaba, *Marcos Acayaba* (2nd edition, São Paulo: Romano Guerra, 2021), 44-57.
8. The editors opted for a fac-similar version, preventing the drawings from being used in the book. See: Marlene Milan Acayaba, *Residências em São Paulo 1947-1975* (2nd edition, São Paulo: Romano Guerra, 2011).
9. In *As cidades invisíveis*, when Kublai Khan asks him whether he won't mention Venice, Marco Polo says: "Every time I describe a city I'm saying something about Venice." Ítalo Calvino, *As cidades invisíveis* (São Paulo: Companhia das Letras, 1990), 82
10. Marina Acayaba, "Sequence shot for Poli House," 263.
11. Marina Acayaba, "Introduction," 254.
12. Marina Acayaba, "Sequence shot for Poli House," 263.
13. Marina Acayaba, "Sequence shot for Moriyama House," 273.
14. Marina Acayaba, "Sequence shot for the house in Coruche," 282.
15. Clarice Lispector, "A perfeição (1968)," in: *A descoberta do mundo* (Rio de Janeiro: Rocco, 1999), 155.
16. Fernando Pessoa, "Ela canta, pobre ceifeira (1924)," in: *Poesias* (15th edition, Lisboa: Ática, 1995), 108.
17. "Atlantic House," AR Arquitetos, https://bit.ly/3QBz3Ak.
18. "Mato Dentro Farm," AR Arquitetos, https://bit.ly/3dmzKPQ.
19. "So far, so near." A conversation between Manuel Aires Mateus and Marina Acayaba, mediated by Marta Bogéa. This and the following quotes.

INTRODUCTION

> *The design of a house always represents a sort of research project. Intense, for the familiarity we have with the program. Unique, for the specificity and peculiarity of each situation. Indeed, the house is the program we are most familiar with. Starting from well-defined constraints and possibilities, each house materializes through construction, defining its own function and appearance. Therefore, the question of materiality becomes crucial, as it defines a boundary, a well-defined field of forces, a new centrality.*
> Manuel Aires Mateus, Foreword[1]
>
> *The more you think about houses, the more interesting they become. In my case, even when I am thinking about a town or a large public project, I think my creative work is still centered around dwelling, or living.*
> Ryue Nishizawa, Interview: Experience of Architectural Concepts[2]

In architecture, the theme of the house as a field for experimentation marks off a rich universe. Designing a residence entails an opportunity for the architect to test new hypotheses concerning implantation, structure, construction and space, as well as for the interpretation of new family behaviors.

> In my own experience, the idea of a house/home is directly linked to the experience of a very unique space: The Milan House, designed by Marcos Acayaba, where I was born and raised. It has always been the great shell, the primordial shelter for me; a fluid space, where living rooms and bedrooms, the interior and the exterior, constantly mix.[3] In my activity as an architect, I always mention this house as a reference for architectural knowledge, either in terms of scale and proportions or of the details it puts forward.

Everyone keeps memories of their childhood home and we all believe with a great deal of confidence that we know very well the inner workings of a particular house. The single-family residence has a simple and recurring program: A living room, a kitchen, a couple of bedrooms, a particular landscape – and a family. Precisely because of the triviality of the program – and also because of the scale and cost that make it a frequent encumbrance for architects –, the private residence has been, especially in the last century, a laboratory for professionals in our field. In the project of a house, spatial relationships between exteriors and interiors, collective and private aereas, get tested, as well as variable flows and construction methods. From a historical perspective, the residence synthesizes and unravels the thinking process of architects in a certain period.

The present study started off with a selection of houses that revealed an expressive aesthetic singularity, exhibiting features in terms of materiality, program and use that make them unique in the history of 20th and 21st century architecture.[4] These houses amount to turning points when it comes to designing domestic spaces: These are avant-garde projects, marked by unique cultural and technical conditions – the prerequisites for breakthroughs in the field. Most of them transcend the limits of their historical context, moving from the private sphere to the public domain, establishing new and still current lexicons for the study of architecture. Many of these houses now function as museums or foundations; however, despite changes regarding their use, it is still possible to evoke a certain way of life when experiencing their architecture

Our initial selection focused on creating a broad repertoire regarding single-family housing. The idea was not to elaborate an exhaustive survey on the theme of the house in the 20th century, but to point out through an overview the transforming elements present in each work, highlighting aspects that bound them together and also features that differentiate between them. Deepening and expanding the survey of this collection, we developed a timeline covering approximately a hundred houses; later on, we singled out those that, due to their experimental character – be it the distribution of the program and its interrelationships, the expressive spatial and formal singularity, the constructive methods or even the experience of space they propose –, configure points of inflection or rupture in the design of single-family homes. From this original group of a hundred houses, we chose a set of twenty for further study, in search of a unifying link.

Our analysis suggested that program articulation was the fundamental aspect prompting the transformation of the house in the 20th century. This is backed by several examples, as when Frank Lloyd Wright "broke the box," designing the continuous and fluid space of the Robie House (1909), in Chicago; or when Adolf Loos created the Raumplan arrangement at Villa Müller (1928-1930), in Prague; or when Le Corbusier introduced ramps for circulation at Villa Savoye (1931), on the outskirts of Paris; also when Marcel Breuer came up with the binuclear plan scheme, which separates private space from social space in the Geller House I (1945), on Long Island; or when the Case Study Houses program (1945-1966) was developed in Los Angeles, transforming domestic life by designing a house imagined for a professional woman; or finally when Mies van der Rohe came up with the "universal space," where the external structure ensured the uncluttered interior space of the Farnsworth House (1951), in Illinois.

With postmodernism, the discussion around the functionality of the domestic space – "the machine for living in" – is set aside, enabling the emergence of new paradigms and ways of thinking about the design of residences. Architects began to discuss its symbology, such as Robert Venturi in his archetypal Vanna Venturi House (1964), in Philadelphia; or Peter Eisenman, debating strategies and processes during the project development for House VI (1975), in Connecticut; and, at the turn of the century, Rem Koolhaas, who explored the concept of collage, giving new meaning to the modern movement and creating a contemporary architectural language with the 1991 Villa dall'Ava project in Paris.

At the beginning of the 21st century, concepts such as intimacy, family structure, and demarcation of social and private space are challenged. The traditional program is neutralized, taking on a secondary role, with architects abandoning even the notion of domesticity. Such projects explore an abstract field in which purely architectural elements, such as geometry, shape, space and light, are articulated. With the evolution of our research, we focused on this contemporary production and on the way houses, as a field for experimentation, allow us to understand and systematize processes, project strategies and features of new paradigms.

Three houses

The choice for this study relates to a desire to organize an experience that permeates the production in the day to day of my own office[5] – a knowledge associated with the direct influence on my formative years of the offices referenced here. In the last ten years of my professional practice I've been dedicated for the most part to housing projects, from houses to residential buildings. Issues such as materiality, light and atmosphere in domestic spaces are recurrent themes of inquiry in the daily life of the AR Arquitetos office. Thus, I figured that my academic activity should focus on the study and systematization of this knowledge concerning the house as a field for architectural experimentation. My overall goal with this study is to analyze and explore the notion of the house, especially deciphering its materiality and trying to understand how it becomes a shelter for the individual in time.

The desire to turn this academic study into a more widely accessible book is a product of this trajectory in which another fundamental element was the direct experience I had with the book Residências em São Paulo, by Marlene Milan Acayaba – a research regarding the vanguard of São Paulo as seen through the theme of the house – when I had the opportunity to redraw each project for digitization on the occasion of the book's second edition, in 2011.

It is equally important to highlight our field research and the opportunity to get closer to the works and their authors, either through available materials or through *in-situ* experiences, conversations or other interactions.

In 2006, having recently graduated from the School of Architecture and Urbanism at the University of São Paulo, I moved to Portugal to work at Manuel Aires Mateus' office. Upon arriving, I felt it was quite difficult to develop projects following the prevalent conceptions of the office, in which heavy walls and discontinuous and fragmented spatialities predominated. I understood, then, that, in order to elaborate that type of project, it would be necessary to understand the methodology governing those forms. The designs were based on an abstract concept of the *void*. The method consisted of excavating the *full* volume – starting from a solid, completely occupied dark space from which volumes were subtracted, generating voids. During my time at the office, I participated in the development of three projects, including the house in Coruche.

In 2007, right after my experience in Portugal, I decided to complement my education in Japan, a country whose architecture had become much more relevant on the world stage for opposing parameterized architecture, which was quite prestigious at the time. So I went on to work at Sanaa, whose projects for the housing building in Gifu (1998), the 21st Century Museum in Kanazawa (2004) and the New Museum in New York (2007) defined a new paradigm for architecture, marked by silence, transparency and lightness. In Sanaa, I found a different strategy for developing the designs. This time, the process was based on the creation of millimetrically articulated plans and the manufacture of large models that could reach a 1:1 scale. During this experience, what most caught my attention was the fact that the section, which was essential in the São Paulo tradition, was not applied as a designing tool. At the time, the office was working on two major projects: The Rolex Learning Center, in Lausanne, Switzerland (2010), and the Louvre Museum in Lens, France (2012). One of the projects that used to prompt debates at the office was the one for the marquee of the Ibirapuera Park, in São Paulo, a major reference in terms of situation, spatiality and design of structures. Among the various works I got to visit, the experience of the Moriyama House, in Tokyo, was remarkable as an urban house experience.

Alongside works from Portugal and Japan, Chilean architecture plays a prominent role in contemporary production. In this universe, the projects of the Pezo von Ellrichshausen office[6] appear as an effective counterpoint for our study, especially due to the abstract and investigative nature of their architecture. Thus, the Poli House, which won many awards, was also selected as our object of study, as it represents a synthesis of a series of projects in which the architects explored the theme of the vertical house.

In parallel to the personal assertions, from a set of fifteen houses built during the first ten years of the 21st century, a corpus of similar objects of study was defined: Three houses with an area of approximately 200 square meters, designed between 2005 and 2007, conceived and built in different continents and realities, exhibiting formal and spatial results as unique as radical.

Our goal with this selection is not only to discuss the contemporary house, but also to understand methodologies that translate the creative process into a way of building knowledge, systematizing strategies and making it possible to recognize how, based on the study of a particular work, it is possible to grasp the process behind each project.

As for the readings that contributed to our work, the 2013 book *A Genealogy of Modern Architecture*, by architect Kenneth Frampton, stands out. It is a record of a seminar from the 1970s, entitled "Comparative Critical Analysis of Built Form,"[7] which intended to impart to students the ability to articulate the constructed form from theoretical analyses. To this end, students analyzed pairs of buildings with similar sizes and programs, also close in terms of the date of construction, which were, however, designed from categorically different cultural standpoints, resulting in a genealogy of modern buildings not committed to historical linearity. The method here is based on the graphic analysis of projects, following categories such as typology, context, program, built area, program organization, site plan, elevations and sections.

Two master's dissertations were also used as reference: "A arquitetura de Álvaro Siza: três estudos de caso" (2002), by Luciano Margotto Soares,[8] a systematic analysis of three works by the famous Portuguese architect; and "A construção do território" (2016), by Juan Pablo Rosenberg,[9] a study that advances an interpretation of the architectural poetics underlying the works of architects Luis Barragán, Álvaro Siza and Tadao Ando.

A major reference – especially in the chapter dedicated to the Moriyama House – was *The Good Life*, by Iñaki Ábalos,[10] published in 2001, which dedicates one of its seven chapters to guided tours of 20th century dwellings as embodiments of contemporary thought, always centering on the figure of the inhabitant.

Finally, we should mention Rafael Moneo's 2004 book *Theoretical Anxiety and Design Strategies in the Work of Eight Contemporary Architects*,[11] a compilation of lectures he gave in the early 1990s at Harvard University, centered on the output of eight contemporary architects. These lectures explore recurring mechanisms, procedures, paradigms and formal devices in architecture. These are non-literal references, which nevertheless propped up the construction of our path here.

Experience and Proximity as a Method
Our research values experience as a driving force. Experience here implies the pilgrimage we made to various works of each office, the lengthy visits to each house – which we will delve into –, the practice working inside these offices and also the interviews that made it possible to get to know the architects better. Such experiences grant a particular tone to the text: This is the record of a personal point of view, truly witnessing the character of each space, which became understandable precisely because of the particular nature of the experience. In this sense, it is worth mentioning the words of architect Rafael Moneo:

> It's been years since I first decided to suspend judgment on any architectural work that I haven't visited. This is because, even though I'm used to reading plans and relying on photographic images of buildings, I sometimes

found myself changing my opinion regarding a particular work after visiting it. This makes it clear, once again, that judgment about architecture requires its immediate knowledge, the experience of its direct sensory impact in order to really appreciate it.[12]

As for our research method, we followed three major complementary approaches: The inquiry into the general output of each office; the study of the house in question; and, finally, the analysis of the design strategies applied for each particular house.

All chapters open with a discussion regarding the office's general output. In this context, we explore the bibliographical research unraveling the universe that circumscribes these architects and their works. At this point, writings, interviews and critical analyses are gathered as a basis for such investigation. The point here is to contextualize the work within the production of these offices and also to create a link between a series of projects, pointing to the development of particular conceptions and approaches adopted in the creation of this set of works.

The segment focused on the house, besides including the datasheet and a memorial produced by the authors themselves, is further divided into two sections: The sequence-shot and the analysis of the design. Following the narrative of a continuous shot, the study begins with a testimony concerning our personal experience of each project. The goal of this *long take*, illustrated by photographs, is to unveil the spatiality of these constructions. With this approach, our aim is to recreate the atmosphere experienced – hence, the personal tone. Next, we go back to the drawings and bibliography gathered by our research in order to analyze and understand the design decisions and the architectural resources that inform the spatial power witnessed on each visit. At this point, we redrew each design – plans, sections and elevations – and included them in our study. With this, our objective was to establish a closer connection with the rationale and resources that underlie the projects. As will be noticed, whenever necessary, diagrams and schemes were also developed, seeking to illustrate the reasoning behind the construction.

Finally, in light of the analysis of each design and following the architects' thinking, we tried to systematize the working method of each of these professionals, highlighting the strategies and themes permeating their productions.

Similarities and Differences between the Houses

This study is divided into three chapters, each dedicated to a particular office and the analysis of the chosen work. Our goal here is to discuss the features that bring these working methodologies closer – as well as the ones that differentiate between them –, highlighting, however, shared aspects of a new contemporary architectural language.

We tried to explore the intrinsic relationship between the underlying thought, the design process and the actual built form. After visiting the works, analyzing each design and deciphering the design goals of each office, it was possible to recognize what distinguished these three houses, making them unique, but also some points of tangency that bound them together, pointing to a common contemporary lexicon. From the onset it is worth noting that, in the three cases, there is a heterodox approach to the conception of the *house*, either because these projects are part of a broader design investigation process, or because of the experimental way with which they treat the domestic space in its trivial programmatic relationships

A central theme that permeates all three projects is the notion of boundaries between interior and exterior space. In the Moriyama House, the traditional *involucre* – which would surround the entire house – is entirely suppressed, the program being dispersed in several singular volumes, giving each use an autonomous and independent construction. In the Poli and Coruche houses, on the contrary, the boundary defines compact and unified geometries, which gain thickness to the point of becoming habitable. In all three cases, it is precisely the complex relationships between interior and exterior that enhances the experience of the place, advancing different approaches to the idea of boundary.

In the Poli House, the facade itself amounts to a *place* that actually accommodates the vertical circulation and the functional elements that articulate the project, making it possible for the central space inside to remain free and neutral. This perimeter marks a border that separates two realities – interior and exterior –, which are, however, connected through openings that fragment and enhance this relationship.

In the house in Coruche, the thickness of the border takes on a different meaning: By eliminating the parallelism between the external and internal faces of the facade, the limit is no longer a plane, but a field reacting to one side and the other; while it may or may not be occupied, its main function is to guarantee the independence between the interior space and the exterior volumetry. This results in a thick limit in which, following local traditions, construction asserts itself through notions of mass and gravity; it ceases, however, to be evident and becomes ambiguous. "Designing from the outside in, as well as the inside out, creates necessary tensions, which help make architecture. Since the interior is different from the outside, the wall – the point of change – becomes an architectural event."[13]

At Moriyama House, in turn, the boundary dissolves into multiple possibilities, becoming an overlapping of layers, transparencies and reflections that, through an ethereal atmosphere – endowed with virtual and blurry limits – ceases to be a border and becomes a connection.

Another noteworthy aspect is the abstract – even platonic – nature of these projects. In all three cases, there is an alienation from the constructive and tectonic aspect of architecture in favor of a plastic and sculptural language; these are architectures that are less concerned with the fabrication of a artifact than with the experience generated by the built space. It can be said that these projects start from a modern formal abstraction of Euclidean geometry, making use of archetypal shapes, such as the square or the circle, in order to disrupt the form and make it complex. For example, in the work of the Pezo von Ellrichshausen office, such formal abstraction appears both as an instrument and a result of the rigorous and exhaustive designing process. Aires Mateus, on the other hand, uses a preconceived idea of the house with a hipped roof to introduce a flaw – a sort of *tear* – which determines the complexity of the whole experience. The use of these abstract and archetypal forms seeks to manipulate a subliminal code that acts directly on the user's imagination, establishing a sense of familiarity which functions as a starting point for an intense spatial experience.

These three houses emerge as exogenous elements in the landscape, constituting a precise insertion in the surroundings without, however, being contextualist. The Poli House both protects itself and frames the landscape in an interplay of mimesis and opposition. Moriyama, on the other hand, recreates the morphology of the city block, emulating it as a *reality* for the hermit dweller. In Coruche, in turn, it's the house that marks off the habitable limit in the vast and monotonous landscape, revealing itself through the spatial disruption it proposes.

All three houses require the actual experience on site to be understood, a result of their fragmentary spatiality – which the logic of drawings and photographs cannot properly narrate –, like a sort of kaleidoscope that seems to reconfigure unique realities in a sequence of overlapping images, only noticeable when we move through them.

The articulation of spaces, in each case, is based on an element of strength: The staircase at Poli House, the garden at Moriyama and the central patio at Coruche; thus, circulation is no longer given a secondary role – as the common logic dictates –, now operating as the actual protagonist in each project. If Poli and Coruche set themselves up as shelters against the landscape, the Moriyama House represents their antithesis: The complete dissolution of the involucre abandons the idea of protection, encouraging the resident to reconnect with the city and nature.

The neutrality of space is another fundamental theme in these projects. By embedding the functional spaces – inside the walled perimeter at Poli, as dark thickness in Coruche, or in the multiple configurations of Moriyama –, these houses make their environments highly adaptable, ready to accommodate different uses, thus guaranteeing the possibility of alternation and multiplicity of situations. This allows the domesticity of spaces to be reduced to a minimum, giving them a more generic character: The house is no longer related to a hierarchical, stratified, stable family entity, moving on to ideas of fluidity and constant transformation. For the Chileans, these generic spaces are not related to the notion of a typology, full of historicity, but rather to a more abstract spatial system. For the Japanese, they correspond to the ideas of impermanence, indeterminacy and the constant possibility of change. For the Portuguese, they represent a synthesis between a timeless space – which momentarily establishes itself in time with a specific, finite use – and the infinity of a built form extending beyond human existence.

Finally, as an artisan who chooses the right tool for each work, it is important to point out how the drawings and design strategies clearly translate into the final built space. While the Pezo von Ellrichshausen office uses repetitive series of paintings and millimetrically calculated axonometrics as an expression of a mathematical logic, Ryue Nishizawa opts for the use of diagrammatic plans, in a process based on the possibility of infinite articulations of space. Aires Mateus, on the other hand, seeks expression through volumetric models, following a sculptural process in which the ideas of mass and gravity prevail.

By discerning shared themes in houses so far apart from each other, geographically as well as culturally – themes such as the questioning of the boundary, the neutrality of space, the tensioning of the abstract form or the use of archetypal images –, our research was able to identify concepts that, if considered in isolation throughout modernism and postmodernism, point to an expansion of the architectural lexicon addressing issues of contemporary life.

Notes

1. Manuel Aires Mateus, "Foreword," 9.

2. Ryue Nishizawa, "Interview: Experience of Architectural Concepts," 70.

3. Regarding the Marcos Acayaba Residence, see: Marcos Acayaba, *Marcos Acayaba*, 44-57; Marlene Milan Acayaba, *Residências em São Paulo 1947-1975*, 385-394; Alberto Xavier, Eduardo Corona, and Carlos Lemos, *Arquitetura moderna paulistana*, file 176.

4. At this stage in our research we studied the following authors from our bibliography: William Curtis, Kenneth Frampton, Colin Davies, Josep Maria Montaner e Sigfried Giedion.

5. Marina Acayaba and Juan Pablo Rosenberg are the owners of AR Arquitetos, based in São Paulo.

6. Of the three houses analyzed, the Poli House was the only one with which there was no contact prior to this research, prompting a different approach.

7. Kenneth Frampton, *A Genealogy of Modern Architecture: Comparative Critical Analysis of Built Form*.

8. Luciano Margotto, "A arquitetura de Álvaro Siza: três estudos."

9. Juan Pablo Rosenberg, "A construção do território: abstração e natureza nas obras de Luis Barragán, Álvaro Siza e Tadao Ando."

10. Iñaki Ábalos, *The Good Life. A Guided Visit To the Houses of Modernity*.

11. Rafael Moneo, *Theoretical Anxiety and Design Strategies in the Work of Eight Contemporary Architects*.

12. Rafael Moneo, "Siza fiel a Siza," 25.

13. Robert Venturi, *Complexity and Contradiction in Architecture*, 86.

POLI HOUSE
Pezo von Ellrichshausen

Pezo von Ellrichshausen is a studio for both architecture and art. Their works move between architectural projects, painting and art installations; these are architectural productions exhibiting a strong abstract, geometric character, committed to the idea of an architecture that springs from the dialogue between artistic languages. Their contribution relates therefore to the exploration of boundaries and the constant exchange between these universes. Painting here serves two functions: It's a space for reflection concerning architectural production and also a method of investigation, which anticipates and inspires their production. That is, art operates as an effective instrument for exploring and testing ideas that will be later on applied in architectural projects.

Analyzing the overall production of the office, their single-family residences built in Chile stand out. Poli House, our object of study, is the project that has received the greatest recognition. It is a seminal work engaging with themes that will show up in all their subsequent works. According to Sofía von Ellrichshausen, "Poli is present in our minds when designing new houses, so it is always present in our new projects. [...] It is good to attest that the method that we imagined as the foundation for our work is still valid today."[1]

In this work process, we can discern a *continuum*, in which new works are obtained from small variations within a formal framework that prompts new configurations over time.

Thus, each project represents a specific variation of a concept, an integral part of a larger set of possibilities. They are configured as different games that follow, however, a single rule, generating a rigid structure in which only precise deviations are accepted. It is precisely this interplay around a single rule that appears as the main protagonist of the work we will examine.

In these terms, the projects operate under the same logic that forms a design series[2] or families, as we shall see in detail. At every opportunity, the architects play with similar spatialities, one design *contaminating* and influencing the other. A work is never conceived as an isolated, finished element, but as a piece within a larger trajectory of projects, paintings and art installations.

In an interview for the website *OnArchitecture*,[3] in 2013, the architects stated that they consider the Poli and Solo houses as *heads* or exemplary models. The first model is vertically oriented and includes the following houses: Rivo (2002-2003), Poli (2002-2005), Wolf (2005-2007), Fosc (2007-2009), Cien (2008-2011) and Gago (2011-2012). These are very strict and compact works, in which the separation between interior and exterior is clearly defined, having the stairs as the articulating element. The second model has a horizontal orientation and includes the houses: Endo (2010), Solo (2009-2012), Guna (2010-2012) and Ocho (2014); in these houses it's the central patio that operates as the articulating element, and the line defining the inside and the outside becomes more complex – an ambiguous border. Finally, in the same interview, Mauricio and Sofía mentioned the Parr House (2006-2008) as a transitional piece, where the exterior is an integral part of the interior spaces.

*

The series of vertical houses begins with the construction of the Rivo House (2002-2003), the firm's first project, located in Reserva de Valdivia, in the extreme South of Chile. Exhibiting a rectangular plan, this design already deals with the separation between server and served spaces: In this case, the stairs show up only on one side of the building, determining a polarity and a hierarchy between the facades. In the Poli House (2002-2005), on the other hand, the stairs mark off a perimeter that separates the interior and the exterior, promoting equivalence between facades, something characteristic of the geometric nature of the cube.

In the Wolf House (2005-2007), a work that also belongs to the first series, the irregular prism creates a distance between the faceted outer boundary and the rectangular interior, configuring an irregular perimeter that disrupts the idea of parallelism, prompting a disjunction between the inside and the outside.

Chronologically, we move on to the Fosc House (2007-2009). In this project, the stairs go beyond the perimeter, occupying an interior orthogonal duct, where the server spaces are also located. Around this axis of vertical circulation, all the spaces in the house are connected through the use of a spiral axis.

The Cien House (2008-2011) plays with a double format: The podium and the tower. The platform is the articulating element of the project; from there one can access domestic and the office areas, which occupy the top three floors of the tower. The architects use here the double nature of the stairs to create privacy between office and domestic spaces. Finally, in the Gago House (2011-2012), the central spiral staircase gives access to twelve platforms at different levels. The ascending sequence establishes varying degrees of intimacy and proximity between different domestic functions, starting with the kitchen downstairs and moving on to the bedrooms upstairs.

In the designs of the second series, the architects start from a square plan. An outer ring, which is occupied by several functions, and an empty central patio, determine perimeters that operate as limits, providing a progressive sequence of interiority and depth to the space. These projects explore elements such as orthogonality, transparency and simplicity of space. Besides proposing symmetry and regularity, its reticulated metric alternates sequences of exterior, interior and hybrid spaces.

While analyzing the plans of these houses, we note that the absence of hierarchy and the apparent neutrality of space are also quite present, reproducing the Miesian principles of the so-called free plan, in which the interior is an open, integrated space, subdivided by a central service core. On the other hand, these designs are fundamentally based on symmetries, thus evoking a classical reference: For example, Villa Rotonda,[4] in Italy, designed by architect Andrea Palladio in 1570, in which the central space, executed with geometric perfection, articulates the other rooms, just like the courtyard in the Solo House.

The projects of Solo (2009-2012) and Guna (2010-2012) houses move beyond the horizontal matrix, now submitting the format of a platform suspended by a podium: In both cases, the transparent and monolithic building sits on a pedestal-like structure that keeps the platform floating in the middle of the vegetation. Solo House's floor plan is divided between a panoramic ring and a central patio. The perimeter space is marked by sixteen exterior pillars that give rhythm to the facade. The terraces are located on the vertices of the volume, while the closed spaces are on the corners. The character of these environments changes by simply sliding off the glass walls, which explore the reversibility of spaces, changing their identity and the perception of the boundary between exterior and interior. The panoramic ring opens up to the landscape, the patio being the only fully enclosed room, albeit open to the sky.

It is also possible to include in this series the installation *Blue Pavilion* – created for the exhibition *Sensing Spaces: Architecture Reimagined* (2014), at the Royal Academy of Arts, in London –, where a platform is suspended by four massive columns, reminiscent of the structures of houses Solo and Guna, establishing once again a sort of airspace. Temporary in nature, the installation intended to build large-scale architectural pieces inside the galleries of the museum, proposing two experiences: A collective and open experience on the platform; and a sensory, individual experience on the spiral stairs.

According to the architects themselves, the Parr House (2006-2008) is a transitional piece that works on the articulation between interior and exterior modules, creating a sequence of open interior spaces. As a result, the various combinations and articulations that derive from this call into question the limits of space. Another example of this multiplicity is the work *120 Doors Pavilion*, built in 2003, in a park in Concepción: An art installation with a modular structure of 10m x 10m, in which 120 doors are arranged in five consecutive perimeters. The structure supports an infinite variety of paths and configurations, creating different spatial depths. About this work, Mauricio states the following:

With this, what we were really looking for was a way to evidence how relative and artificial the distinctions of limits within a work of architecture are and, hence, within one of art. We are interested in exploring the points of transmission, or friction, between one place and another. The doors are turning points that temporally subvert the definition of space, adding a dynamic dimension to the construction of walls.[5]

In the Poli House, for instance, the same balcony can be understood in several ways: As a space of expansion that moves from the inside to the outside; as an outdoor protected area; or even as a space that pushes the outside world away, while also protecting the interior from rain.

Pezo von Ellrichshausen Office – Mauricio Pezo and Sofía von Ellrichshausen
Pezo von Ellrichshausen Office, established in 2002 in the city of Concepción, Southern Chile, is formed by the couple Mauricio Pezo and Sofía von Ellrichshausen. Mauricio was born in Concepción, in 1973. In 1998, he graduated in architecture from the Universidad del Bío-Bío, in his hometown. He has a master's degree from the Pontificia Universidad Católica de Chile, in Santiago. Sofía was born in Bariloche, Argentina, in 1976. She is an architect who graduated with honors from the Universidad de Buenos Aires – FADU UBA, in 2001.

For the Poli House project, the firm received the Mies Crown Hall Americas Award, from the Illinois Institute of Technology, in Chicago (2014), and the Spotlight Award, by the Rice Design Alliance, in Houston (2012), in addition to awards from Bienal Iberoamericana de Arquitectura e Urbanismo, in Montevideo (2006), and the XV Bienal de Arquitectura de Chile, in Santiago (2006). Pezo von Ellrichshausen has also participated in exhibitions in London at the Royal Academy of Arts (2014); in New York, at the

Museum of Modern Art – MoMA (2014); and in Chicago, at the Art Institute of Chicago (2017).

In 2008, Mauricio and Sofia were the curators for the Chilean Pavilion at the Venice Biennale. They took part in the same biennale in 2010, with the installation *Detached*, and in 2016, with the Pavilion Vara, made up of ten circular volumes of different sizes, creating a complex maze-like net of closed spaces with no ceiling. According to Vladimir Gintoff, this pavilion is described by the authors as *a series of exteriors within other exteriors*, providing a sensory experience for its visitors.

Finally, the academic activity of both architects encompasses universities in Chile and also in the United States, such as Cornell University (2008), the Illinois Institute of Technology (2014) and Harvard University (2018).

Poli House

The work is located on the Coliumo Peninsula; a rural setting scarcely populated by farmers, independent fishermen and timid summer tourists. It is a distant location that, we believe, is not far from the *reality of the raw dream* described by Martinez Estrada.[6]

Then, a compact and autonomous piece was built in order to capture at least two things: both the sensation of a natural podium surrounded by vastness and the morbid and unavoidable sight of the foot of the cliffs. The building functions both as a summer house and a cultural center. This established a contradictory proposal: the interior would have to mediate between a very public aspect and a very intimate and informal one. That is, it had to be both monumental and domestic without any of the negative aspects of either one affecting the other. Therefore, we decided not to name the rooms but instead to leave them nameless and functionless, just empty rooms with varying degrees of connection between them.

We then decided to organize all the service functions in an over-dimensioned perimeter (the functional width), inside a thick wall that acts as a buffer: a hollowed, emptied mass that contains the kitchen, the vertical circulations, the bathrooms, the closets and a series of interior balconies. If necessary, all the furniture and domestic objects can be stored inside this perimeter, freeing the space for multiple activities.

All the work was built with hand-made concrete, using untreated wooden frames. The work was done, with a small mixer and four wheelbarrows, in horizontal stratums that matched the height of half a wooden board. We then used the same battered wood of the frames to wrap the interior and to build sliding panels that function both as doors to hide the services of the perimeter and as security shutters that cover the windows when the house is left alone.

[Poli House – text description provided by the office.]

LOCATION COLIUMO PENINSULA, CHILE
PROJECT 2002-2003
CONSTRUCTION 2004-2005
AUTHORS MAURICIO PEZO AND SOFÍA VON ELLRICHSHAUSEN
AREA 180M^2
PROGRAM LIVING ROOM, DINING ROOM, STUDIO, TWO BEDROOMS, KITCHEN, LAUNDRY
STRUCTURE CONCRETE

Sequence Shot

In October 2018, on a day of torrential rain, I visited the Poli House. This experience left a mark on me, especially due to the intense clash between architecture and nature. The severity of the climate and topography explained why the architects had chosen a compact and protected site situation.

One accesses the house via a coastal road that connects the village of Tomé to the Coliumo peninsula. From the road, it is possible to discern rural properties and a few vacation homes. The landscape is imposing: Below the cliff, the Pacific Ocean crashes against the rocks. At the end of a dirt road, a gate gives access to the property. I followed on foot. Walking towards the ocean, the house emerges in the distance – a solitary presence in the landscape. The concrete facade, dampened by rain, takes on the dark shade of the stones. I headed towards the entrance door, at the end of the route.

The house is located on top of a cliff, halfway up the slope, approximately 75 meters above sea level. The morphology of the terrain favors the opening to the landscape, which is equally beautiful on all sides. The building stands as a small observatory, encompassing the vastness of the ocean around it. It sometimes stands out among the vegetation; other times, it blends in, establishing an ambiguous relationship between house and landscape. The vertical shape amplifies the dimension of the cliff, reinforcing the dizzying sensation of the surroundings.

The only existing door is sheltered by a niche carved into the concrete volume; upon entering, you can feel the light pouring from the openings, scattered across the facades, reflecting the shades of gray from the exterior into the interior whiteness.

The first surprise is the scale of the construction: In the photographs by Cristóbal Palma[7] it looks bigger. Looking inside, one immediately understands the simplicity of the articulation between space and circulation, marked by a remarkable clarity, although it seems quite complex when we read the drawings.

I entered through the floor where the dining table is located; to the right, a small kitchen counter, hidden behind a sliding door; to the left, a second desk functioning as an office for the resident temporarily occupying the house. The windows are unevenly distributed on all sides, and each one frames a different scene: The vastness of the ocean, the clash between rock and water, the clouds in the sky and the green grass that grows on the cliff. The landscape is not seen as a continuous plane, but as a collage of small paintings at once fragmenting and unifying the image of the ocean.

Going down the stairs, I came upon a room with standard ceiling height: Since it had nothing but a sofa, it could be the living room. This entire place is marked by the repetitive presence of walls and cut-outs, in a sequence of planes that intensifies the perspective of space.

In the next room, a window and an armchair in the background invite contemplation. Following in the same direction, you reach the core of the house: A triple height-ceiling room brightened by windows displaying the exterior, the interior and the sky. This space unifies various segments of the house, keeping the same windows visible from any point of view. The settings framed by each opening soon change as we move around: If a window on the lower floor frames the sky, on the upper floor, that same window points us to the sea. Thus, while we move, the landscape ceases to be a reference – a backdrop – to evoke a multiplicity of sensations.

The internal staircase runs along the perimeter from one floor to the next. On the Southeast corner, it occupies a double height-ceiling room, structured around three walls. On its axis, between one flight and another, a small window reveals the vegetation on the cliff. Upstairs, two bedrooms, exhibiting the same arrangement of windows. Up there, the view of the sea gets more and more dizzying. The windows become suspended stages: At times, someone magically appears on one of the balconies/windows – the sky as a backdrop –, circling the invisible stairs, hidden between opaque walls.

Now the rain had subsided; the wind was dense. I went down to the lower level and exited through a door that gave access to the external staircase. I climbed two more flights of stairs until I saw the central space of the house on one side and the sea on the other. Only on my way back did I understand this *in-between* space, neither inside nor outside – an interstitial place, a thick edge that protects the interior of the house.

As a shelter, the house protects us from the elements. Silence and isolation fill the space and invite contemplation in an ethereal atmosphere with shades of white and gray coming from the light reflected on the walls, the waves, the fog that merges the sky and the ocean. From a distance, the compact, rigid and ambiguous presence of the house – sometimes mimicking the surroundings, sometimes protruding and standing out – turns it into a fortress or ruin embedded in the inhospitable rocky landscape of the South Pacific.

We slowly lose our sense of standing on solid ground; flocks of seabirds flying below window level further add to the feeling of suspension. As architect Juhani Pallasmaa accurately described during his stay at the house: "the Poli House seems to be about the opposite experiences of gravity and flying, weight and weightlessness."[8]

My most striking memory is the interplay between planes, windows, white and gray lights: An image made of cut-outs, framings and layers that bring about infinite combinations – like a Rubik's cube, in which the fragments mix and create a new logic at every twist. It is precisely because of this overlapping of layers that a shelter becomes viable in the midst of such a force of nature. Exploring the very harshness of the coast, the Poli House emerges as a geometric rite created by man, which expands the boundary between architecture and landscape. In the end, the sound of the waves and the wind, the intrepid presence of birds and the blurry line of the South Pacific horizon get imprinted in our memories.

*

After the visit, I returned to Concepción to interview the architect duo in their office, located in the Cien House, which is considered to be the work that completes the series of vertical houses. Built on top of a hill, overlooking the city, the tower, with a square plan (6.5m x 6.5m) and five floors, stands on an access platform set at height 100 (altitude in relation to the sea level) – hence the name of the house. From the platform, one has access to two stairs: An external, straight one, which leads to the basement, where the painting studio and the social area of the house are located; and an internal spiral staircase that goes up to the office, set in the last three floors of the tower. From the lower level, a second helical staircase connects to the bedrooms on the first two levels of the tower (ground floor and first floor).

The house plan starts from a symmetrical cross; the areas intended for services are adjacent to the circulation area, while the living areas occupy the remaining two-thirds of the full volume. With this layout, between server and served spaces, the architects seek to neutralize the central space, a theme that pervades the entire production of the office.

Mauricio and Sofía's working area is located on the top floor of the building: Their desks occupy the edges of the room, facing different views of the hill; in the center, a conference table – under a zenithal light entry – opens onto the sea view. Isolated at the top of the tower, the architects repeatedly assert the need for distancing, emphasizing the importance of minimizing noise and information in pursuit of a purer design process that focuses on purely architectural elements such as geometry.

Design Analysis

The Poli House is jointly owned by the architect duo Pezo von Ellrichshausen and the couple Eduardo Meissner and Rosemarie Prim, both visual artists.[9] The place was initially conceived as a haven for weekends, but during the design process the group also decided to set up a cultural centre there.[10] Thus, in addition to domestic use, the house became a place for artistic residencies, and that's why it was called Poli.

The square-plan building has external dimensions of 10m x 10m. Circulation develops along this perimeter, creating an interstitial space of 1.20m between the external and internal facades. As a result, there is an interior space of 7.6m x 7.6m, divided into identical quadrants, with modules of 3.8m x 3.8m. This compact floor plan limits the intervention area to the smallest perimeter, making it possible to build the house on the cliff.

As a starting point, the architects decided that internal spaces would not be determined by specific functions, thus housing a multiplicity of uses. The project, then, deals with the idea of functional indeterminacy, freeing the central spaces from functions such as stairs, closets, bathrooms and kitchen, which stay limited to the perimeter of the cube.

> If we go back to the initial sketches of the Poli house, we notice that they already contain the presence of the vertical room, the relationship with the cliff and the horizon. The concepts of the perimeter and the roof terrace are also visible, that is, it is possible to visualize the presence of many ideas at the same time. On the other hand, we might highlight the fundamental desire to neutralize spaces and hide functions in order to erode the programmatic aspect.[11]

Thus, this perimeter becomes a sort of habitable wall that accommodates the functions of the house, reducing domesticity to a minimum and turning the domestic space into a more generic social space.

The plan revolves around an atrium that occupies the triple height-ceiling room of the cube. The stairs are the articulating feature here: It organizes the elements, as the distribution of the program is resolved vertically – in a vortex –, starting from the public areas on the two lower levels to the bedroom area on the upper level. The horizontal plan acquires a new continuous vertical coordinate, which articulates the spaces in a three-dimensional, autonomous way, bringing forth a system of varied levels and heights. This system grants each environment a different spatiality.

Circulation at Poli House takes place by way of two stairs with different destinations: One prompts a crossing of social spaces, leading from the lower level directly to the roof; the other takes the visitor to the spaces of intimacy of the house, flowing through its interior. Despite being covered and circumscribed by walls, the first has large openings that marks it as an outdoor space. Contact with the landscape is mediated by 1.5m x 1.5m openings that appear to be randomly arranged; these openings, however, are associated with the distribution in the interior. The asymmetry here is the result of the articulation between the development of the stairs and the central space, and it guarantees fluidity and rhythm to the facades. The possibility of darkening all environments by using wooden panels that run along the facade provide diversity of use and ensure the neutrality of each space.

Axonometric perspectives are fundamental for understanding this project, which is designed vertically and makes use of split-levels to define the spaces inside the large cube. The interior space is divided by an asymmetrical cross, formed by two structural walls, which expands the spatial variety of the house. The vertex between the North and West faces is occupied by the triple height-ceiling atrium that cuts across the entire house, articulating the openings between the interior and the exterior. The house is arranged on three floors, slabs being supported by the perimeter walls and the central cross. All the residual space between the walls – once the stairs, bathrooms and terraces have been arranged – is occupied by cabinets. The span above the external stairs, which amounts to the height of a triple height-ceiling, remains unoccupied.

The entire interior of the house is covered with the timber used in the molds of the concrete walls, now painted in white, granting a rustic texture to the environment. One constantly feels the opposition between the rigid exterior and the fragmented interior, between the concrete wall and the rough white woodwork: It is in the opposition between these forces that a house with such a simple format gains such a variety of situations and spatial perceptions.

Although the architects maintain that there is no relationship between the Poli House and the designs of Austrian architect Adolf Loos, it is inevitable to notice the echoes of his principles, especially the Raumplan model, created in the 1920s in a series of vertical houses of which Villa Müller is the main piece. In these projects, the stairway routes – located in the center of the house – enhance the perception of the interior space. Through this central element, Loos tells a mysterious and fragmented story of this interior, so that the relationship between inside and outside, between private and public and between subject and object becomes much more complex.[12]

In the Chilean architects' construction, the stairs placed along the perimeter – and hidden by the walls – do not quite guide us, making the route rather obscure. The interior spatiality of Poli House – at first fairly simple and symmetrical – gets complicated by the presence of several openings, angles and depths that create degrees of perception of the space, making it ambiguous and fragmented.

In the Pezo von Ellrichshausen design, each facade has unique features, but there is an equivalence between them that does not reflect the spatiality of the interior – just like Adolf Loos did in his own designs, where, despite the rich articulation of the interior, the facade was fairly rigid, preserving the intimacy of domestic life.

Design Strategies

> Buildings by Pezo von Ellrichshausen usually have a cipher engraved on them, a cipher that, as all ciphers, conceals a mystery. It consists of eleven digits that sequentially indicate the day of the week and the date – month, year, and time – when they were completed. A similar procedure applies to paintings. It is a sort of opus number that marks the conclusion of a work at a given moment in time. By doing so, it is included in a series, presuming that one work precedes it and another will eventually follow. It is in this way inscribed within a larger group of which it is a part.
> Fernando Pérez Oyarzun, Notas fronterizas/ Border Notes[13]

As discussed at the beginning of this chapter, Pezo von Ellrichshausen's work is based on the repetition of formats and metrics, placing each of their projects within a series. The systemic application of rules and mathematical procedures prompts the formalization of a controlled and acute architectural thought, with variations leading up to its final exhaustion, with no place for intuitive decisions. There are strict rules – admitting no compromise, according to the architects – that guide their working method. Such procedure demonstrates the relentless search for what they believe to be the quintessence of architecture: a complex and obsessive thought that materializes in simple geometries and disruptive spatial solutions.

Simple Euclidean geometric shapes, such as the square and the circle, are recurrent in the office's designs. In each case, variations of the same matrix are transformed through a logical equation of addition and subtraction of precise measures, which are translated into plans of an elusive symmetry. Their projects deliberately explore the secret power of basic geometric configurations and archetypal imagery. "The projects of Pezo von Ellrichshausen emanate a combined sense of clarity and mystery, regularity and maze, contemporaneity and historicity."[14]

The 2016 book *Spatial Structure*, by Mauricio Pezo and Sofía von Ellrichshausen, demonstrates the strategies implicit in these projects. Through a series of axonometric drawings, the architects explore combinations and overlaps of primary shapes, creating unusual spatial situations. In order to develop the various combinations, they set up a mathematical method that translates into many different configurations of architectural elements. This spatial structure works as a backbone that guarantees the understanding of complex spatial situations. According to Mauricio Pezo, the purpose of these archetypal forms is to activate a symbolic clarity that allows for a quick understanding of the configuration of space.

Axonometries, as a representational strategy, are fundamental instruments, as they simultaneously represent the project's plan, section and facade. These synthesis drawings show the relationship between different spaces and the articulation between the interior and the exterior of the object. In the exercise in question, the modules are articulated in different directions – central, lateral or diagonal –, establishing different relationships between spaces. By joining three modules, for example, the feeling of a tripartite space is diluted into a single identity.

Once they have developed this methodology, the architects also present a series of art installations and paintings that, by working from the same matrix or common elements, acquire different natures thanks to the possibilities of combination. That's the case with the series of paintings named *Finite Format* (2014-2015), which explores all possible combinations around an object to make it fluctuate based on three relations – height, width and length –, highlighting the effects of small changes in the original format, thus prompting a conscious control of the process.

> By replacing the notion of form by that of format, we are assuming that buildings can be understood both as objects and as the very idea of those objects. Under this wide principle, we believe a format is equivalent to a rather general form, certainly idealized, schematized in our diffuse memory of a known place. A format is perhaps no more than a delicate and almost invisible outline. It is the frame for a field of action, a contour figure, or the thin but uninterrupted boundaries for a particular spatial structure. Its character is thus primarily volumetric. It is the necessary space, the capacity, for the architectonic relationships to exist. As a self-demarcated portion of space, the format is determined by two basic parameters: a certain size and a certain direction. Both of them are indeed relative to a given circumstance, to the limits of the object in itself.[15]

These formal exercises are not used as processes for the development of architectural projects, but rather as language exercises that make it possible to systematize and understand how space is transformed; they help to develop awareness, figure out control mechanisms and set down rules that will help new endeavors in architecture. In this context, the format of a project is a kind of unique shape which is also sufficiently generic, allowing for a certain formal autonomy that liberates architecture from elements such as program, function, context or constructive elements. Thus, neutrality of space is valued, abandoning the idea of drawing as a direct response to a program in order to reiterate a *purely spatial* conception. The architects have stated: "We don't use the idea of typology in our work, because we find it too overloaded with the connotations of history. We are much more interested in the notion of a *format* as a more generic concept for a spatial sequence or spatial system."[16]

Having said that, the work of the architect duo focuses on the articulation of form as the primordial element of the design, establishing a system of spatial relations that is the defining feature in this architecture. Generally speaking, most of the projects discussed here could be built with different materials – from wood to concrete –, dispensing with the constructive issue. This reasoning, which plays up the pure form, puts forward the notion of buildings as elements isolated from their context, extracting the architectural object from reality and placing it in a Platonic sphere.

In the *Detached* exhibition, conceived for the 2010 Venice Biennale, the architects tackle precisely the notion of context in architecture. The installation featured concrete models of Poli and Fosc houses which, resting upon a metallic base, contrasted with photographs of the same houses in their proper context as fully finished constructions. The similarity between the models and the striking difference between each context as seen in the pictures showed how, by omitting the noise around the program – the history of the project, the construction issues and the location –, the architects could reduce the architectural thought to what really interests them: Space and geometry.

> In architecture there is an eternal tension between context and object. Since a building is inevitably placed in a particular and unrepeatable location, it establishes a limited set of specific relationships with it. Considering this physical inevitability, to willingly base the integrity of a building in those common places (such as orientation, views, access or topography) is in itself a common place, or at least the minimum that an architect should aspire to do. To explain a building as an answer to a place is to explain the place, not the building. [...] However, a building, in its inner formal structure, could also be understood as an independent logical grammar. In its unitary conclusiveness, an architectural object could be separated from its location, from its anecdotal dramas. An isolated building is a singular entity.[17]

Thus, by means of an apparently unintentional procedure, founded on the principles of repetition and seriality, the Pezo von Ellrichshausen duo struggles to articulate an architecture not based on the architect's personality, but on anonymous arbitrariness. In this sense, as defined in their 2018 book *Naïve Intention*, these design strategies ensure autonomy against the architect's ambition as an author, against his intention or *orientation*, tackling architecture from a process-based reasoning, in which a series of causes and effects evolve to obtain a final piece.

Notes

1. Hans Ibelings, and Jeroen Lok, "Casa Poli: Pezo von Ellrichshausen," quoted in: Ana Teresa Moreira da Costa Freire Correia, "Estudos sobre o habitar: o caso de Pezo Von Ellrichshausen – encontro entre arquitetura e escultura," 102.

2. These series are organized as part of a shared logic of design, not chronologically.

3. Mauricio Pezo & Sofía von Ellrichshausen/Solo House. *On Architecture*.

4. The association between the works of Mauricio and Sofia, related to this horizontal series and the Palladio project, was made clear during our visit to Villa Rotonda, in May 2018; it was, then, evident the valorization of the central space through the regularity of form – a perfect square plan, without interferences, only possible with the articulation of the program on its edges.

5. Mauricio Pezo and Sofía von Ellrichshausen, *Finite Format 002 & 003*, 44.

6. Ezequiel Martínez Estrada, 1885-1964, was an Argentine writer, poet, essayist and literary critic.

7. Some of the photos were kindly provided for this research by Cristóbal Palma, according to the image index.

8. Juhani Pallasmaa, "En busca de significado/In Search for Meaning," 6.

9. Eduardo Meissner was a Chilean artist and art and architecture semiologist. He was professor emeritus at the Universidad de Concepción (1999) and the Universidad del Bío-Bío (2004). In 2000, he won an honorary award from the Colegio de Arquitectos de Chile. Rosemarie Prim, founder of Chile's first rural kindergarten (Copiulemu, 1974), is a self-taught visual artist with a focus on ceramics and sculpture. Prim won the Pencopolitan Medal of Merit "René Louvel Bert," awarded by the Municipality of Concepción in 2002, and is currently president of the Meissner-Prim Foundation. Source: Concepción Historical Archive.

10. Cf. Casa Poli website <www.casapoli.cl/intro>.

11. Marina Acayaba, "Interview with Mauricio Pezo and Sofía von Ellrichshausen," 291 (see the appendix for this book).

12. Beatriz Colomina, and Max Risselada, *Raumplan versus Plan Libre: Adolf Loos and Le Corbusier, 1919-1930*, 35.

13. Fernando Pérez Oyarzun, "Notas fronterizas/Border Notes," 8.

14. Pallasmaa, "En busca de significado/In Search for Meaning," 7.

15. Pezo and von Ellrichshausen, *Finite Format 002 & 003*, 42.

16. Acayaba, "Interview with Mauricio Pezo and Sofía von Ellrichshausen," 289 (see the appendix for this book).

17. Mauricio Pezo and Sofía von Ellrichshausen, *Detached*, 1-2.

MORIYAMA HOUSE
Ryue Nishizawa

Kazuyo Sejima started her career in the 1980s, working with architect Toyo Ito. From his early works – such as his 1985 Dwellings for the Tokyo Nomad Woman and the 1986 Tower of Winds, in Yokohama –, Toyo Ito presented a mobile, fragile and ephemeral architecture with no definitive limits. The Tower of Winds of Yokohama was the first project in which he proposed a massless outer layer, made of perforated aluminum panels that diffused the brightness coming from the inside, transforming the building into a large beam of light of an ethereal nature.

Toyo Ito's trajectory is also marked by an important theoretical contribution through which he updated the contemporary architectural language in relation to the new information society. In his 1999 book *Blurring Architecture*, he set the parameters for an architecture in tune with a fluctuating society in which it is essential to suppress boundaries through transparency.

Unlike modernism, which is based on the Euclidean geometry, Toyo Ito starts from an infinite grid with organic structures inspired by nature, creating a fluctuating space of flexible boundaries:

> Because the space created by electronic communication is not localized, it is an ephemeral space. Therefore, blurring architecture must have a floating character permitting temporary changes. This means that a room construction must allow programme changes. [...] In present-day floating society it is absolutely essential to remove the boundaries based on simplifying functions and to establish a relationship of superimposition of the spaces. A room is required which can add sites of change such as the whirlpool to the uniformly flowing river.[1]

Adhering to these principles, the production of the Sanaa office adopts the boundary as a major theme: Through varying transparencies, their designs present continuous environments where the boundaries between exterior and interior are blurred. These are light, ethereal works, whose fragility defies gravity. According to Luis Fernández-Galiano,

> Kazuyo Sejima and Ryue Nishizawa's architecture belongs to the limits. It does not reside in modelled space or in sculptured volume, nor does it rely on articulating elements or on the gravity' of matter: it effortlessly inhabits the borders of encounter, which slim down implausibly, becoming nearly virtual; whether they be glass, steel or concrete.[2]

Their designs create atmospheric effects through overlapping glass that explores different degrees of opacity and reflection. At times, what they seek is a transparency achieved through the articulation of volumes in space – a spatial solution that brings about an opposition between visuality and materiality.

Their drawing method was defined by Toyo Ito as a "diagram architecture,"[3] in which the construction is equivalent to the embodiment of a "space diagram," through which the building's activities are organized in an abstract way. By means of the plans, the diagram becomes a reality, using in its construction the colors and materials of the initial diagram. The spatiality resulting from this process is abstract – it has no texture, mass or smell – and represents precisely the kind of spatial experience we would get if it were possible to walk along the cities and buildings of a PC game, still according to the analogy of Toyo Ito.

After leaving Toyo Ito's office, Sejima's first work applying the diagram strategy was the Women's Dormitory, a collective housing in Saishunkan (1990-1991), which represents a turning point in her production. The fragmentation of the program on the ground floor into independent nucleuses within a spatial grid with no corridors anticipates the solution that will later be radically adopted at the Contemporary Art Museum in Kanazawa (1999-2004). Photographs of the dormitory portray women alone, occupying the immaterial atmosphere of this place where functions and their respective furniture are organized within a single space – an explicit reference to the nomadic woman who occupies Toyo Ito's dwellings.

The Saishunkan dormitories' distribution is accentuated in the Gifu Apartment Building project (1994-1998). Each environment here is understood as an autonomous unit with independent access through two corridors – a private and a public one. That is, each room represents its inhabitant no longer as an inseparable part of a family, but as an independent cell. Nearly ten years later, in the Moriyama House project, Ryue Nishizawa completely deconstructs the model of the single-family home, getting rid of its involucre in order to treat each use as an autonomous construction within the plot.

Moving chronologically through the office's production, the project for the award-winning De Kunstlinie Theater and Cultural Centre (1998-2006) in Almere, Netherlands, stands out; the architects present here the implementation of a complex program in a single compact, ground floor volume. The organization of the plan makes it possible for spaces of different dimensions to coexist, granting a unique character and importance to each one of them. Circulation does not take place through corridors, all spaces being contiguous: Moving from one place to another entails moving through environments.

The most obvious example of this "diagram architecture" is certainly the 21st Century Museum of Contemporary Art (1999-2004), in Kanazawa, the most relevant work at the initial stages of the office. In this project, as in Almere, a flat slab accommodates a wide variety of volumes – at first glance, the exhibition rooms seem to be randomly arranged in space, exhibiting different heights. However, the volumes here are not contiguous; they blend in with semi-public areas under a single circular slab, creating interstitial spaces between the blocks and granting the spaces of interaction and circulation as the leading role of the project.

The rooms' articulation does not follow a hierarchy, encouraging free movement through spaces, which is reinforced by the circular shape of the glazed perimeter, where we find not one, but three possible entrances. The transparency of the boundaries leads to the dissolution of the building within the park, a strategy that had already been explored in the Koga Park Café project in the city of Ibaraki (1996-1998), where the architects took the disappearing approach to its ultimate consequences through the gradual dissolution of enclosures and the breaking up of the structure into barely perceptible elements.

In this context, the Moriyama House – an individual project by Ryue Nishizawa – stands out by literally removing the outer perimeter of the house, promoting the physical fragmentation of the program, which dissolves into the garden.

SANAA OFFICE
Kazuyo Sejima and Ryue Nishizawa

The Sanaa Office, based in Tokyo, Japan, was founded in 1995 by Kazuyo Sejima and Ryue Nishizawa. Sejima was born in Ibaraki in 1956, where she graduated in architecture from the Women's University of Japan in 1981. Nishizawa was born in Tokyo in 1966; he graduated in architecture from the National University of Yokohama in 1990.

Sejima started her professional practice at the office of architect Toyo Ito; in 1987, she opened the Kazuyo Sejima & Associates office. One of her first trainees was Nishizawa, with whom she had previously worked in Toyo Ito's office. In 1995, the pair decided to join efforts and founded Sanaa, focusing on competitions and large scale projects; individual practice is restricted to smaller scales. Sanaa has received the most important awards in world architecture, including the Golden Lion of the Venice Biennale (2004) for the design of the 21th Century Museum of Contemporary Art, in Kanazawa; the Rolf Schock Prize for Visual Arts in Stockholm (2005); the Kunstpreis Berlin of the Berlin Academy of Arts (2007) and the Pritzker Prize (2010), for their body of work.

Sejima worked as curator for the Venice Biennale in 2010. Her theme of choice was "People Meet in Architecture," which intended to connect people to architecture through art installations or "atmospheres," proposing a biennale of spaces, not objects, in order to transform the experience of visitors. In 2012, Sanaa returned to the Venice Biennale – "Common Ground" was the theme – with the exhibition *Miyato-jima Reconstruction* – a post-disaster reconstruction plan for the Japanese island. Four years later, in 2016, the office presented a series of small pavilions, intended to recover the island of Inujima from degradation. They tried to show how it was possible to bring about the village's regeneration through small and modest interventions, thus demonstrating the power of delicacy. In 2018, also in Venice, they exhibited the *Guruguru* installation: A spiral without beginning or end – an almost invisible cylinder that suggested the separation between interior and exterior, contradicting the classical notion of boundary by proposing an alternative without mass or weight.

Besides the Venice Biennale, Sanaa has designed the summer pavilion of the Serpentine Gallery in London, UK, in 2009, and displayed their work in solo exhibitions at the New Museum of Contemporary Art in New York (2003-2007), in the United States, and at the Towada Art Center (2005-2008), in Japan. In 2016 and 2017, they participated in two important collective exhibitions on Japanese architecture. The first – *A Japanese Constellation: Toyo Ito, Sanaa, and Beyond* –, at the Museum of Modern Art – MoMA, in New York, featured works by Toyo Ito, Sou Fujimoto, Akihisa Hirata and Junya Ishigami, singling out Toyo Ito as the mentor of this generation. In the second exhibition – *The Japanese House: Architecture and Life After 1945* – at the Barbican Center in London, the Moriyama House, the main object of this chapter, was reproduced at a 1:1 scale.

Finally, both architects have taught at numerous universities in Japan and abroad, such as Princeton University (2005-2008), École Polytechnique Fédérale de Lausanne (2005-2006) and Harvard University (2007).

Moriyama House

A man and his mother who have been living on this site for since long, commissioned this house in the Tokyo metropolitan area. Space structure consists of a group of rooms different in size, acattered about within the site: Five dining kitchens, seven living rooms, two studies and four bedrooms are spread over the site together with six gardens. Various characteristics and uses are given to these rooms, such as a small dining kitchen surrounded by a garden, a bedroom with a view to the sky, a vast space several stories high openning up from the basement, or an annexed bedroom. Each room and garden is basically a space in which the client may enjoy his daily life, but in some cases may be partly put to lease as a small rental room. We have worked on the rooms so that they may serve different programs if changes occur from residence to rental room, by arranging them to stand apart from one another for better privacy and independancy.

In this house, the client is given the freedom to decide which part of this cluster of rooms is to be used as residence or as rental rooms. He may switch among the series of living rooms and dining rooms or use several rooms at a time according to the season or other circumstances. The domais of the residence changes after his own life. I am thinking of creating a house in which the client may enjoy various spaces and lifestyles, but not fixing the place of dwelling onto a particular spot in this house.

["Casa Moriyama." *El Croquis*, no. 121-122, 2011, 364.]

LOCATION TOKYO, JAPAN
PROJECT 2002
CONSTRUCTION 2005
AUTHOR RYUE NISHIZAWA
CONTRIBUTORS KIMIHIKO OKADA, IPPEI TAKAHASHI AND YUSUKE OHI
AREA 263.08M^2
PROGRAM FIVE KITCHENS/DINING ROOMS, SEVEN LIVING ROOMS, TWO STUDIOS AND FOUR BEDROOMS
STRUCTURE STEEL

Sequence Shot

In May 2008, while collaborating with the Sanaa office, I visited Moriyama House in Tokyo. At that time, two other employees were living in the house, occupying volumes intended for renting. On this account, at this occasion I had internal access only to these two volumes and to the outer garden. Ten years later, the memory of that visit is dim, and I don't remember for sure the route I took between the blocks and the trees. Such hesitation relates to the party adopted by the architect: There is no determined path, spaces overlap, and ambiguous boundaries merge house and city. The strongest memory that has stayed with me was the feeling of informality of the space, the plain scale of the house and the fundamental presence of the garden and the sky in the background.

For this reason, I turned to the 2017 film *Moriyama-San*, by artists Bêka & Lemoine, so as to reactivate my memory. In this chapter, therefore, unlike the others, the sequence shot will be guided in part by the inhabitant of the house as seen in this documentary. Moriyama-san's point of view – which presents his intimacy in a spontaneous and personal way, with the humble vision of an urban hermit who lives in a small archipelago of peace and contemplation in the very heart of Tokyo – is similarly assimilated in the description below.[4]

On the day of my visit I left the Sanaa office, which is located on Tatsumi Island, in Tokyo Bay. This area was planned in the 1960s as a solution for the large amounts of garbage in the Tokyo metropolitan area, and now is dominated by industrial warehouses. I took the Tokiu-Ikegami line towards Ohta-ku, a low-density suburb, where single-family homes and small buildings of up to two floors predominate.[5]

Looking at an aerial photo of the Moriyama House, one can see how Ryue Nishizawa recreates, within a 22m x 13m plot – fairly wide by Japanese standards –, the urban fabric of his neighbourhood, marked by isolated houses crosscut by small streets and paths – a unique area of the city, where a traditional urban atmosphere still survives.

Walking down the streets, a collage of old houses marked the landscape up until the corner where I spotted some white volumes disrupting the scenery of brown and gray houses. As I got closer, it was possible to catch a glimpse of the garden opening up in continuity with the street without any barriers.

Going around the corner, I managed to visualize the house as a whole. When you're still on the street, you can see through the gardens the different layers of depth: The volumes and the vegetation create screens that preserve the openings. At this point I understood how the arrangement of volumes, windows and gardens ensures the privacy of the interior spaces. Passing through all these volumes, I noticed that only two doors open directly onto the street: The others face the interior gardens, while the windows loom above the viewer.

Towards the corner, I chose an entrance and found a garden with a couple of chairs and bicycles laying around. The closest chair suggested the presence of someone who had been watching the street. Passing by another volume, I came upon a new garden, this time with a table and two chairs that created an outdoor space for socializing; a small mailbox with the name "Kimura" in it indicated the entry.

I went through a narrow gap between two white walls, a kind of open-air corridor, and found another small garden, surrounded by four volumes; visually, the volumes protected the garden – it was Moriyama-san's garden. To the left, in a lower volume, there was his bedroom; at the back, the kitchen occupied a two-story volume connected by a metal staircase at an 90° angle. From the kitchen, I walked through a narrow hallway with glass walls and roof glazing that led to a small living room, in a new three-story block. I climbed the stairs to the second floor; on this route, three large windows mark the presence of the city and the sky in the interior space. The discrepancy between the size of these windows and the dimension of the rooms intensifies the connection with the city. In this room there is a row of bookshelves and furniture crammed with books; in the background, a large photo of architect Oscar Niemeyer.

I went back to the garden which, in addition to these three volumes, is sealed by the presence of a completely glazed bathroom. Outside the bathroom, one can see a small basin with shaving foam and a razor blade, indicating the daily use of that place. In a scene from the movie, Moriyama-san shaves while looking at his reflection on the glass; when he brushes his teeth, he heads toward the street to watch the pedestrians. With a book in hand, he walks from one room to another, the curtain swings, the trees move. The day goes on; he sits at a window with his feet hanging, then he goes downstairs and sits in the garden, soon climbing up to another volume where he lays down only to go back to the garden again. Moriyama-san walks around the house, moving between the inside and the outside, where the diffused and homogeneous light ensures a uniform atmosphere.

In the garden, small concrete squares marks off the entrance to each volume; the rest is just dirt and grass. The white volumes, loose from the ground, seem to float above the green. During most of your time in the house, you find yourself in the garden. The objects scattered among the vegetation suggest improvisation, informality, a simple life – the interior seems to function only as a shelter.

Time flows slowly at Moriyama House; people keep passing on the sidewalk, while its inhabitants roam the plot as if they were living in a small village deep in a forest – when, in reality, they are in the center of Tokyo. This amounts to a script designed especially for this particular resident, a man who has never left Tokyo and has spent his whole life in this peaceful place. When he's not reading, Yasuo Moriyama listens to Japanese experimental music. Aside from books, his only contact with the world seems to be through his neighbors, the tenants of the volumes he doesn't use.

The spaces of the house vary according to his wishes; each of the environments-buildings can be either used autonomously or grouped together; if during the summer he needs a larger room, he expands his private area; during the winter, if he chooses to restrict himself to a single space, he can lease the other volumes. The project works with the notion of impermanence and with the infinite possibility of change and transformation. An experience based on the *Wabi-sabi* concept, an ancestral Japanese worldview centered on the acceptance of transience. According to this concept, beauty is found in imperfection, impermanence and incompleteness,[6] which includes the ideas of asymmetry, austerity and simplicity.

Adopting a behavior that has become quite common in contemporary Japan, Moriyama-san seems to have chosen to withdraw from public life and live in domestic isolation. This type of behavior was so widespread in the country that a specific term was coined to name it: *Hikikomori* (literally "isolated at home").[7]

> While a house usually serves as a mirror of the client's status, profession, or activities, Moriyama House is defined by the anti-productivist attitude of the proprietor. [...] Moriyama's intangible and indefinable life is one of a domestic flâneur who believes in a similar present-progressive form and reflects Nishizawa's idea of a house as a manifestation of "acentricity:" 'It allows any place to become the center. One might say that this creates both a sense of always being at the center and a sense of multicentricity.' Inspired by the city of Tokyo as a collection of living organisms, Nishizawa conceived the house as a community of little dwellings challenging the idea of ownership and family norms.[8]

The design for this house comes out as a sort of redemption, reconnecting dweller and reality. The space tells the story of a man who leads an isolated existence, in a sort of daytime somnambulism. Nishizawa protects this man from the intensity of the metropolis and transports him to the world of nature, the world of shadows, reflections and phenomenology, bringing forth a mysterious atmosphere that satisfies this unusual experience.

Design Analysis

> For Moriyama House, my first idea was a single large box that would contain all of the required rooms. But gradually it came to seem that if the entire program were packed into a single large box, then despite the flat exterior the interior would become very complicated and closed off. [...]
> There are still various issues with Moriyama House, but it felt very liberating when I decided to take this heavy architectural mass and break it up.
> [...]
> With Moriyama House, I finally felt liberated from the stubborn problem of 'going beyond the square.'"
> Ryue Nishizawa, "Interview: Experience of Architectural Concepts"[9]

In the Moriyama House, the relationship between street, garden and interior is the main theme of the design. The building's site location provides several accesses and routes, suggesting a changeable use of the space, stemming from the statement of needs, which consists of six autonomous pieces: A house for Moriyama-san and another five for renting, spread across the plot and articulated through six gardens. This arrangement is revolutionary inasmuch as it proposes the dissolution of the building into several independent volumes. It makes possible to determine the size and shape of each room, creating a diverse morphology that emulates the overall look of the neighborhood.

From the street one discerns four possible accesses to the house. On each of these visual axes, bulkheads and opaque walls ensure the privacy of the interior space. Through an overlapping of volumes and vegetation, the architect creates veils and visual layers, designing a space that only unravels when we move through it. This type of spatiality follows the Japanese perception of space, where depth is made up of planes, being perceived through movement. According to Arata Isozaki, "time and space are absolute, homogeneous and infinite in the West, while in Japan they are fluid; they establish relationships in a permanent state of interdependence, being intertwined in an indissoluble way."[10]

This inseparable space-time relationship is contained in the Japanese concept of *Ma*, which means emptiness. While in the West emptiness brings the idea of vacuity in hierarchical opposition to the fullness of form, in Buddhist thought emptiness is understood as a non-form that actually coexists with form. This implies a void that is not static, separating but also binding two elements in a zone of coexistence.[11]

In the design for this house, Nishizawa draws the construction from that emptiness, which goes on to take shape in the gardens; thus, it gives the user the freedom to roam through these spaces, introducing in architecture the notion of space-time and impermanence. The architect complements this atmosphere with the overlapping of glazed planes, reflections, the movement of curtains and trees. The experience results in a movement that is balanced by the intensity of the light, which in turn remains constant and homogeneous throughout the house-garden experience. It is the white of the exterior and interior walls that reflects the light in a diffuse and uniform way throughout the place.

At a first glance, the floor plan appears to exhibit a non-hierarchical layout. Nevertheless, it is possible to grasp a logic of space in which a few house-garden cores or nucleuses are established, creating six neighborhood-like spaces within the 22m x 13m plot. Two higher volumes, three floors each, stand on the edges, promoting privacy from neighbors. The height of the volumes decreases as we move towards the center, creating a preserved environment within the lot. At the back, four independent volumes make up Moriyama-san's house; circulation between these environments takes place through the garden.

In this spatial configuration there are other elements from the Japanese tradition. The *Roji* (tea garden) is one of them: An open space through which one passes while on the way to the room where the tea ceremony takes place, as in the illustrations for the 11th century classic *The Tale of Genji*,[12] in which one can see spaces opening up freely to the garden, in an architecture with no rigid demarcation between interior and exterior, but rather a reciprocal permeability. In this project, Ryue Nishizawa makes use of the lexicon of tradition, freely adapting it to the needs of contemporary life. In the gardens, for example, the anarchic and informal character breaks the traditional aesthetic in order to accommodate a contemporary way of life, taking on the most diverse functions, sometimes as living spaces, sometimes as laundry equipped with clotheslines, or even as a home cinema.

For residents, such architecture prompts new relationships and behaviors. Moriyama is a house that disrupts concepts of intimacy, family structure and demarcation of public and private space. Sitting in the small garden, surrounded by glass walls, we suddenly realize that we are in the middle of the city, and that it is the neighbor's walls that define the boundaries. The presence of nature ensures the perception of the passage of time, climate and seasons.

In this project, the effort to bring the interior of the house – together with the notions of privacy and domesticity – closer to the street is evident; this is an exercise in expansion, which makes the house spill over into the city. It's almost as if, by designing a fragmented house, the architect wanted to transform Moriyama-san's life, encouraging him to leave the isolation in which he spends his days and establish a subtle contact with reality. Ryue Nishizawa designs a house that does not adapt to the social reality of big cities, but which proposes a continuous process of destruction and creation, anticipating his interest in the concept of plasticity.[13] The Moriyama House creates the possibility of new relationships and sociological behaviors, establishing the necessary conditions for a free and informal use of the space

Design Strategies

> *Their construction at the limit is essentially architecture in the negative, achieved through a stripping-down: Buildings strive to divest themselves of thickness, dispense with inertia, rid themselves of density. The process generates objects with an immaterial appearance, metaphysical in that they transcend the realm of the senses' standard conventions, and dreamlike in so far as they dwell in the vague border between sleep and waking.*
> Luis Fernández-Galiano, "Sanaa en sueños/ Sanaa Dreaming"[14]

Sanaa's architecture concerns boundaries however, Sejima and Nishizawa conceive o boundaries not as borders, but connections. "These connections do not mean the removal of the limits. On the contrary, these connections are boosted by the clarity of the boundary line, the precision of its definition."[15]

In some of their projects, the boundary is constituted by corridors that circle the buildings, creating a double layer, as in the Contemporary Art Museum in Kanazawa. In other cases, the boundary is an element without thickness, an immediate connection, without spatial or temporal gap, such as the De Kunstlinie Theater and Cultural Centre in Almere or the 2003 House in a Plum Grove in Tokyo. In other projects, such as the Rolex Learning Center (2005-2010) in Lausanne, Switzerland, the spaces are divided by topographic horizons – a gravitational vector – that articulate vertically, breaking down the space in visual terms.

Thin walls are created, slender structures, volumes that decompose into layers. This is an architecture at times made up of parallel, transparent planes and, at other times, of curved planes, in an overlapping of successive limits, with multiple reflections generating visual and atmospheric effects.

Commenting on Sanaa's design for the Glass Pavilion at the Toledo Museum of Art (2001-2005), Sejima mentions the interplay between transparency and opacity:

> All glass is transparent but there are so many curved layers that the building has an opaque feeling to it. You cannot grasp if the reflection is from one layer of glass or another, or whether you are just seeing the other side of the museum. The building produces a completely different feeling of transparency. You can see through it but it is opaque.[16]

Ryue Nishizawa and Kazuyo Sejima often state that the main goal of their architecture is not lightness or transparency, but the clarity of spatial organization. The use of glass tries to highlight the concept and organization of the program in space. In this quest for clarity, designs are presented as simple schemes, drawn with lines, in which thickness or materiality is not specified and in which the fundamental spatial relations are presented in a straightforward way. "The meaning of transparency is to create a diversity of relations. It is not necessary to always see through. Transparency also means clarity, not only visual, but also conceptual."[17]

It can be said that Sanaa's architecture is the result of an exhaustive study of the program; it embodies a diagrammatic thought, which results in a language that combines structural and technical ingenuity with formal and spatial clarity.

The fundamental instrument here is the plan, the drawing where articulations, circulation, the relationship between interior spaces and between building and surroundings are established. These drawings often start from a perimeter that is subdivided into a grid, to which programmatic cores and flows are added. The result is perfectly articulated forms, where no hierarchy can be discerned. In this process, sections or elevations are rarely used, and the volumetry is defined from large scale models. For each design, hundreds of options for the articulation of space and models are developed, in an almost intuitive process through which the best articulation strategy for the program is outlined.

The office – an industrial shed chaotically crammed with models – reveals this work system: A continuous method, in which chance often ends up defining the design. The non-hierarchical character of this creative method is also embodied in spaces that lack principles such as centers, axes and focal points, resulting in plans that do not present neither a beginning nor an end, but a movement that propels the informal use of the environments. This sensation is amplified by the homogeneous presence of diffused light, evenly distributed, and by the use of white or reflections, as in the case of the pavilion for the Serpentine Gallery.

> All these mechanisms – the serial repetition of the room, the organization of the plan as a patchwork of simply attached squares or rectangles, the separation of the rooms and their random distribution, the *casually* stacked floors and a compartmentalization of the plan using one or more grids – are different ways of generating the building, however they all coincide in their lack of hierarchical and their non-determined composition, giving them a contemporary quality.[18]

The result of this non-hierarchical design and search for lightness is the fragmentation of the structure into various support points, with slender pillars that become almost invisible. Instead of hiding the structure, the architects multiply it, testing it to its very limit and making it as slender as possible. This ends up reinforcing the perception of spaces and buildings that seem to sit quite lightly on the ground – constructions that seem to elude the force of gravity, in a clear sense of dematerialization.

Thus, Sejima and Nishizawa invite us to take a walk in an ethereal atmosphere, a world of transparency and lightness, where an architecture of diffuse nature answers the constant need for change, the all-encompassing feature of contemporary society.

Notes

1. Toyo Ito, *Blurring Architecture*.

2. Luis Fernández-Galiano, "Sanaa en sueños/Sanaa Dreaming," 6.

3. See Toyo Ito, "Arquitectura diagrama/Diagram Architecture."

4. See more about the documentary on the artists' website: <https://bit.ly/2ROyEBO>.

5. The city of Tokyo is structured according to a hierarchy of transit routes. On a metropolitan scale, we have the major road arteries, which circle and separate neighborhoods. On an urban scale, two-way avenues, with a width of 12 meters, head towards the interior of these neighborhoods, formed by clusters of blocks, the *quadrants*, which are essential for your address. On the smaller scale, we have the streets, which are impressive for their width (only 6 meters), lacking sidewalks; the houses do not have a frontal setback. The morphology of residential neighborhoods is made up of small buildings, which respect the setbacks dictated by the anti-earthquake regulation.

6. A concept derived from the Buddhist teaching regarding the three features of existence: Impermanence, suffering and emptiness (or absence of an individual nature).

7. Characters like Moriyama-san also inhabit novels by writer Haruki Murakami, like Toru Okada from *The Wind-Up Bird Chronicle*, who spends part of his life inside an empty well.

8. Florence Ostende and Pippo Ciorra, eds., *The Japanese House: Architecture and Life after 1945*, 50-52.

9. Ryue Nishizawa, "Interview: Experience of Architectural Concepts," 66 and 68.

10. Arata Isozaki, *Mitate no shuho* (Tokyo: Kajima Shuppansha, 1990), quoted in: Marina Pedreira de Lacerda, "O conceito "ma" para Arata Isozaki: um modo de ver o mundo."

11. Cf. Michiko Okano, *MA: entre-espaço da arte e comunicação no Japão*, 40.

12. *The Tale of Genji* (Genji monogatari) is a classic work of Japanese literature, written by the court lady Murasaki Shikibu in the early years of the 11th century. These drawings are the first to use an elevated observation point, which allows for the simultaneous visualization of different scenes and spaces. Cf. Ostende and Ciorra, eds. *The Japanese House*, 37.

13. The concept of plasticity argues that brain mass not only adapts but also reacts drastically to changes in the environment. In this sense, the concept advocates that the individual not be permanently flexible, rather advising us to actually explode from time to time, bringing forth drastic changes. See Ostende and Ciorra, eds. *The Japanese House*, 51.

14. Fernández-Galiano, "Sanaa en sueños/Sanaa Dreaming," 7.

15. Juan Antonio Cortés, "Topología arquitectónica/Architectural Topology," 43.

16. Efrén García Grinda and Cristina Díaz Moreno, "Campo de juegos líquidos (fragmentos de una conversación)/Liquid Playgrounds (Fragments of a Conversation)," 19.

17. Agustín Pérez Rubio, "Feeling at home with Sanaa," 17.

18. Cortés, "Topología arquitectónica/Architectural Topology," 39.

HOUSE IN CORUCHE
Manuel Aires Mateus

According to the description of the Pessoa Award, granted to Manuel Aires Mateus in 2017, the architecture of the Aires Mateus office, led by him and his brother Francisco, "starts from a gathering of Portuguese vernacular forms and materials, [...] managing to establish a continuity between the past and the present."[1] Springing from their own unique vision of architecture, their work refuses to abandon the legacy of Portuguese or classical architecture, choosing instead to filter traditional principles through modern and postmodern experiences, until they materialize into a truly contemporary architecture. This approach relates to the survey on popular architecture in Portugal – an effort carried out in the 1950s by the National Association of Architects, for the extensive cataloging of the country's vernacular architecture.[2] The Survey revealed to modern Portuguese architects the existence of a pragmatic building method which they could take advantage of to come up with their own identity, as an alternative to the modernist language based on the use of concrete, large spans, large openings and pilotis. From Fernando Távora onwards, this identity, evoked by the Portuguese Survey, has permeated the thought of different generations and schools of Portuguese architects over the years.[3]

The Aires Mateus office develops designs in a number of scales: Urban designs, such as the Center for Heritage Development and Cultural Activities of Benevento, Italy (2006); cultural and community centers, such as the Sines Cultural Centre (1998-2005) and the Meeting Center in Grândola, Portugal (2011-2016); museums such as the Pôle Muséal of Lausanne (2015), Switzerland; or the Architecture Faculty in Tournai (2014-2017), in Belgium. Amidst so many iconic projects, it was through single-family units that they were able to carry out a fruitful research concerning the issue of boundaries in architecture.

For the Aires Mateus brothers, architecture is built from the design of an expressive boundary that grants an outline to an empty space, that is: It is the indispensable existence of a perimeter that marks the identity of a space. However, in their designs, this boundary is no longer a wall or a plane, it becomes a space that contains, separates and defines two realities.

In this sense, the House in Alenquer (1999-2002) marks perhaps the most important inflection in their work. The project starts from the relationship between the ruins of a preexisting construction and a new building. From the old structure, only the thick external walls of irregular outline were preserved, demarcating the exterior space of the house. Within this perimeter, a new orthogonal geometric construction was independently implemented. As Manuel Aires Mateus describes in his book *Living the Boundary*, an interstitial space appears between the two facades that allows the coexistence of two temporalities: The slower rhythm of the ruins in free transformation, and the compact, mathematical and precise time of architecture. The architect returned to the subject when interviewed by Ricardo Carvalho:

> We regard them [the ruin walls] as part of the house and as material for the project, we corrected them where necessary, we gave the entire unit the same white finish, and we brought the interior floor of the house right out to them. That is what bestows a very special character on the interface space between the house and the walls, a feeling of not being between two buildings, but rather between two halves of the same building.[4]

With the Alenquer project, the boundary became an essential issue in the office's work, marking the beginning of an autonomous trajectory, as evidenced by the catalog of the exhibition *Aires Mateus: Arquitectura*, at the Cultural Centre of Belém, in Lisbon (2005), which starts off precisely with this design. Going through the projects for five houses – from Alenquer to Coruche (2007-2011) –, it is possible to discern an inquiry in which the boundary is more than an idea, becoming a system in itself, with its own characteristics and spatiality – an abstract, independent and determinant element for the materialization of this architecture.

In the House in Alvalade (1999), the architects first sought to determine a place in the midst of an infinite landscape through a large square that contained the program interspersed with open spaces. The idea was to design the house according to the lines of the autochthonous buildings, which exhibited very thick walls. From this the possibility of *inhabiting* the thickness of this perimeter was created, turning it into a circulation area or a place to accommodate service functions. The thickness that circles the interior creates a labyrinthine space that grants independence to the several rooms and areas in the house.

The House in Brejos de Azeitão (2000-2003) occupies an old restored winery. The idea behind this project was to maintain the integrity of the original building. For this, part of the program on the ground floor was accommodated in the *thickness* of a new wall – stairs, kitchen, laundry and bathrooms. On the upper floor, the private areas – bedrooms, bathrooms and a studio – appear as white independent volumes *floating* under the gable roof in an *impossible* balance freeing the floor to the main area of the lower room. These spaces are connected to the peripheral circulation along the facade, conceived as a system that sustains the load of these *floating rooms*, in order to subvert the notion of gravity and grant autonomy to the intervention in relation to the preexisting construction.

The House on the Alentejo Coast (2000-2003) is a regular window-less volume, with a square plan, sitting amidst the local landscape. Two large opposite openings give access to an interstitial space, shaped by the program that inhabits the walls and the periphery. In the project for the House in Alcácer do Sal (2003), the architects began experimenting with *archetypal spaces*, produced as molds for the space. The model expresses the conceptual result of this operation that produces *extracted volumes*, materializing the void.

The House in Monsaraz (2007-2018) appears tucked into the terrain, in continuity with the local topography. Emerging from the earth, the construction opens to the landscape through an atrium, shaped like a mold of one quarter of a dome – like the Radix installation –, which mediates between the interior and the exterior. Over the void, a round central zenith opening is an impluvium in the green roof.

In this chapter, we'll see how the House in Coruche synthesizes many of the elements described so far: The abstract, archetypal forms and the thick, inhabited boundaries. However, our main interest here concerns the application of a design method carried out exclusively by subtraction.

AIRES MATEUS OFFICE – Manuel Aires Mateus and Francisco Aires Mateus

The Aires Mateus Office, established in 1988 in Lisbon, Portugal, was created by the brothers Manuel and Francisco, both graduated from the School of Architecture at the Technical University of Lisbon, in the late 1980s. The office has gathered international recognition, being the beneficiary of several prizes, such as the award from the 10th Ibero-American Biennial of Architecture and

Urbanism – Biau (2016), in São Paulo, for the projects of the EDP Group Head Office (2008-2015), in Lisbon, and the House in Time (2010-2014), in Montemor-o-Novo; the Enor Prize (2006), in Vigo, Spain, for the Sines Cultural Centre (1998-2005) project, in Alentejo; the Valmor Prize (2002), for the Rectory Building of Universidade Nova de Lisboa. In 2017, Manuel Aires Mateus was granted the Pessoa Award (2017) for his body of work.

The office has participated in important exhibitions, such as the Chicago Architecture Biennial, with the installation *Ruin in Time*, in 2017; and the Venice Biennale of Architecture, in 2010, with the *Voids* exhibition, which discussed the role of boundaries in space design. Since then, at every new edition of the Venice Biennale, the office presents a new *site specific* work. In 2012, they exhibited the sculpture-installation *Radix*: A gilded dome mold placed at the end of the Arsenale, next to the canal, *Radix* was the negative of an archetypal space. In the 2016 *Reporting From the Front* biennale, the installation *Fenda* proposed a sort of cave where lights would open and cut the visitor's path, changing the scale perception of the space. In 2018, the installation *Field* presented a garden that materialized as an abstract element, a formless body that takes up the idea of space as a result of interactions between boundaries and our perception.

Besides Portuguese universities, the architects have taught at Harvard, in the United States, from 2002 to 2005, and at the Accademia di Architettura in Mendrisio, Switzerland, since 2001. Prior to opening their office, they collaborated from 1983 to 1988 with architect Gonçalo Byrne. According to them, that's when they learned to develop a project based on the understanding of the site and its preexisting elements. Another legacy of this collaboration relates to the understanding of architecture as a discipline that has time as one of its materials, conceiving the present only as a temporal stratum of a construction that remains beyond human life.

House in Coruche

The goal was to achieve a *traditional flavor* with this house. People read a prejudice of form in this idea. We sought the limit for the existence of a form. The volume with a hipped ceiling is made abstract, monomaterial, white – walls and roof. A patio is torn up, leaving the memory of the edges. The spans of the four main spaces open from this patio: Kitchen, living room, master bedroom and a children's room, accessible through the alcoves. The house has recognizable shapes and traditional finishes – white with old Portuguese flooring. The transitional spaces designed between the main spaces and the outer wall will add further finishes that will be discovered in the work.

[House in Coruche – project memorial, written by Manuel Aires Mateus and published by Ivo Sales Costa on the website Arquitectura.pt]

LOCATION CORUCHE, PORTUGAL
PROJECT 2005
CONSTRUCTION 2007
AUTHOR MANUEL AIRES MATEUS
CONTRIBUTORS HUMBERTO SILVA, FRANCISCO CASEIRO, FRANZISKA PFYFFER AND MARINA ACAYABA
AREA 297.30M2
PROGRAM LIVING ROOM, SIX BEDROOMS, KITCHEN, LAUNDRY, STORAGE AND OUTDOOR PATIO
STRUCTURE CONCRETE

Sequence Shot

On a mild day in May 2018, I visited the House in Coruche, located in the Alentejo, a region of extensive dry plains. Access is via Açude Street in the town of Foros do Rebocho, neighboring the village of Coruche. The place is crucial for the understanding of this project, which presents elements of the vernacular architecture of Alentejo, reinterpreted through a contemporary language. According to the Portuguese Survey,

> a strong sense of horizontality dominates the Southern vernacular architecture of the country; the volumes are clear and well cut; the builders' lime (calcium hydroxide) gives the volumes a very sharp definition; the houses stand out on the horizon or in the background of cultivated fields or stubble.[5]

From this regional memory, a form emerges as a premise: The archetypal volume of the white house with a roof of four sloping sides, thick walls and few openings. It is from this image that the architect envisions his design, developing it as an abstract object.

From the gate to the end of the road, one didn't need to walk more than 100 meters until the horizontality of that exogenous element stood out in the distance among the trees. From afar, the house presents itself as a synthetic volumetry: White gables treated in a radically homogeneous way, as if they were a large sculpture – one discerns no recognizable architectural element or materiality.

We reach the house through a corner between the Northeast and Southeast faces, which are positioned at a height of almost three meters; these faces descend towards opposite edges, reinforcing the perspective of the vanishing point.

Looking for an entrance, I circled the perimeter. During this route, you cannot spot any opening, only the massive white volume and the undergrowth. On the Southeast side, however, an incision cuts the dense volume and lets you see a courtyard. The white walls open into an atrium; they're bound by the flooring, which is also white and marks the access to the domestic space.

In the courtyard, the house reveals itself: It ceases to be a sculpture and adopts the architecture vocabulary. Four openings are identified. Primary access is not obvious as there is no hierarchy. In one of these openings, one notices a distortion in the alignment between external and internal walls, bringing forth a thickness that recalls the materiality of the *taipa*, which highlights the independence between the design of the outer volume and the inner space in such a way that each acquires unique properties – resulting in a space *in-between* the two sides.

I entered through the kitchen, a rectangular space with a vaulted ceiling; a photograph of the construction reveals the independence between the plaster ceiling and the slope of the exterior concrete slab. Cabinets and stalls are accommodated inside the walls. Through a passage, the living room is accessed: This environment is arranged orthogonally, with a longer rectangular floor plan and a gable roof. Through the glass door of this room, which leads to the outside area, you can see the landscape crossed by the patio.

Going through the living room, we come upon a narrow and dark corridor, a transitional space along the external blind perimeter of the house, giving access to the bedrooms; it also serves as a secondary circulation route. At the end of this corridor, the children's area opens into a multi-use room facing the courtyard. Next to this space there are four bedrooms, each equipped with one bed. This route through the corridor is marked by the alternation between light and shadow, and one has the feeling of traveling through a conceptual diagram of the project.

Service and transitional spaces are dark, while living spaces are well lit, opening up to the outside. Natural lighting in the house only comes through four openings, one in each room, filtered and reflected by the white volume of the patio. The corridor floor in white resin – the color of the walls – clearly indicates its nature in contrast to that of the wooden floor inside the rooms.

Mediation with the landscape happens through the central patio, the element articulating domestic life here – as well as short-cuts. The midday light makes it almost impossible to stay in this space. In the morning, however, and especially in the afternoon, the building itself shades the house, letting in only the reflected celestial light.

For a Brazilian like me, quite used to the idea of free spans, the rupture in continuity between the exterior and interior spaces seems strange. Thus, while in Coruche each room surprises for its uniqueness, the archetypal vaulted roofs or the hipped ceiling actually convey a sense of familiarity. The corridor and the white flooring have the neutral materiality of the interior of a wall. In the end, the feeling is of an experience fragmented by several overlapping images, in a journey that moves between darkness and light.

Design Analysis

> *Two simple archetypal forms meet, generating tension and an unusual reality. This operation has a very clear sequence of elements, which I readily recognize, but there is this other part that seems strange.*
> Manuel Aires Mateus, "Interview with Mateus Aires Mateus"[6]

The House in Coruche is a family retreat for weekends. As such, the project accommodates the program in a very pragmatic way: kitchen, living room, master bedroom and a children's area – at the request of the couple who wished to have many children. The site disposition was guided more by the orientation of the sun than by the landscape. The study carried out concerning solar incidence shows that the volumetry shades the patio and the few openings, especially in the afternoon, protecting the house during hours of extreme heat and keeping it cool even on the hottest days of the year – a recurrent element of a historical legacy, as described in this excerpt from *Arquitetura Popular em Portugal*: "The horizontality accentuated by the insistence of a single floor in which the white strip of the walls separates, with a horizontal accent from the landscape, the grayish blue of the sky from the earthy yellow of the floor is disturbed in its whiteness by the rare dark spots of doors and windows."[7]

The volume starts from an archetypal house with a hipped ceiling, materialized as a solid white block. For Manuel Aires Mateus, the archetypal elements ensure an initial comprehension of the space: The traditional reference makes it possible for the spectator to assimilate a more complex and unusual spatiality. Thus, a preconceived idea of the house is applied to facilitate the introduction of a *flaw*, a *tear*, an incision that draws the patio.

The plan derives from a square of 20-meters-side that is distorted in order to lose orthogonality and generate asymmetries, which allowed the architect to look at the house in an abstract way and model it using plastic instruments. From these initial distortions, also present in the roof, the architect then proceeds to work exclusively by geometric subtractions, following two main operations: First, the central patio is subtracted, without excluding the notion of the external volume – the four gables. Thus, two main elements emerge: The wild landscape, outside the *square*; and the interior, domestic patio, the main living space in the house.

The second operation excavates in the remaining space the four areas of permanence and conviviality: Kitchen, living room, master bedroom and the children's room. Each of these spaces takes on a diverse, independent format – suited to its function – with archetypal *ceilings*: Vaulted ceiling in the kitchen, gable roof in the living room, flat roof in the master bedroom and hipped roof in the children's room.

In these spaces, the openings to the outside arise from the tangency between these two operations. When an internal geometry goes beyond the perimeter of the yard, the dimension of the corresponding opening is determined. In the next diagram, we get to understand how this subtraction defines the lighting inside the house, relegating the remaining spaces to a semidarkness, softened by zenithal openings.

Based on this hierarchical logic of light, the spaces of coexistence and service are organized in a plan formed by the articulation between these subtractions – the white voids – and the closed places – the serving areas – which, not being subtractions, constitute mass and inhabit the thickness.

Such a project strategy, noticeable *in loco*, is already present in the office's graphic thinking, in which the mass volumes – dark – are represented, literally, in black, as molds. Emptiness, on the other hand, is presented in white, as a space of light, in a subtraction materialized as a positive space. The dark mass – negative – circumscribes the voids as a thick, grave border, occupied by the serving program that mediates and modulates, in an autonomous way, exterior and interior.

According to the Aires Mateus brothers, such borders can be read as an "in-between dimension" that reacts independently to one side and the other, meaning that the boundary between the occupied space and the void is no longer understood as a plane. Thus, they become more complex, significant borders, much more than the mere separation between two realities.

> One thing we always argue for is the freedom between a volume and a space, given by the idea of a field. For there is no architecture without matter, and the first thing we need to realize is that maybe what is essential is the space of life, but what we build are the limits of that space.[8]

Designing the external volume and the internal space as distinct autonomous operations guarantees independence and prominence to spatiality as opposed to the constructive aspects, such as the structure and enclosuring membranes. The sections of the house show infinite relationships between mass and void, delimited by the perimeter that may or may not contain part of the program.

The definition of a space or volume is achieved by its demarcation, its molds or excavations, in which the content autonomously inhabits the mass or the void, being added through subtraction. The American architect Robert Venturi deepened the speculation around this independence in the chapter "The Inside and the Outside" from the book *Complexity and Contradiction in Architecture*. Originally published in 1966, Venturi discusses the relationship between the inside and the outside of the building or the opposition between volume, wall envelope and content. Venturi states that in those projects where this contradiction is present and the content expresses itself autonomously, space reaches its maximum power.[9]

Such operations are not performed through two-dimensional drawings or parametric calculations; rather, they are guided by the extensive use of models, in a process similar to that of sculptures, in which the original volume is cut and excavated in order to create the void.

In the distribution of the program dedicated to living spaces, there is no specific hierarchical criterion of the public/private type. The main rooms are arranged circularly around the patio, following a path that starts from the kitchen (closest to the entrance) and extends into the living room and bedrooms on the opposite side. This sequence is subverted when crossing the patio between the kitchen and the bedrooms. Thus, the *ancestral* inner patio is the element that guards and determines the extension and dynamics of domestic life.

Design Strategies

> *Past, present and future are part of consciousness and guide the existence of each man or community. Architecture deals with the notion of time in a very particular way. The duration of a project is negligible when compared to the age of the site where it intervenes, all the centuries of architectural history (and here these really seem to coincide), or simply the expectation of permanence of the building that will be built. The exercise of a project thus implies a kind of gigantic assimilation effort, during which all these times are summoned and compressed, elaborating an interpretation that articulates them and results in a readable continuity. If history corresponds in some measure to the stratified overlapping of successive presents, architecture resembles an archeology of transformation: "Man destroys a civilization, but then builds another using the bricks of the previous one". (Andrew Wajda).*
>
> Aires Mateus, "Memorial to the Concorso internazionale per la realizzazione di un polo di formazione sui beni e le attività culturali, Città di Benevento."

In the arts, besides the classic use of molds as a method to obtain a *positive*, we can point out other ways of constructing space based on the dialogue between the void and the *negative* that contains it. In this sense, it can be said that Aires Mateus' architecture evolves following a sculptural rather than architectural procedure: Their method is not guided by a tectonic, constructive idea emerging from a process of addition, but by a subtractive idea concerning the modeling of spaces.

For instance, the sculptures by Spanish artist Eduardo Chillida – who called himself the "architect of the void" – alternate positive and negative in order to establish, through a dialogue between light and the mass that envelops it, the proper expression of emptiness.[10] In *How Profound is the Air* (1996), the sculptor opens geometric windows in a raw piece of alabaster, gently filling the interior void with light so as to bring to life an exquisitely finished white architectural space, in sharp contrast to the opaque solidity of the surrounding form. In the sculpture *Praise to Architecture IV* (1974), the artist carves into a geometric rock to create an interior spatiality characteristic of architecture.

On the extreme opposite, there is the work of English artist Rachel Whiteread, who makes explicit the opposition between boundary and void using large-scale sculptures that *solidify* the air. In the 1993 sculpture *House*, for which she received the Turner Prize that same year, the artist subverts the notion of the void by *filling up* with concrete the entire hollow space inside a three-story house, making it solid.

According to Manuel Aires Mateus, by working with pure forms, artists enhance our ability to see and understand space. Since it pursues the precise representation of an idea, art creates fertile instruments of synthesis for the representation of architecture. The model buildings of these architects, however, besides articulating an identity capable of *materializing* the void in our minds, develop their own complexity: The boundary is no longer a wall or a membrane, taking on now the thickness and breadth of a habitable field. Their works, exhibiting a strong abstract character, result from a methodology marked by a conceptual synthesis that lays down fundamental concepts which guarantee that, despite any natural deviation in the process, there is coherence between the built form and the original concept.

The complex expression of this *modus operandi* is granted by the very system of graphical representation: The *dark* zones point out the serving functions, which belong to the *solid* and that, in turn, demarcate the empty spaces, the illuminated areas accommodating the served and living spaces. Such an approach is evident in a striking way – almost didactic – in the 2002 design for Almedina bookstore, in Vila Nova de Gaia, in which a central corridor, painted black, gives access to white rooms where the books are displayed. The rigidity of the concept, transmitted to the dimension of the work, can be seen on the edges of the shelves, which are black, when facing the corridor, and white, when facing the rooms – like a cut with skin on one side and meat on the other.

The development of each design is always assisted by the production of large scale models, built from polystyrene blocks that simulate and put to test the construction of these limits. These models get bigger and bigger to fine-tune the full-scale perception of space. The volumes and white voids that result from this process express, in their immateriality, a spatiality shaped only by the nuances of the incidence of light. The obsession with white takes the mind away from the material problem and allows them to focus their work on the boundaries of space.

Building processes and systems are inherent to architecture, and we are interested in them as a research field. It is just that in our work, these issues have been placed at the service of other values which seem more essential, in particular the geometrical clarity of the space and volumes, which almost inevitably presuppose the material continuity of the built space."[11]

The 2017 design for the School of Architecture in Tournai can be considered the greatest expression of this architecture that articulates space through empty molds. The project is located in a historic city block, where buildings of different identities and from different historical periods coexist. The new building closes the block as a large white, hermetic volume, which looms in contrast to the existing volumes, determining a large span. The neutralized weight of the volume questions not only gravity, but the very notion of presence and temporality of the set.

This is yet another fundamental key to understanding the architecture of the Aires Mateus office: The ongoing dialogue between architecture, time and memory which, contrary to contemporary architecture – associated with the transitory and the immaterial – deals with the idea of permanence. In the 2006 contest for the reconstruction of a square in Benevento, Italy, which encompassed the ruins of an ancient Roman amphitheater, the square's original elliptical shape was recovered, restoring its urban spatiality. Like a fossil, the new building appears as a negative mold that embodies the voids of a previous reality, now non-existent, yet reconstituted in the only possible way: Through the celebration of its absence.

Architect Gonçalo Byrne says that history is the discipline that best allows us to transpose the notion that, when dealing with architecture, we're dealing with time itself. According to him, archeology is of great interest in our field, for it makes visible and tactile a temporally distinct formal stratification, representing, therefore, a possibility of premonition of what architecture shall be. He states: "We are designing archeologies. For, somehow, the architecture we are doing today is, for all intents and purposes, just a temporal stratum, which in some cases will remain as an eroded form."[12]

Just as molds shape voids, a ruin embodies memory by invoking an absence. Both concepts inhabit the intangible dimension of imagination that interferes and amplifies the notion of time in architecture.

Using archetypal elements – from pure forms to vaulted or hipped ceilings –, Aires Mateus guarantees the intelligibility of spaces, offering a certain level of understanding and comfort to the spectator who wishes to recover a collective experience through architecture. The observer is thus able to establish a relationship between what he sees and his own experience, so that, through recognition, the understanding of the complex spatialities being proposed becomes more accessible.

> We can only understand what we recognize; it's a matter of human limitation. So when we face new situations, we tackle it by assembling recognizable elements, always working by association. Therefore, the novelty for us becomes recognizable through the recombination of familiar elements that we manage to reassociate. Therefore, when we talk about archetypal elements, what matters to us is that some level of understanding is guaranteed, so that one can then grasp the whole and assimilate the new element.[13]

With its archetypal *molds* activating subliminal processes, the architecture of the Aires Mateus brothers expands – or thickens – the boundaries of our field, in an ongoing negotiation between matter, boundary, void, reality and memory. It is the manifestation of absence – not just the subtraction of the excavated space, but the meaning of the void – that matters; a phenomenon which is not just sculptural, but one which specifies the value of architecture. For Emilio Tuñón, the relationship between time and the timeless, infinite space in the works of Aires Mateus reminds us of the finitude of our own existence, contrasting it with the very broad continuity of time beyond our individual destinies. These works shed light on the unruly rhythm of time upon which the architect is called to intervene.[14]

Notes

1. Rosa Pedroso Lima, "Manuel Aires Mateus vence Prémio Pessoa 2017."

2. Among the architects who carried out the research, Fernando Távora and Francisco Keil do Amaral (then president of the National Association of Architects) stand out. In the 1940s, they repudiated the picturesque regionalism linked to nationalist and populist principles of the Estado Novo dictatorship. Thus, they set out to investigate the traditional Portuguese architecture, seeking purer and more coherent sources for the creation of a modern style that they would call *the third way* or *new modernity*. According to Távora, this initiative is an alternative both to the nationalists' mimicry of the Casa Portuguesa and to the modern ideal of creating a universal architectural language.

3. The office was mentioned by the *2G* magazine in 2001 (Barcelona, n. 20) as part of a new generation of Portuguese architects who were born in the 1960s and started their professional careers in the 1990s. According to architect João Belo Rodeia, this generation envisions a project ideology that moves closer to other fields of knowledge, such as art, and that takes in consideration a global cultural dimension. See João Belo Rodeia, "Línea de tierra: presentación de una nueva generación de arquitectos portugueses/Ground Line: Presenting a New Generation of Portuguese Architects."

4. Ricardo Carvalho, "Sobre la permanencia de las ideas. Una conversación con Manuel y Francisco Aires Mateus/On the Permanence of Ideas. A Conversation with Manuel and Francisco Aires Mateus," 6.

5. Fernando Távora, Helena Roseta, João Afonso, Fernando Martins, et al. *Arquitectura popular em Portugal*, volume 2, 178.

6. Marina Acayaba, "Interview with Manuel Aires Mateus," 299 (see the appendix to this book).

7. Távora, Roseta, Afonso, Martins, et al., *Arquitectura popular em Portugal*, 226.

8. Acayaba, "Interview with Manuel Aires Mateus," 299-300 (see the appendix to this book).

9. Robert Venturi, *Complexity and Contradiction in Architecture*, p. 70-87.

10. Markus Müller, *Eduardo Chillida*, 34.

11. Carvalho, "Sobre la permanencia de las ideas/ On the Permanence of Ideas," 13.

12. Elisabeth Évora Nunes and Luísa França Luzio, "Entrevista com o arquitecto Gonçalo Byrne," 298.

13. Acayaba, "Interview with Manuel Aires Mateus," 299 (see the appendix to this book).

14. Emilio Tuñón, "En el corazón del tiempo. Una conversación con Manuel y Francisco Aires Mateus/ At the Heart of Time. A Conversation with Manuel and Francisco Aires Mateus."

INTERVIEW WITH MAURICIO PEZO AND SOFIA VON ELLRICHSHAUSEN

Concepción, Chile, October 2018

> **Marina Acayaba:** Does the Cien House also accommodate your office?

Mauricio Pezo: We work in this corner, at this table, with the light falling from the sky in the center. The office is located on these three floors; in the other three, that's the house. On this floor, which is closer to the ground, is our painting studio. So this opening here is precisely this window [points to a window on the facade].

> **MA:** Does this house have a different typology from the Poli and Rivo houses?

Sofía von Ellrichshausen: Yes, it is completely different. There is no perimeter space here, and circulation is more concentrated in the center of the building. Also, it's much smaller. In this case, we have a plan of 6.5m x 6.5m, whereas at Poli the plan is 9m x 9m, which ends up resulting in a different distribution of space, even though, in essence, it follows the same principle. In the Poli House, the thick perimeter accommodates the secondary functions, differentiating them from the main and central functions. For instance, in the cabinets of the Cien House, which occupy the perimeter of the stairs, we explore the same differentiation: The design is based on a symmetrical cross; the secondary spaces are located on the circulation side, freeing the spaces that open up to the view, which occupy 2/3 of the total volume, creating a whole sequence of spaces between the central areas and the auxiliary rooms.

> **MA:** The project memorial explains how it was designed in order to articulate a multipurpose use of spaces, encompassing an art gallery, a residence and an office: "The building works both as a summer house and a cultural centre, which established a contradictory program: The interior would have to be able to transition from a very public aspect to an intimate, informal one".

SVE: The ownership of the Poli House is shared between us and a couple of friends who are artists. Initially, we thought of it as a place to enjoy on weekends; then we all decided to create the cultural centre. So, in addition to being used by us and this other couple, the house started to receive residents; that's why it was called Poli. As a starting point, we figured that the interior space should not assign functions, so as to not determine specific uses – these would be determined only by the furniture. So, in a way, we don't necessarily call a bedroom a bedroom; that is, if you put a bed there, then it's a bedroom, but if you put a table, it's a studio – which makes it possible to turn a domestic space into a more neutral public space.

> **MA:** Was the thick boundary designed to protect the house?

MP: The boundary is a wall made up of two walls: Two parallel walls very close to each other, which we call a *habitable wall*. It is a wall that frees up the interior space. We put the stairs on it, the bathrooms, the kitchen, the storage area and the balconies, ensuring that the central space is neutral – if one of them is connected to the kitchen, it does not need to be a dining room; if you put a bed in it, it becomes a bedroom. This makes it possible for the domesticity of the house to disappear.

MA: Does the Rivo House also have stairs on the perimeter?
MP: Yes, but it's different there, because the stairs are located on only one side of the plan.

MA: Is the Rivo House the first in a series of vertical houses, followed by Poli and Wolf?
SVE: Rivo is the very first project we built. The entire circulation is located on one side, and on the opposite side you have the balconies and cabinets; there is no sense of a perimeter. This sharp opposition between circulation, on the one hand, and cabinets and balconies, on the other, grants a frontality in the house, an aspect that is much more ambiguous at Poli. Strengthening this frontality, the North facade has larger openings, while the side of the stairs is more opaque, with smaller openings, reflecting the development of the stairs. There is, therefore, a polarity, a very clear opposition between one side and the other. In a sense, by locating the secondary spaces on the perimeter, as we did at Poli, we ensured that the central space would be empty. So, of course, they're sisters, because they share the same DNA, but they're also completely different in the way spaces are designed.

MA: Analyzing the office production we notice that there is a logic that seems to establish sets or series with recurring typologies.
MP: We don't use the idea of typology in our work, because we find it too overloaded with the connotations of history. We are much more interested in the notion of a *format* as a more generic concept for a spatial sequence or spatial system – an image that sets a direction and a field of action. In these terms, the Poli and Rivo houses, among many other projects, answer the same logic of concentration and vertical extension: These are compact volumes, which do not occupy a large area of the plot and are developed vertically. At the Cien House, we work with a double format, the podium and the tower; there are also more complex programs like the Solo House, in which we work with this same double format, only this time it is inverted, with the lower part being smaller and the upper part larger, so that the volumetry is recognized as a platform, a horizontal extension. All these extremely generic descriptions point to a *tendency* in that space, not to functions, which are associated with the notion of typology. So we can say that we don't think in terms of typology. The designs that share the same logic present solutions that tackle the same goal: Ensuring the neutrality of the interior space.

SVE: We really like that notion of tendency. The Poli House is not a cube, but it has a tendency towards cubic perception, and therefore it is closer to the idea of a cube. That is why it has, in its essence, the seeds of non-frontality; even though there is a distinction between its facades – the relationship between the openings and the solar orientation or the position of the balconies in relation to the wind –, there is a marked equivalence between all sides. In this context, we have developed this investigation in a very rigorous way, trying to replace the notion of form with the notion of format. This is because, since the beginning of our career, we have been suspicious of this idea, shared by some artists and architects, that every time you start a design, you start from scratch, from the blank page; for us this is impossible. Since the author is always the same person, it is not quite possible to interrupt a reasoning process and start a totally new one that depends solely on new conditions. We understand that there are always overlaps and that, with each new project, we continue to develop the same thoughts – we often cannot exhaust them in one or more projects and, therefore, we need more time. So we develop this notion of projects that seem to be part of a series, in which one is the continuity of the other – a family or series of ideas that belong together and entail continuous variation.

> **MA:** Then, with each new project, you try to improve or change small features.

SVE: Yes, over time. Of course, each project represents a specific case that follows circumstances that are not governed by us. We just articulate these circumstances according to our own interests and, in doing so, we discover what we were looking for. For example, we explore a given solution that fits a specific case; once that solution is exhausted, we try something different – we also want to learn something new from all of this.

MP: I imagine this is one of the most fascinating aspects of any creative process. You may have certain ways to conduct research and extend this understanding from one case to another, but there comes a time when it's impossible to predict in which project these ideas and pseudo-answers will exhaust themselves, so that you no longer feel the need to explore them – either because they're already well mapped, or because along the way you discover something that's much more interesting, that takes you in a direction you can't predict.

> **MA:** Is the office production moving in a direction that emphasizes structural aspects, or has it always been like that? I ask this because the structural elements are more and more visible, like in the Nida House.

SVE: There are more discreet projects in which there is no structural effort, and others in which this element is more expressive. Both follow the same principle though, and I don't think this is an evolution, but rather a different manifestation of the same problem. In each piece there is an integral structure from which nothing can be removed, everything is part of the same entity that resolves the whole set in a single structural system. Of course, in the Solo House you can recognize more pillars and beams, while in the Poli House you see more walls and openings; but as a system the two are very similar.

It is, therefore, a spatial system or a language of space whose grammar is always the same. We call this *spatial grammar*, which is precisely what is unseen, something we pursue in our paintings: These are not images of projects *per se*, but they do speak of the perception of space.

I think that all our projects have this dimension, but they also have a material translation for this, and it is precisely this material translation that makes them different. You could say, then, that, in terms of approach, our projects follow the same grammar, because the circumstances are so different that the translation becomes different as well.

> **MA:** In that sense, what was the first approach in the project for the Poli House? Is there an original concept that remains valid throughout its development?

SVE: As opposed to operating by gestures, metaphors, concepts or parties, we operate through many small ideas that accumulate and make sense in a given period of time; these ideas function as solutions, until the moment they stop making sense, a moment of collapse which has to do with the complexity of architecture itself.

We don't believe it's possible to make a kind of generic diagram that reflects an initial concept without thinking about the materiality or the details in a window, that would be too reductionist. We try to think of architecture as something multiple, simultaneous and, therefore, more complex. That's also why we don't participate in architecture competitions, because we never have a slogan or a synthetic way to explain our designs. For example, to explain the design of the Poli House, we could talk about the intent behind that perimeter, the thickness of that perimeter, or the very abstract cubic presence in the landscape, but it's not just that, or it doesn't work in a linear way: There are several simultaneous concepts.

So, when we start a new design, we try not to make any *a priori* decisions, so that we can visualize all the variables involved. These variables are like little soap bubbles: You have all these bubbles, and suddenly there's a moment when you need to freeze them and create a skeleton, or a way to get them all together, but in reality that skeleton isn't important, what matters is what it contains, that is, the balance between all those features. That's why we never start with the skeleton, but rather exploring all the variables involved.

If we go back to the initial sketches of the Poli House, we notice that they already contain the presence of the vertical room, the relationship with the cliff and the horizon. The concepts of the perimeter and the roof terrace are also visible, that is, it is possible to visualize the presence of many ideas at the same time. On the other hand, we might highlight the fundamental desire to neutralize spaces and hide functions in order to erode the programmatic aspect. In fact, the hardest moment is the first few months when we are trying to understand everything so as not to make a reductionist gesture, but a synthetic one – that is, to summarize these various ideas without creating a hierarchy.

MA: Then, considering this balance you mentioned, you can't make random changes, as everything follows this logical thinking that articulates these ideas.

MP: Yes, I would say yes. This is not a linear process; that is why we're not bound to the coherence of a process that seems linear, such as Peter Eisenman's process, for example, in which the consequence of each step is visible and legible. In our case, we don't see the process as a line, but as a circle, which is traversed multiple times – it goes up and down, back and forth. So, although the result of the Poli House seems logical and clear, that doesn't mean that we had this clarity from the beginning – in fact, the beginning was chaotic and confusing. That's why we never show our process, that's not what we're interested in.

MA: But you talk a lot about this thinking process which might be understood as a design process.

SVE: We never talk about processes, we talk about methods. We think that the result of this process itself is rich enough that we don't need to add more information to explain it.

MA: But can we say that there is a language and a method, perhaps a series of ideas that bring all those bubbles together?

MP: Life and reality are so complex, that it would be pretentious to believe that an idea can impose itself on any reality. We believe that the complexity of a given circumstance points out its own intentions.

MA: How do you conduct your classes?

SVE: Teaching is a little different. We have our own methods, our own tools there.

MA: And in order to work together, did you guys come up with a common language?

SVE: Exactly. When we teach, we can impart an approach to solving problems: one tries to narrow down the problem, so as to really focus on that little aspect we want to practice, which is a way of thinking and articulating a problem. Therefore, we have also developed a teaching method that prompts targeted discussions.

MA: So how do you present a problem?
MP: Essentially, we come up with traps that students must react to. In the beginning, we worked with a metaphor about holes: students would fall into a hole and, trapped there, they would be forced to react to those set circumstances – which is actually a way of training the ability to solve problems with architectural tools.

Over time, we replaced the notion of a hole with the notion of a spider's web. At this point, we try to set up a web in which students get stuck like flies, frozen by their circumstances, yet able to appreciate the landscape – unlike the hole, the web allows us to look around.

Perhaps perversely, we predict that students will die at some point in time; there they are, relaxing, and we're the spider getting ready to eat them. In these moments of imprisonment, we believe that students become aware of prejudices and start to see things as they are. We can thus remove excess information and establish a sort of silence.

MA: Do you ever present other projects as references in class?
MP: No, and that's part of the silence. Currently, all projects tend to follow a series of references. Too many references, in our opinion; a fairly obvious consequence of media consumption. So we came up with this spider web approach or what we call Naïf Intention - ideas that belong to a time when history wasn't so important. This idea is close to the concepts of the medieval monk Nicholas of Cusa. Cusa's theological and philosophical practice explains how ignorance brings us closer to God, as it allows us to experience genuine learning, a reflection of reality and the uniqueness of our own being. So, in a way, what we're trying to do with our students is precisely that: in our studios, we don't read anything, we don't refer to anything, we don't use history books or pictures; we establish relationships only based on circumstances, that is, on silence – not on noise or music.

It's not that we're not interested, because we're very interested in what's out there in the world – art exhibitions, philosophy and literature – but we don't use them as tools or instruments: they're part of a backdrop.

MA: What about Adolf Loos, did you pay any attention to him?
MP: Many people draw a parallel between our work and the Raumplan concept developed by Loos. I would say that this is disciplinary knowledge that is part of the history of our discipline, but that it is not an instrument that can be used to produce a new reality: it is a vector that points to the past, while we are trying to make a project that points to the future. So I can't see the actual connection. We are as interested in Loos as we are in Machu Picchu or an old house in Greece that finds a smart solution by adapting to the topography. We believe that it is possible to develop a project without knowing the history of architecture.

MA: One of the themes I discuss in my work deals with the concept of the frontier or the border that separates and defines the relationship between the interior and the exterior. While studying contemporary projects, it can be seen that, contrary to what the modern movement pointed out, these limits become increasingly denser and thicker

SVE: In Poli House, for example, by using this border as a habitable place, a field or space is created between the exterior and the interior – a new place that generates a new perception of this exterior-interior relationship. So everything in between actually depends on how you qualify it. Examining the floor plan and the sections of this house, we can see, on the one hand, how some interior areas subsequently become exterior; on the other hand, there are occasions when these spaces establish equivalent relations with the outside and the inside, creating an overlap that is sometimes neutral, sometimes oppositional.

MP: In my understanding, the perception of this limit is relative. For example, on a country's map there is a line that determines its borders. Technically, this line is broader and ends up defining a space, a neutral space, an in-between space. In our architecture, because of the climate, we have always marked this difference between the exterior and the interior, revealing this distinction quite clearly.

In the Solo House, for example, we explore this relationship through the reversibility of spaces, something that interests us as a spatial definition. This space can be either a living room or a terrace, but if we slide the windows, we change the identity of those spaces, which makes everything relative. Therefore, we look for ways to destigmatize the use of spaces, and for this we create spaces that do not follow the usual conventions, favoring spontaneous use.

Many of our designs, especially when we look at the plans, exhibit an interest in the proximity of spaces and how they can modify one another. In the Poli House, the same balcony can be understood either as a way to expand the inside to the outside, as a protected outdoor area, or as a way to keep away the world outside and protect yourself from rain.

MA: Thus, spaces become very ambiguous.
MP: The perception of the Poli House is indeed very ambiguous: Is this a balcony or a thick wall? As we approach, we realize it's a ladder. That is, the space here is determined by perception.

MA: Can you explain the concept of *finit format*?
MP: *Finit Format* is a field of action. It is not a specific size, but a factor with a direction, which can create numerous variations. We start from figures marked by their internal logic and clear spatial structure, which define the identity of the piece, to which we add factors of direction. For example, this piece is clearly an "L;" by adding windows to it, we assign it an architectural value; otherwise it would just be an abstract volume. So far, we've done about nine or ten experiments with this concept, which is fundamentally a way of thinking about identity and creating a tool for spatial thinking.

The format is determined by two basic parameters: Size and direction, which are relative to the boundaries of the object itself. Within this general definition, we agree that the sketch can be explained as an addition of three-dimensional factors. Thus, we start from the principle that there are three dimensions – X, Y, Z – and that each of them can be divided into three sizes – S, M, L. Thus, three dimensions raised to three sizes reach 243 formats. That's why we call it a *finite format*. We know, from the start, the number of variations and calculate an interval that is large enough for the identity of the format to remain recognizable.

MA: And is this concept used as a designing tool?
SVE: Never. It is yet another exercise to understand how to build the identity of a format and the precise moment when something becomes different. There is a moment when you recognize a format and you say "this is a tower," and suddenly

that format is no longer a tower, and you recover the importance of the podium or the relationship with the ground. In other words, this is a way of systematizing or trying to consciously understand when the transformation of a format happens. So, again, these are not typologies, but a format, with the same internal structure, yet with completely different ideas of perception and space.

INTERVIEW WITH
MANUEL AIRES MATEUS
Lisbon, Portugal, May 2018

Marina Acayaba: This research deals with the theme of the house as a field for experimentation in architecture. Therefore, I chose three houses designed between 2002 and 2007: The Poli House, by the Chilean office Pezo von Ellrichshausen; the Moriyama House, by Ryue ishizawa; and the House in Coruche, a desing in which I participated when I worked in this office, in 2006.

Manuel Aires Mateus: At that time, the House in Coruche, for me, was an opportunity to explore a topic of great interest: The idea of starting from a clearly recognizable shape, such as the archetypal house exhibiting a hipped ceiling, and develop the design only by geometric subtraction. The first operation was to subtract the central courtyard without losing a sense or the dimension of the volume; then you subtracted four main parts: The kitchen, the living room, the master bedroom and the kids' room – it was all about subtraction. As an operation, the interesting thing about this process was the idea of a construction by subtraction – not just setting up an operation that gives us a feeling of subtraction, but to truly correspond, from an intellectual point of view, to a subtraction. We also used the idea of recognition, memory, the realm of shared experience to create a common ground that allowed us to look at the house in an abstract way and work solely with the idea of the negative.

The shapes of the interior spaces are also clearly recognizable shapes. Therefore, there was the history of memory not only in the outer volume, but also in the memory of the spatiality of each space: The shape of the kitchen, the shape of the living room, the shape of the two bedrooms are clearly recognizable spaces – the volume – that establish an intersection with this other void which is the first subtraction; and that ended up setting up all the openings. In addition, we responded very pragmatically to the program: A kitchen, a living room and this curious aspect, which was the possibility of many children; so we made that room that was kind of a center room for the kids, and then we opened up a bunch of bedrooms around it.

Another theme that was very interesting in this project was this clear geometric idea. In this sense, the project has a geometry that rests on the main points of its own strength, it goes right up to the ridge in order to open the patio and makes a series of constructions that geometrize the entire project.

MA: Can we say that the ideas of the archetype and memory, since they also deal with the realm of imagination, expand the notion of space beyond material space, creating a new dimension, where matter and imagination combine?

MAM: Look, it's not just that. There is a very interesting question here. We can only understand what we recognize; it's a matter of human limitation. So when we face new situations, we tackle it by assembling recognizable elements, always working by association. Therefore, the novelty for us becomes recognizable through the recombination of familiar elements that we manage to reassociate. Therefore, when we talk about archetypal elements, what matters to us is that some level of understanding is guaranteed, so that one can then grasp the whole and assimilate the new element.

Many years ago, I read an interview with chef Ferran Adrià that makes this idea very clear. He said that he liked to evoke in his flavors his memories and cultural experiences, which expand the flavor: In this way, it was no longer just a taste; it raised infinite possibilities within our memories. From then on, there was a conflict between reality and the quality of experience, precisely in this gap between the cultural world and the real world. In architecture, we see this idea a little bit; this gap between memory and reality points me to an answer.

Architecture works with very basic principles: Doors, windows, floor, ceiling. After this stage, what is called architecture, not construction, is the cultural vision setting up these relatively simple elements. For this reason, we like recognizable foundations that can be confronted with a new reality. By instance, I have a preconceived idea about reality, but when reality impacts me, the very possibility of reality is destroyed, straining this preconceived idea and expanding the possibility of experience.

In Coruche, by means of the archetypal form, we use a preconceived idea of a house to introduce a flaw, a tear; that is, we use something we know very well to prompt the possibility of recognizing something we've never seen. In the case of the interior spaces, it was a bit like this as well: Some spaces have formats I recognize, but they are not confined spaces; they don't end, but rather go on to intercept with those created in the first subtraction operation. In this way, two simple archetypal forms meet, generating tension and an unusual reality. This operation has a very clear sequence of elements, which I readily recognize, but there is this other part that seems strange and amplifies the distance between these issues, prompting an adherence to the house that enables the construction of a new typology. This strangeness is also evident in the difference between the interior and the exterior space: There is no symmetry or parallelism between these spaces, the point of tangency is no longer a wall, gaining distance and thickness as if it were a field.

One thing we always argue for is the freedom between a volume and a space, given by the idea of a field. For there is no architecture without matter, and the first thing we need to realize is that maybe what is essential is the space of life, but what we build are the limits of that space. As in the Chinese proverb, what matters is the liquid content in the glass, and what determines the form is the matter surrounding it; that's also the case in architecture. And what do we like to imagine? We like to think there's a tension, and we're interested in playing with that freedom, with a field that reacts to one side and the other. For instance, walls are fields that may have secondary functions, such as infrastructure. In the case of the House in Coruche, we use this confluence to locate the secondary program in the distance between the four main spaces and the exterior form, granting freedom to space.

This concept is present in the installation *Voids*, produced for the 2010 Venice Biennale of Architecture. In it, we present eight houses to show the independence between volume and space. The idea that the boundary is not a plane but a field is very interesting to work with.

MA: It's the weight of this field and the weight of matter that ram up the space or the void. Is that why in the drawings developed by the office this field is marked in black, granting weight to matter?

MAM: The idea of using black occurred to us many years ago, out of a need for control. On a given project, we have to avoid distractions and focus on what's important at each scale.

Therefore, when we draw, we mark the main spaces with white, using black for whatever surrounds these spaces. Then, we can repeat this operation in the design of a bathroom, underlining the space that interests us.

In 2005, when we had the big exhibition at the Cultural Centre of Belém, we somehow made this representation public, but it was already present as a method of inquiry and as a way to make sure that, despite the natural evolutions of a design, there would be some kind of control that would preserve the initial idea, the coherence of the work; because this representation summarizes our orientation and points out what is and what is not a possible change within the logic of a given project.

MA: Is this representation already present in the first drawings and sketches of a project, or does it appear later, as a synthesis of an idea, as a diagram?
MAM: Surely the most important thing is not the initial idea. A design is a process, and this tool is part of the investigation process itself; and this investigation might take many directions – at first, we're not sure what we want, so we approach the project very slowly.

As in this drawing (see page 242), which shows what interests me in the space of this room in a small hotel. At this point, I already know that this is the main space (white), and that it has a bathing area and that it has a dressing area (black); in this drawing, I already think that I need to draw this spatiality, I need to draw the limit, *build* the limit. Because twice in history architecture aspired to have no limits, that is, for the limit to be virtual; the first time was in the great exhibitions of 1900, and now again, with the virtual sphere. But for me none of this is real, every building is always limited to things that have a relatively clear impact, and that's relevant. I build in relation to those things whose existence I cannot deny: Matter itself; so I use it and I reinforce it, I don't want it to try to be less than what it is – it has to be more, it has to be stronger, bigger – that's how I see it.

MA: But when you make an architecture that does not reveal its constructive method, which is all white or monolithic and in which you don't see the constructive elements, you create yet another aspect of ambiguity.
MAM: Yes, there is another level of ambiguity in that; what interests us most is the idea of the relationship between man and his boundary, his configuration.

MA: So there is always a desire to expand the space, to make it dense and define it through thick, occupied walls.
MAM: For us, thickness is not a condition; we are interested in space, independence and freedom of form. Therefore, we establish this *in-between* field that reacts to one side and the other.

MA: Which architects interest you most?
MAM: In [Francesco] Borromini's work, I am interested in the freedom of spatiality, the idea, the possibility of space as infinite. Artists like [Andrea] Palladio, [Karl Friedrich] Schinkel and [Ludwig] Mies van der Rohe represent, for me, geometric intelligence as applied to architecture. As for living architects, [Álvaro] Siza interests me, because of his spatial freedom and the way he designs space through movement; and [Peter] Zumthor, for his use of materials, the material aspect of his work.

MA: The constructive aspect?
MAM: Yes. It's the ability to understand the true effect of materiality that interests us more and more as an investigation. Zumthor, in this context, is an architect who exhibits enormous clarity about the propositions of construction.

MA: And that has some influence on the materiality of your projects, which are changing...

MAM: Today, we are interested in the relationship with time, that is, the meaning of time in architecture. We are also interested in the idea that architectural precision is not necessarily millimetric. We had this obsession of the corner, which seeks to account for every millimeter, connecting positive with negative; today, we realize that this rigor in architecture is often the definition of rules that allow those who will build to extend their work; and that this combination and this extension of work related to the way of making art grants an immense quality to architecture. Now we use concrete, wood, bricks. These are technologies that one cannot completely control, there is not one brick that is just like the other. And so, this idea that we are adding these aspects of the human condition interests us, because it establishes a different relationship with time and with the human condition; that's where we conduct our inquiries.

MA: And which project is this?
MAM: The brick house.

MA: The square is very recurrent in your work.
MAM: These are projects developed in places where there are no limits. When you have no limits, you go for an unmistakable shape: A square or a circle.

MA: Does your architecture have a direct relationship with art?
MAM: The relationship with art interests us for several reasons: One of them is the precision that the artist must cultivate, the artist must be a precise person, there is no alternative, the work must be precisely what it is, otherwise it is nothing. In architecture, we tend to shy away from this concept quite a lot. For us, the project should be exactly what it is, there is no excuse.

Another reason is that artists reflect on issues concerning pure forms: For example, Richard Serra's work regarding tension in space; or Eduardo Chillida's work on the negative; or even Rachel Whiteread and the idea of inverted spatiality – all these works enhance our ability to see, to understand space.

MA: Rachel Whiteread's work materializes emptiness, that is, the opposite of what you do...
MAM: We have built voids as well. In the project in Benevento, a project for a Roman square, we reconstructed exactly the mold of that square, as if it were a Whiteread on a giant scale. Thus, we were able to restore the scale of the theater's dimension without the need to build an archaeological site; we did it through its negative, the emptiness. Our work is perhaps the opposite of Rachel's work; however, her works clarify our notion of spatiality.

MA: How will your buildings withstand time?
MAM: When we started building our works, they didn't have a relationship with time; now they are built *for* time. I have this idea that architecture is the art of permanence, that what remains is architecture. That's why I like to imagine that buildings can serve multiple functions. In the history of Europe, for example, large spaces have served all functions: They can be a convent, an army barracks, a hospital or a school, but in the end it's always the same convent, it's always the same spatiality – that's the architecture that resists. We increasingly want to design structures susceptible to different forms of appropriation. It is a broader idea, that architecture is the art of permanence, and it persists through time for its constructive meaning, its intellectual significance, as an idea.

Referências bibliográficas

Artigos e livros

2G – *Revista Internacional de Arquitectura*, n. 28 (Aires Mateus), Barcelona, 2004.

A.MAG, n. 1 (Aires Mateus Private Work), Matosinhos, jan. 2012.

A.MAG, n. 8 (Aires Mateus. Private Work), Matosinhos, fev. 2016.

A.MAG, n. especial (Aires Mateus. Casa em Melides), Matosinhos, mai. 2014.

A+U – Architecture and Urbanism Magazine, n. 425 (Feature: Concrete Architecture), Tóquio, fev. 2006.

A+U – Architecture and Urbanism Magazine, n. 512 (Ryue Nishizawa), Tóquio, mai. 2013.

A+U – Architecture and Urbanism Magazine, v. 16, n. 5 (Beginning with the House: 65 Architects' Visions from Early Residential Works), Tóquio, mai. 2016.

ÁBALOS, Iñaki. *A boa vida. Visita guiada às casas da modernidade*. Barcelona, Gustavo Gili, 2003.

ÁBALOS, Iñaki. *The Good Life. A Guided Visit to the Houses of Modernity*. Barcelona, Gustavo Gili, 2001.

Abstrações radicais. *ARQ.A*, n. 42, Lisboa, fev. 2007.

ACAYABA, Marcos. *Marcos Acayaba*. 2ª edição. São Paulo, Romano Guerra, 2021.

ACAYABA, Marina. *Estratégias de projeto: estudo de três casas contemporâneas*. Orientadora Marta Vieira Bogéa. Dissertação de mestrado. São Paulo, FAU USP, 2019.

ACAYABA, Marlene Milan. *Residências em São Paulo 1947-1975*. RG facsimile, volume 1. São Paulo, Romano Guerra, 2011.

AIRES MATEUS, Manuel. Foreword. In CACCIATORE, Francesco. *Living the Boundary: Twelve Houses by Aires Mateus & Associados*. Siracusa, Lettera Ventidue, 2011, p. 9-11.

ARCE, Rodrigo Pérez de. Essay: About the Singular, the Collective and Something Else. *A+U – Architecture and Urbanism Magazine*, n. 513 (Pezo Von Ellrichshausen), Tóquio, jun. 2013, p. 88-93.

ARCE, Rodrigo Pérez de. La música de las formas/The Music of Forms. *2G – Revista Internacional de Arquitectura*, n. 61 (Pezo von Ellrichshausen), Barcelona, 2012, p. 10-19.

Architectural Review, n. 1316 (Culture in the City), Nova York, out. 2006.

Architectural Review, n. 1326 (Japan: Back to Basics), Nova York, dez. 2007.

AV Monografías/Monographs, n. 121 (Sanaa/Sejima & Nishizawa 1990-2007), Madri, 2006.

AV Monografías/Monographs, n. 171-172 (Sanaa/Sejima & Nishizawa 2007-2015), Madri, jan./abr. 2015.

BÊKA, Ila; LEMOINE, Louise. *Moriyama-San* <https://bit.ly/2ROyEBO>.

BORCHERS, Juan. *Meta-arquitectura*. Santiago, Mathesis, 1975.

BROADHURST, Ron. *Modern Natural, Natural Modern: Houses*. Nova York, Rizzoli, 2010.

CACCIATORE, Francesco. *Living the Boundary: Twelve Houses by Aires Mateus & Associados*. Siracusa, Lettera Ventidue, 2011.

CACCIATORE, Francesco. *The Wall as Living Place*. Siracusa, Lettera Ventidue, 2011.

CAMPO BAEZA, Alberto. *Principia architectonica*. Buenos Aires, Diseño, 2013.

CARVALHO, Ricardo. Sobre la permanencia de las ideas. Una conversación con Manuel y Francisco Aires Mateus/ On the Permanence of Ideas. A Conversation with Manuel and Francisco Aires Mateus. *El Croquis*, n. 154 (Aires Mateus 2002-2011. Construir el molde del espacio/Building the Mould of Space), Madrid, 2011, p. 6-19.

COLOMINA, Beatriz; RISSELADA, Max. *Raumplan versus Plan Libre: Adolf Loos and Le Corbusier, 1919-1930*. Nova York, Rizzoli, 1993.

COLQUHOUN, Alan. *Modernidade e tradição clássica: ensaios sobre arquitetura*. São Paulo, Cosac Naify, 2004.

CORREIA, Ana Teresa Moreira da Costa Freire. *Estudos sobre o habitar: o caso de Pezo von Ellrichshausen – encontro entre arquitetura e escultura*. Orientadores Ana Cristina dos Santos Tostões e Bruno Marchand. Dissertação de mestrado. Lisboa, Instituto Superior Técnico, 2017.

CORTÉS, Juan Antonio. Construir el molde del espacio. Concepto y experiencia en la arquitectura de Francisco y Manuel Aires Mateus/Building the Mould of Space. Concept and Experience of Space in the Architecture of Francisco and Manuel Aires Mateus. *El Croquis*, n. 154 (Aires Mateus 2002-2011. Construir el molde del espacio/ Building the mould of space), Madrid, 2011, p. 20-41.

CORTÉS, Juan Antonio. Topología arquitectónica/ Architectural Topology. *El Croquis*, n. 139 (Sanaa, Kazuyo Sejima, Ryue Nishizawa 2004-2008. Topología arquitectónica/Architectural Topology), Madrid, 2008, p. 32-57.

CORTÉS, Juan Antonio. Una conversacíon con Kazuyo Sejima y Ryue Nishizawa/A Conversation with Kazuyo Sejima and Ryue Nishizawa. *El Croquis*, n. 139 (Sanaa, Kazuyo Sejima, Ryue Nishizawa 2004-2008. Topología arquitectónica/Architectural Topology), Madrid, 2008, p. 6-31.

COSTA, Ivo Sales. Coruche – projecto para uma casa. *Arquitectura*, Lisboa <https://bit.ly/35WWbEg>.

CURTIS, William J. R. *Modern Architecture since 1900*. Londres, Phaidon, 1996.

DAN, Norihiko. *Architecture and Urbanism of Tokyo*. Taipei, Garden City Publishers, 2008.

DAVIES, Colin. *Key Houses of the Twentieth Century: Plans, Sections and Elevations*. Nova York, W. W. Norton & Company, 2006.

DUNSTER, David. *Key Buildings of the Twentieth Century*. Volume 2: Houses, 1945-1989. Boston, Butterworth Architecture, 1990.

ELVIRA, Juan. *Arquitectura fantasma: espacios y producción de efectos ambientales*. Orientadora Blanca Lléo. Tese de doutorado. Madri, Escuela Técnica Superior de Arquitectura de Madrid, 2014.

Entrevista: Ryue Nishizawa, Kazuyo Sejima. *Lars: Cultura y Ciudad*, n. 1, Valencia, 2005, p. 16-19.

FARIAS, Agnaldo. Reflexos da Casa de Vidro, de Philip Johnson, arquiteto, ou o processo de trabalho de Mauro Restiffe, fotógrafo. *ARS*, v. 15, n. 29, São Paulo, 2017.

FERNÁNDEZ-GALIANO, Luis. La enfermedad geométrica/ The Geometric Disease. *AV Monografías/Monographs*, n. 199 (Pezo von Ellrichshausen. Abstracción geométrica/ Geometric Abstraction), Madri, 2017, p. 3-5.

FERNÁNDEZ-GALIANO, Luis. Sanaa en sueños/Sanaa Dreaming. *AV Monografías/Monographs*, n. 121 (Sanaa/ Sejima & Nishizawa 1990-2007), Madri, out. 2006, p. 6-13.

FRAMPTON, Kenneth. *A Genealogy of Modern Architecture: Comparative Critical Analysis of Built Form*. Oslo, Lars Müller, 2015.

FRAMPTON, Kenneth. *História crítica da arquitetura moderna*. São Paulo, Martins Fontes, 2000.

FRAMPTON, Kenneth. *Labour, Work and Architecture*. Londres, Phaidon, 2002.

GA Houses, n. 74 (Project 2003), Tóquio, 2003.

GIEDION, Sigfried. *Espaço, tempo e arquitetura: o desenvolvimento de uma nova tradição*. São Paulo, Martins Fontes, 2004.

GINTOFF, Vladimir. Pavilhão Vara, de Pezo von Ellrichshausen's na Bienal de Veneza, é um labirinto de formas circulares. Tradução Eduardo Souza. *ArchDaily*, 14 jun. 2016 <https://bit.ly/3qgveot>.

GRINDA, Efrén García; MORENO, Cristina Díaz. Campo de juegos líquidos (fragmentos de una conversación)/Liquid Playgrounds (Fragments of a Conversation). *El Croquis*, n. 121-122 (Sanaa, Kazuyo Sejima, Ryue Nishizawa 1998-2004. Oceano de aire/Ocean of Air), Madri, 2004, p. 9-25.

GRINDA, Efrén García; MORENO, Cristina Díaz. Océano de aire/Ocean of Air. *El Croquis*, n. 121/122 (Sanaa, Kazuyo Sejima, Ryue Nishizawa 1998-2004. Oceano de aire/Ocean of Air), Madri, 2004, p. 26-39.

GRINOVER, Marina Mange. *Laboratório de projeto e construção: prática da arquitetura na obra de Renzo Piano e João Filgueiras Lima*. Orientadora Ana Maria de Moraes Belluzzo. Tese de doutorado. São Paulo, FAU USP, 2015.

HASEGAWA, Yuko. Un espacio que desdibuja y borra los programas/Space that Obliterates and Erases Programs. *El Croquis*, n. 99 (Kazuyo Sejima, Ryue Nishizawa 1995-2000. Trazando los límites/Making the Boundary), Madri, 2000, p. 20-24.

ISOZAKI, Arata. *Japan-Ness in Architecture*. Cambridge, MIT Press, 2006.

ITO, Toyo. *Arquitectura de límites difusos*. Barcelona, Gustavo Gili, 2006.

ITO, Toyo. Arquitectura diagrama/Diagram Architecture. *El Croquis*, n. 77 (Kazuyo Sejima 1988-1996), Madri, 1996, p. 18-24.

ITO, Toyo. *Blurring Architecture*. Milão, Charta, 1999.

Jutakutokushu, edição especial s/n (The Japanese House: Architecture & Life After 1945), Tóquio, ago. 2017.

KOOLHAAS, Rem. *Elements of Architecture*. Londres, Taschen, 2018.

LACERDA, Marina Pedreira de. O conceito "ma" para Arata Isozaki: um modo de ver o mundo. *ArchDaily*, 12 mar. 2019 <https://bit.ly/3d763PA>.

LEATHERBARROW, David. Essay: Work-World: Part-Counterpart. *A+U – Architecture and Urbanism Magazine*, n. 513 (Pezo Von Ellrichshausen), Tóquio, jun. 2013, p. 11.

LIMA, Rosa Pedroso. Manuel Aires Mateus vence Prémio Pessoa 2017. *Expresso*, Lisboa, 15 dez. 2017 <https://bit.ly/3vKVw3j>.

LOK, Jeroen. *Casa Poli: Pezo von Ellrichshausen*. Amsterdã/ Montreal, The Architecture Observer, 2013.

LOPES, Diogo Seixas (Org.). *Aires Mateus*. Coimbra/Lisboa, Almedina/Fundação Centro Cultural de Belém, 2005.

MARGOTTO, Luciano. *A arquitetura de Álvaro Siza: três estudos*. Orientador Dario Montesano. Dissertação de mestrado. São Paulo, FAU USP, 2002.

Mauricio Pezo & Sofía von Ellrichshausen/Solo House. *OnArchicteture*, 2013 <https://bit.ly/3gWxAEI>.

MCCARTER, Robert. *Twentieth-Century Houses: by Frank Lloyd Wright, Charles and Ray Eames and Alvar Aalto*. Londres, Phaidon, 1999.

MONEO, Rafael. *Inquietação teórica e estratégia projetual na obra de oito arquitetos contemporâneos*. São Paulo, Cosac Naify, 2008.

MONEO, Rafael. *Theoretical Anxiety and Design Strategies in the Work of Eight Contemporary Architects*. Cambridge, The MIT Press, 2004.

MONEO, Rafael. Siza fiel a Siza. *CdO – Cadernos d'Obra*, n. 2, Porto, mar. 2010, p. 25-26.

MONTANER, Josep Maria. *Depois do movimento moderno: arquitetura da segunda metade do século XX*. Barcelona, Gustavo Gili, 2011.

MOSTAFAVI, Mohsen. Una conversación con Kazuo Sejima y Ryue Nishizawa/A Conversation with Kazuo Sejima and Ryue Nishizawa. *El Croquis*, n. 155 (Sanaa, Kazuyo Sejima, Ryue Nishizawa 2008-2011. Arquitectura inorgánica/Inorganic Architecture), Madri, 2011, p. 6-16.

MÜLLER, Markus. *Eduardo Chillida*. Munique, Hirmer Verlag, 2012.

NESBITT, Kate (Org.). *Uma nova agenda para a arquitetura: antologia teórica (1965-1995)*. Coleção Face Norte, volume 10. São Paulo, Cosac Naify, 2006.

NISHIZAWA, Ryue. Interview: Experience of Architectural Concepts. *A+U – Architecture and Urbanism Magazine*, Tóquio, n. 512, mai. 2013, p. 66-73.

NISHIZAWA, Ryue. Landscape-like Architecture, Verb-like Architecture. *A+U – Architecture and Urbanism Magazine*, Tóquio, n. 512, mai. 2013, p. 8-9.

NISHIZAWA, Ryue. Moriyama House. *GA Houses*, n. 90, Tóquio, 2005.

NISHIZAWA, Ryue. Paisaje, tiempo, verbos/Landscape-like Architecture, Verb-like Architecture. *AV Monografías/Monographs*, n. 171-172 (Sanaa/Sejima & Nishizawa 2007-2015), Madri, jan./abr. 2015, p. 8-11.

NUIJSINK, Cathelijne. One Hundred Squares. *Mark*, n. 26, Amsterdam, 2011, p. 74-85.

NUIJSINK, Cathelijne. Pezo Von Ellrichshausen Viewpoint. *Mark*, n. 20, Amsterdam, 2009, p. 74-85.

NUNES, Elisabeth Évora; LUZIO, Luísa França. Entrevista com o arquitecto Gonçalo Byrne. *Revista de História da Arte*, n. 4, Lisboa, 2007, p. 297-307.

OKANO, Michiko. *MA: entre-espaço da arte e comunicação no Japão*. São Paulo, Annablume, 2012.

OLIVEIRA, Inês Filipe dos Santos. *A fotografia no inquérito da arquitectura popular em Portugal*. Orientador Paulo Providência. Dissertação de mestrado. Coimbra, Departamento de Arquitectura – Faculdade de Ciências e Tecnologia da Universidade de Coimbra, 2011.

OSTENDE, Florence; CIORRA, Pippo (Org.). *The Japanese House: Architecture and Life after 1945*. Veneza, Marsilio Editori, 2016.

PALLASMAA, Juhani. En busca de significado/In Search for Meaning. *2G – Revista Internacional de Arquitectura*, n. 61 (Pezo von Ellrichshausen), Barcelona, 2012, p. 4-9.

PALLASMAA, Juhani. *Os olhos da pele: a arquitetura e os sentidos*. Porto Alegre, Bookman, 2011.

PALMER TRIAS, Montserrat; MARDONES, Patricio (Org.). *Pezo von Ellrichshausen*. Santiago, Ediciones ARQ, 2007.

PÉREZ OYARZUN, Fernando. Notas fronterizas/Border Notes. *AV Monografías/Monographs*, n. 199 (Pezo von Ellrichshausen. Abstracción geométrica/Geometric Abstraction), Madri, 2017, p. 6-15.

PÉREZ RUBIO, Agustín. *SANAA Houses: Kazuyo Sejima + Ryue Nishizawa*. Nova York, Actar/Musac, 2007.

PEZO, Mauricio. Concepción arquitectónica, 2001 <https://bit.ly/3qk38bT>.

PEZO, Mauricio; VON ELLRICHSHAUSEN, Sofía. Una cifra de once dígitos/A Number with Eleven Digits. *2G – Revista Internacional de Arquitectura,* n. 61 (Pezo von Ellrichshausen), Barcelona, 2012, p. 168.

PEZO, Mauricio; VON ELLRICHSHAUSEN, Sofía. Detached <https://bit.ly/3d5KRJQ>.

PEZO, Mauricio; VON ELLRICHSHAUSEN, Sofía. *Finite Format 002 & 003*. Santiago, Ediciones ARQ, 2015.

PEZO, Mauricio; VON ELLRICHSHAUSEN, Sofía. Monumentalidade doméstica. *Projeto Design*, n. 412, São Paulo, 2014, p. 74-79.

PEZO, Mauricio; VON ELLRICHSHAUSEN, Sofía. One Hundred and Twenty Doors. Concepción, Pezo Von Ellrichshausen, 2005 <https://bit.ly/35NVOfa>. Publicação: PEZO, Mauricio; VON ELLRICHSHAUSEN, Sofía. 120 Doors. *ARQ*, n. 59, Santiago de Chile, 2005, p. 44-47.

PEZO VON ELLRICHSHAUSEN. *Exterior*. Copenhague, Arkitektur B, 2017.

PEZO VON ELLRICHSHAUSEN. *Naïve Intention*. Barcelona, Actar, 2018.

PEZO VON ELLRICHSHAUSEN. *Spatial Structure*. Copenhague, Arkitektur B, 2016.

PLAUT, Jeannette. *Pulso: nueva arquitectura en Chile/New Architecture in Chile*. Santiago, Constructo, 2009.

RODEIA, João Belo. Línea de tierra: presentación de una nueva generación de arquitectos portugueses/Ground Line: Presenting a New Generation of Portuguese Architects. *2G – Revista Internacional de Arquitectura*, n. 20 (Arquitectura portuguesa. Una nueva generación/Portuguese Architecture. A New Generation), Barcelona, 2001, p. 4-21.

ROSENBERG, Juan Pablo. *A construção do território: abstração e natureza nas obras de Luis Barragán, Álvaro Siza e Tadao Ando*. Orientador Paulo Bruna. Dissertação de mestrado. São Paulo, FAU USP, 2016.

ROWE, Colin; SLUTZKY, Robert. Transparency: Literal and Phenomenal. *Perspecta – The Yale Architectural Journal*, n. 8, New Haven, 1963, p. 48-54.

RUBIO, Agustín Pérez. Feeling at home with Sanaa. In CHERMAYEFF, Sam; RUBIO, Agustín Pérez; SAKAMOTO, Tomoko. *Houses Kazuyo Sejima + Ryue Nishizawa*, Sanaa. Barcelona/León, Actar/Musac, 2007, p. 9-19 <https://bit.ly/3xNjhsQ>.

SANTAMARÍA, Luis Martínez. Medida humana/Human Measure. *El Croquis*, n. 186 (Aires Mateus 2011-2016. En el corazón del tiempo/At the Heart of Time), Madri, 2016, p. 34-47.

SOLÀ-MORALES, Ignasi de. *Territorios*. Barcelona, Gustavo Gili, 2003.

TAKI, Koji. Conversación con Kazuo Sejima/Conversation with Kazuo Sejima. *El Croquis*, n. 77(I) (Kazuyo Sejima 1988-1996), Madri, 1996, p. 6-17.

TANIZAKI, Junichiro. *Em louvor da sombra*. São Paulo, Companhia das Letras, 2007.

TÁVORA, Fernando; ROSETA, Helena; AFONSO, João; MARTINS, Fernando; et al. *Arquitectura popular em Portugal*. 4ª edição, 2 volumes. Lisboa, Centro Editor Livreiro da Ordem dos Arquitectos, 2004.

TEIXEIRA, Ricardo Filipe Batista. *Proposta de recuperação e reconversão da Quinta da Quintã na Lixa*. Orientador Luis Viegas. Dissertação de mestrado. Porto, Faculdade de Arquitectura e Urbanismo do Porto, 2012.

The Japan Architect, n. 60 (Yearbook 2005), Tóquio, inverno 2006.

The Japan Architect, n. 66 (Towards a New Architecture-scape), Tóquio, verão 2007.

The Japan Architect, n. 72 (Yearbook 2008), Tóquio, inverno 2009.

The Japan Architect, n. 80 (Yearbook 2010), Tóquio, inverno 2011.

The Japanese House: Architecture & Life After 1945. Tóquio, Japan Architect Co Ltd., 2017.

TUÑÓN, Emilio. En el corazón del tiempo. Una conversación con Manuel y Francisco Aires Mateus/At the Heart of Time. A Conversation with Manuel and Francisco Aires Mateus. *El Croquis*, n. 186 (Aires Mateus 2011-2016. En el corazón del tiempo/At the Heart of Time), Madri, 2016, p. 8-33.

VENTURI, Robert. *Complexidade e contradição em arquitetura*. São Paulo, Martins Fontes, 1995.

VENTURI, Robert. *Complexity and Contradiction in Architecture*. Nova York, The Museum of Modern Art, 1977.

WIGLEY, Mark. The Architecture of Atmosphere. *Daidalos*, n. 68, Berlim, 1998, p. 18-27.

WISNIK, Guilherme. *Dentro do nevoeiro: diálogos cruzados entre arte e arquitetura contemporânea*. Orientador Agnaldo Aricê Caldas Farias. Tese de doutorado. São Paulo, FAU USP, 2012.

XAVIER, Alberto; CORONA, Eduardo; LEMOS, Carlos. *Arquitetura moderna paulistana*. 2ª edição. São Paulo, Romano Guerra, 2017.

ZAERA, Alejandro. Una conversación con Kazuo Sejima y Ryue Nishizawa/A Conversation with Kazuo Sejima and Ryue Nishizawa. *El Croquis*, n. 99 (Kazuyo Sejima, Ryue Nishizawa 1995-2000. Trazando los límites/Making the Boundary), Madri, 2000, p. 6-19.

ZEVI, Bruno. *Saber ver a arquitetura*. São Paulo, Martins Fontes, 1996.

Fontes primárias

ACAYABA, Marina. Entrevista com Manuel Aires Mateus. Lisboa, mai. 2018.

ACAYABA, Marina. Entrevista com Mauricio Pezo e Sofía von Ellrichshausen. Concepción, out. 2018.

AIRES MATEUS, Memorial para o Concorso internazionale per la realizzazione di un polo di formazione sui beni e le attività culturali, Città di Benevento, 2006.

Arquivo Histórico de Concepción <www.archivohistoricoconcepcion.cl>.

PEZO VON ELLRICHSHAUSEN. Casa Poli – memorial justificativo do projeto.

CRÉDITO DE IMAGENS E OUTRAS INFORMAÇÕES

Acervos
Aires Mateus Arquitetos Associados – p. 178, 181, 185, 190-191, 192-193, 203, 213 (todas), 225
Kazuyo Sejima + Ryue Nishzawa / Sanaa – p. 108 (Tim Culbert & Celia Imrey), 110, 113, 117, 122, 133, 141, 155, 161
Pezo Von Ellrichshausen – p. 34, 46 (James Harris), 47, 49, 50, 90 (acima, à direita; abaixo, ambas), 99, 100 (ambas), 101 (ambas), 103, 104, 105

Fotógrafos
Ila Beka e Louise Lemoine (Beka & Lemoine) – p. 128, 144, 145, 147, 148, 149
Cristobal Palma / Estúdio Palma – p. 29, 32, 44, 54, 57, 58-59, 64, 65, 67, 88, 90 (acima, à esquerda)
Daniel Malhão – p. 179, 180, 221
Francesco Martello – p. 170
Francisco Caseiro – p. 188-189, 200
Gabriel Kogan – p. 115
Iwan Baan – p. 116, 126-127, 131, 137, 138, 139, 140, 143, 163, 165, 167
João Guimarães – p. 182
Jorge P. Silva – p. 177
Juan Rodriguez – p. 218
Marina Acayaba – p. 63, 68, 69, 70, 71, 72, 73, 74, 76, 77, 78, 79, 80, 81, 82, 83, 84, 86, 174, 196, 198, 199, 201, 202, 205, 206, 207, 209, 242
Tim Van de Velde – p. 223
Valentina Tong – p. 134, 135, 151, 152

Sobre a autora
Marina Acayaba é arquiteta e mestre em arquitetura (FAU USP, 2006 e 2019). Foi professora assistente de projeto na Escola da Cidade durante os anos de 2009 e 2013. Colaborou com os escritórios Marcos Acayaba Arquitetos, MMBB Arquitetos e Isay Weinfeld Arquitetos (São Paulo, Brasil), Aires Mateus Arquitetos Associados (Lisboa, Portugal) e Sanaa (Japão, Tóquio). Ao lado de Juan Pablo Rosenberg, é sócia do escritório Acayaba+Rosenberg.

Agradecimentos
Biblioteca FAU Mackenzie, Alberto Ricci, Cristobal Palma, Dina Uliana, Francesco Martello, Francisco Caseiro, Gabriel Kogan, Ila Beka, João Guimarães, Jorge P. Silva, Juan Rodriguez, Louise Lemoine, Manuel Aires Mateus, Mauricio Pezo, Nelson Kon, Ryue Nishzawa, Sofía von Ilrichshausen, Tim Van de Velde e Valentina Tong

ROMANO GUERRA EDITORA

Editores
Abilio Guerra
Fernanda Critelli
Silvana Romano Santos

Conselho editorial
Abilio Guerra
Adrián Gorelik (Argentina)
Aldo Paviani
Ana Luiza Nobre
Ana Paula Garcia Spolon
Ana Paula Koury
Ana Vaz Milheiros (Portugal)
Angelo Bucci
Ângelo Marcos Vieira de Arruda
Anna Beatriz Ayroza Galvão
Carlos Alberto Ferreira Martins
Carlos Eduardo Dias Comas
Cecília Rodrigues dos Santos
Edesio Fernandes (Estados Unidos)
Edson da Cunha Mahfuz
Ethel Leon
Fernanda Critelli
Fernando Lara (Estados Unidos)
Gabriela Celani
Horacio Enrique Torrent Schneider (Chile)
João Masao Kamita
Jorge Figueira (Portugal)
Jorge Francisco Liernur (Argentina)
José de Souza Brandão Neto
José Geraldo Simões Junior
Juan Ignacio del Cueto Ruiz-Funes (México)
Luís Antônio Jorge
Luis Espallargas Gimenez
Luiz Manuel do Eirado Amorim
Marcio Cotrim Cunha
Marcos José Carrilho
Margareth da Silva Pereira
Maria Beatriz Camargo Aranha
Maria Stella Martins Bresciani
Marta Vieira Bogéa
Mônica Junqueira de Camargo
Nadia Somekh
Otavio Leonidio
Paola Berenstein Jacques
Paul Meurs (Holanda)
Ramón Gutiérrez
Regina Maria Prosperi Meyer
Renato Anelli
Roberto Conduru (Estados Unidos)
Ruth Verde Zein
Sergio Moacir Marques
Vera Santana Luz
Vicente del Rio (Estados Unidos)
Vladimir Bartalini

TRÊS CASAS: ESTRATÉGIAS DE PROJETO
THREE HOUSES: DESIGN STRATEGIES
Marina Acayaba

Coordenação editorial
Abilio Guerra, Fernanda Critelli e Silvana Romano Santos
Projeto gráfico e diagramação
Alles Blau
Prefácio
Marta Bogéa
Tratamento de imagens
Camila Maikon
Desenhos em CAD
Marina Acayaba e Fernanda Critelli
Preparação e revisão de texto
Juliana Kuperman
Tradução
Odorico Leal
Gráfica
Ipsis

A reprodução ou duplicação integral ou parcial desta obra sem autorização expressa dos organizadores, dos editores, da editora, e do realizador se configura como apropriação indevida dos direitos intelectuais e patrimoniais do autor.
© Marina Acayaba
© Romano Guerra Editora
1ª edição, 2023
Romano Guerra Editora
Rua General Jardim 645 conj. 31 – Vila Buarque
01223-011 São Paulo SP Brasil
Tel: +55 (11) 3255.9535
rg@romanoguerra.com.br
www.romanoguerra.com.br
Printed in Brazil 2023
Foi feito o depósito legal

Acayaba, Marina Milan

Três casas: estratégias de projeto / Marina Milan Acayaba; prefácio: Marta Bogéa – São Paulo, SP: Romano Guerra Editora, 2023.
304 p. il.
ISBN: 978-65-87205-01-4

1. Casas – Século 21 2. Pezo von Ellrichshausen 3. Nishizawa, Ryue, 1966 - 4. Aires Mateus, Manuel Rocha, 1963 - I. Bogéa, Marta II. Título
CDD 728.3

Ficha catalográfica elaborada pela bibliotecária Dina Elisabete Uliana – CRB-8/3760

Este livro foi composto em Riforma e impresso em papel
Offset 90g/m² (miolo) e Supremo Alta Alvura 300g/m² (capa)